[高 等 院 校 国 际 经 贸 专 业 规 划 教 材]

项目战略组合设计

PROJECT Strategy Designing

梁蓓 主编

对外经济贸易大学出版社
University of International Business and Economics Press

中国·北京

图书在版编目（CIP）数据

项目战略组合设计／梁蓓主编．—北京：对外经济贸易大学出版社，2011

高等院校国际经贸专业规划教材

ISBN 978-7-5663-0120-8

Ⅰ.①项… Ⅱ.①梁… Ⅲ.①企业管理：项目管理－高等学校－教材 Ⅳ.①F270

中国版本图书馆 CIP 数据核字（2011）第 166863 号

项目战略组合设计

梁 蓓 主编

责任编辑：夏 鸿 赵 昕

对外经济贸易大学出版社

北京市朝阳区惠新东街 10 号　邮政编码：100029

邮购电话：010－64492338　发行部电话：010－64492342

网址：http://www.uibep.com　E-mail：uibep@126.com

北京市山华苑印刷有限责任公司印装　新华书店北京发行所发行

成品尺寸：185mm×230mm　19.75 印张　386 千字

2011 年 9 月北京第 1 版　2011 年 9 月第 1 次印刷

ISBN 978-7-5663-0120-8

印数：0 001－5 000 册　定价：34.00 元

总 序

奉献在读者面前的这套教材，由对外经济贸易大学国际经济贸易学院教师根据多年的教学科研经验精心编写，从我国加入世界贸易组织五年过渡期结束后的2007年初开始陆续出版，是一项重要的教材建设工程。它与我国改革开放的新时代同步发展，标志着我院为国家培养创新型高等人才所作出的一份特殊贡献。

我院历来重视教材建设，秉承50多年学科建设的经验积累，在国际经济与贸易、金融、国际运输与物流、经济学等专业领域先后出版了大量教材，在全国产生了较大的影响。如《国际贸易实务》、《国际贸易》等累计发行近150万册，先后被评为国家级精品课程。本系列教材的出版，是对我院近十年来学科建设成果的一次检阅。

自“九五”以来，以“211工程”建设为契机，我院对本科和研究生教育进行了认真全面的专业梳理和课程体系优化，以面向新世纪、面向全球化、面向提升学生职业生涯竞争力为导向，在课程建设和教材建设方面视野开阔、目标明确、标准严格、工作扎实，老中青三代学者共同努力，基本完成了学院所开设专业课程的教材和教学辅助资料的编写工作。回顾我院“九五”以来课程体系建设，我们走过了一条清晰的发展之路。首先是课程群的界定和建设，我们抓住20世纪90年代中期我国全面推进改革开放所带来的对外向型经济人才的需求急速增加的机遇，围绕着我院长期积累的在国际经济与贸易、国际金融、国际运输与物流等专业所形成的专业优势，借鉴国际上高水平大学的课程建设经验，设定了培养学生具有国际竞争力所需要的课程群。在此基础上狠抓师资队伍建设，通过海内外招聘和支持现有教师在国内外攻读博士学位，以国际化的高标准打造了一支高水平的师资队伍，凝聚了学科建设的核心力量。而后以国际高水平大学的科研和教学标准评价师资队伍，以高水平科研促进高水平教学，实现科研与教学的相互促进。随着学科建设的不断进步，我院的专业领域和课程覆盖面均有了很大的突破。

进入21世纪，我院的国际贸易学学科被教育部列为本领域唯一的国家重点学科，为我院的学科群建设和课程建设提供了巨大的推动力。通过“十五”、“211工程”建设，我院以国际上先进的研究群（Research Cluster）的模式，开展了学科建设，涌现了大量的研究成果，对课程建设和教材建设产生了直接的推动作用。本套系列教材的问世，得益于“211 工程”建设所带来的师资队伍水平的提高、科研成果的丰富和国际学术交流的经验分享。这些教材的作者，都是我院教学科研第一线的骨干教师，他们积累了丰富的教学经验，对本课程的核心问题都有深入的研究，对教学中的疑点和难点问题有着深刻的理解，并将其体现在教材的体例安排和知识点的表述之中。我们在组织这套教材的编写过程中，一直坚持建设精品教材、方法与国际接轨、内容面向我国全面对外开放新时代的原则，相信使用这套教材的教师和学生会有切实的体会。

本套教材的出版得到了对外经济贸易大学出版社的大力支持，从社长、总编辑到责任编辑都倾注了大量的心血，这也见证了我院和出版社长期的精诚合作关系。

使用这套教材的国内各高校教师和学生将最有资格发表评论，我们也真诚地欢迎你们建设性的批评意见和建议，使这套教材再版时日臻完善，随岁月的流逝和中国的崛起而成为经典。

对外经济贸易大学国际经济贸易学院

院长、教授

赵忠秀

2007 年 1 月 25 日

序

项目的历史甚为久远。自从人类文明开始，人们就在从事各种各样有组织的活动。随着社会发展，这些有组织的活动逐步分化为两种类型：一类是连续不断、周而复始的活动；另一类是临时性、一次性的活动，人们把后者称之为“项目”。历史上不乏经典的项目：规模宏大、建筑神奇、气势雄伟的金字塔和中国古代长城就被公认为早期成功项目的典范。

随着知识经济时代的到来，经济全球化步伐的加速，全球性竞争日益加剧，市场变化莫测而且日益动荡。快速变化和激烈竞争所带来的压力迫使越来越多的组织工作转变成项目工作。技术革新和顾客需求的改变使得工作的常规性和重复性不断降低，项目的重要性日益突出了出来。项目开发的成功与否决定了企业的兴衰，项目组合的效率和效益更是成为一个地区、一个国家快速发展和综合实力提高的重要基础，也是各发达国家跨国公司成功的例证。

那么如何做好一个项目？如何进行项目组合设计？如何使项目更好地服务于整个公司的大战略？这些正是本书要解决的问题。

本书共有八章，根据项目战略组合设计的基本过程编写而成。书中吸收了国内外最先进的项目战略组合设计理论、方法和知识体系，同时借鉴了项目组合设计的最新实践成果。本书有以下特点：

首先，注重基本知识体系的构建。书中详细介绍了项目战略组合设计到所涉及的各个方面的知识，包括项目组合、公司战略、项目风险管理、项目融资等。这些基本知识正是我们搭建项目战略组合设计这座“摩天大楼”的材料。有了牢固的理论基础和知识储备，在实际工作中我们才能“知其道，用其妙”，信手拈来而又恰到好处。

其次，注重从现实出发，研究如何做项目。从项目的可行性分析，到项目的组合与战略设计，再到项目融资、项目管理与项目风险控制，强调解决这一系列问题的能力。

再次，本书结合了大量的案例，注重理论联系实际。在每一章节的末尾，都有一个或几个案例，在本书的最后一章，更是抽出了一章的篇幅重点介绍国内外的经典案例。这些案例能帮助学习者更加深刻地领会到项目战略组合设计的知识，并身临项目的环境中。

本书主体内容是：第一章，概述，介绍项目的定义、项目的特点；第二章，公司战略管理，首先介绍公司战略的定义、内容以及世界上几种经典的公司战略，然后专门对跨国公司的战略进行分析；第三章，项目战略设计，这是本书的一个核心章节，介绍项目战略定义及项目战略设计的流程；第四章，项目组合，首先介绍的是项目组合的概念和意义，然后分析企业不同发展阶段的项目组合，将项目组合的理念与经典的企业生命周期理论结合；第五章，项目融资，是从金融的角度研究项目战略组合设计，讲解项目融资的可行性分析、项目融资的结构、渠道和模式等；第六章，项目管理，这是本书的又一个核心，首先是讲述项目管理的概念和如何制订项目管理计划，然后对项目管理的一些方法进行介绍，包括项目管理过程组和项目管理办公室等；第七章，项目创新，对项目战略组合设计的前沿发展进行介绍；第八章，项目战略组合设计与跨国公司，这一章包含了10个案例，既有精益求精的世界著名公司，也有正在崛起的中国优秀企业。“他山之石可以攻玉”，借鉴别人的经验，结合我国现有的实际，探索中国企业的品牌之路，这是本书的结尾，也正是本书的落脚点。

项目战略组合设计至今仍是一门发展中的学科，可供参考的资料并不丰富，加之作者的水平有限，书中难免存在疏漏或者不妥之处，敬请广大读者和同仁提出宝贵意见，以便今后改进。

在本书的编写过程中，许多研究生做了大量的工作，在此表示衷心感谢。

衷心期望中国品牌能够做得更好，比肩世界，基业长青！

2011年4月17日

编　者

目　　录

第一章 概 述

✓本章摘要

● 项目是特殊的、将被完成的有限任务，它是一个组织为实现既定目标，在一定的时间、人员和其他资源的约束条件下所展开的，满足一系列特定目标、有一定独特性的经济活动。

● 项目具有独特性、多重目标属性、生命周期属性、相互依赖性和冲突属性等特征。

● 项目一般由五个要素构成：项目的范围、项目的组织结构、项目的质量、多项目的成本、项目的时间进度。

● 项目的定位包括市场定位、产品或服务定位以及组织职能定位。

● 项目与产品是不可分割的关系，每一个项目都将产生特定的产品，并为该产品服务。企业的一切经营活动都是围绕着产品展开的，而企业对产品的开发与组合管理则通过每个项目的实施来完成。

● 项目市场细分就是指根据项目消费者或用户的差异性，把市场划分为若干个子市场的过程。市场细分的客观基础是消费者需求的差异性。

✓本章关键词

项目　生命周期属性　多重目标属性　项目的质量　市场定位
项目型企业　可持续性企业　项目市场细分　品牌经营　产品差异化

✓学习完本章你需要掌握

▣ 掌握项目的定义与项目的特征；

▣ 理解项目的要素：范围、组织结构、质量、时间进度及多项目的成本；

▣ 学习项目的定位，包括市场定位、产品及服务定位与项目的组织职能定位；

▣ 理解项目与产品的关系，了解产品组合策略和项目管理与产品管理的关系；

▣ 学习公司战略管理和项目管理的关系，理解项目型企业的管理模式以及可持续性企业的生存模式；

▣ 理解项目与市场的关系，学会项目市场细分的步骤和选择，掌握项目市场细分的方法。

第一节 项目概述

一、项目的定义

项目的历史已甚为久远，时至今日，人们仍然对早期成功的项目叹为观止。规模宏大、建筑神奇、气势雄伟的金字塔和中国古代长城就被公认为早期成功项目的典范。建于4500年前的埃及金字塔是古埃及法老（即国王）和王后的陵墓。陵墓是用巨大石块砌成的方锥形建筑，因形似汉字“金”字，故译作“金字塔”。跨越了从第三王朝到第十三王朝10个朝代的金字塔建筑闪耀着古埃及人民智慧和力量的光芒，至今依然给人留下许多未解之谜。中国的长城始建于2000多年前的春秋战国时期，秦朝统一中国之后连接成万里长城。汉、明两代又曾大规模修筑。抵御外敌入侵的万里长城工程之浩繁，气势之雄伟，堪称世界奇迹。岁月流逝，物是人非，然而时至今日，登上长城遗址，仍然能领略逶迤于群山峻岭之中的长城雄姿，感悟中华民族创造历史的大智大勇。无论是在2000年前还是过去的50年里，成功的项目比比皆是，那么，如何定义项目呢?

人类自起源开始就开展了各种有组织的活动。随着社会的发展，有组织的活动逐步分化为两类：一类是连续不断、周而复始的活动；另一类是临时性、一次性的活动；人们把后者称之为“项目”。前者每天重复的是大体相同的内容，后者无完全可以照搬的先例。

在不同的项目中，项目内容可能会千差万别，因此人们对项目的理解和定义就不完全相同。以下介绍几种常见的项目定义：

（一）美国质量管理专家哈罗德·科兹纳博士（Harold Kerzner）① 的定义

项目是具有以下条件的任何活动和任务：

① 哈罗德·科兹纳博士是国际学院（International Institute of Learning）的杰出教师，俄亥俄州 Bald-Wallace 学院系统管理教授，美国一流企业与跨国公司的资深咨询顾问和培训师。

(1) 有明确的规范的特定目标;
(2) 有明确的限定的开始和结束日期;
(3) 有限额的预算经费。

(二) 美国项目管理研究会 PMI①,提出了一套项目管理知识体系的定义

项目是一种旨在创造某种独特产品或服务的临时性活动。

(三) 德国国家标准 (DIN 69901) 的定义

项目是在总体上符合下列条件的唯一的任务:
(1) 具有预定的目标;
(2) 具有限制的条件,如时间、财务、人力等;
(3) 具有专门的组织。

(四) 美国罗尼·乔·格雷厄姆 (Ronnie. Joe. Graham) 博士的定义

项目是为了达到特定目标把资源组合在一起的活动,它与常规任务之间关键的区别是:项目是一项独特的一次性活动,其目标是按某种规范及应用标准导入或生产某种新产品或某项新服务。这项活动应当在限定的时间、成本、人力资源等项目参数内完成。

(五) 美国杰克·梅雷迪思 (Jack. R. Meredith) 和塞缪尔·曼特 (Samuel. J. Mantel) 教授的定义②

项目是具有目的属性、寿命周期属性、依赖属性、独特属性,以及冲突属性的特殊的有限任务。

(六) 罗伯特·威索基 (Robert K. Wysocki)、罗伯特·贝克 (Robert Beck) 和大卫·克莱 (David. B. Crane) 的定义③

项目是一系列独特的、复杂的和相关的活动组合,并具有必须在限定时间内、限制预算内及特定规范内完成的目的或目标。

---

① 美国项目管理协会 (Project Management Institute) 成立于1969年,它是一个会员数量庞大的国际性学会,是项目管理专业领域中最大的由研究人员、学者、顾问和经理组成的全球性专业组织。

② Jack R. Meredith, Samuel J. Mantel, Jr. 项目管理:管理新视角. 4版. 北京:电子工业出版社,2004.

③ Robert K. Wysocki, Robert Beck, Jr., and David. B. Crane. 有效的项目管理. 3版. 费琳,李盛萍,等,译. 北京:电子工业出版社,2004.

从上述项目的概念可以看到，项目的外延是广泛的。大到长江三峡工程建设，小到组织一次会议之类的活动，均称为一个项目。正像美国项目管理专业资质认证委员会主席 Paul Grace 所讲："在当今社会中，一切都是项目，一切也将成为项目。"总之，项目可以说是建立一个新企业、新产品、新工程，或规划实施一项新活动、新系统的总称。

然而，本书所讲述的项目将界定在经济活动范围内，因此，项目的定义为：项目是特殊的将被完成的有限任务，它是一个组织为实现既定目标，在一定的时间、人员和其他资源的约束条件下，所展开的满足一系列特定目标、有一定独特性的经济活动。

案例

香奈尔（CHANEL）

1912 年，卡佩尔出资帮助香奈尔在巴黎启动了"香奈尔帽子店"。该项目启动之前，香奈尔经常流连街头，细心地观察、研究过往行人的衣着。在她眼里，她们的衣着式样陈旧，没有时代精神，一派死气沉沉的景象。她决心当一名勇敢的拓荒者，她以低价从豪华的拉菲特商店购买了一批过时、滞销的女帽，她把帽子上俗气的饰物统统拆掉，然后适当加以点缀，改制成式样明朗亮丽的新式帽子。这种帽子透着新时代的气息，非常适应大众流行的趋势。特别富有创意的是，香奈尔在为顾客示范帽子的戴法时，一反常态地把帽子前沿低低地压到眼角上，显得神气非凡。这样，一种原本平淡无奇的帽子就变得又可爱又洋气了。这种新颖的帽子，很快成为巴黎妇女的最爱，被称为"香奈尔帽"。而这种别致的戴法，也一时间在巴黎的大街小巷流行开来，成为最新时尚。"香奈尔帽"的流行，让香奈尔很快就赚回了本钱，还清了借款，并积累了相当丰厚的一笔资金。

二、项目的特征

从上文对项目定义的各种描述中，可以归纳出项目作为一类特殊活动的特征：

（一）独特性，又称为唯一性

一个项目不存在已完全程序化的过程可以对照执行，它作为一种任务，一旦完成即告结束，不会有完全相同的任务重复出现，即每个项目都是独一无二的。但项目的一次性特征是对项目整体而言的，并不排斥在项目中存在着重复性的工作。

举例而言，自 1932 年诞生开始，ZIPPO 打火机由 22 个零件经 108 道工序制成，至今不变。每次生产 ZIPPO 打火机的项目似乎都具有非常相似的特点，如完全相同的零件配置、内壳设计和生产流程，但当它匹配符合于不同时代的外壳面世时，却又成了完全不同的项目。如作为奖励“沙漠之盾”行动中奋战将士们的纪念火机系列和 1997 年披头士乐队纪念火机系列，就成为了两个彼此不同的独特项目。

（二）多重目标属性

每个项目都有其预期的目标，一种新产物，例如一栋楼、一套软件、一件产品、一项新技术等。从概念上讲，项目目标一般分为成果性目标与约束性目标。成果性目标是项目的来源，也是项目的最终目标。在项目实施过程中，成果性目标被分解为一个三维的目标，要求同时满足性能规范、时间日程及成本预算三个约束条件。三个约束条件称之为约束性目标，是实现成果性目标的客观条件和人为约束的统称，是项目实施过程中必须遵循的条件，从而成为项目实施过程中管理的主要目标。因此，项目的目标正是成果性目标和约束性目标两者的统一。

一个项目可以在三个约束条件所构成的三维空间的任何一点结束。不同的项目决定了能否接受三个约束条件点的偏离。例如，时间日程可能是一个项目的关键性问题，如果该项目是一个软件开发项目，必须在一个签订的合同到期日前完成设计、测试、获得认证并安装，那么，延迟就有可能让公司发生巨额赔偿损失。然而，当一个生产商接受了一个固定价格的合同，要生产汽车零部件，如果超出了预算，生产商就要赔钱，此时预算就成了最重要的问题。另外，在某些情形下，性能规范是核心的关注点。在 20 世纪 60 年代初，在太空船还无法运载大型设备时，实施了一个名为同温层观测镜二（Stratoscope Ⅱ）的计划。计划的目标是用热气球将一台大型望远镜带到 2 430 千米的高空，由于已经超出了地球的大气层，望远镜能够以光学分辨率清晰地观测到遥远的星云。要达到这一目标，望远镜的主要镜片需要完美无瑕。因为只有具备这样一个镜片，项目才能成功，如果性能规范达不到，让气球运载望远镜升空便没有任何意义。这既需要比原始日程更多的时间，也需要比原始预算更多的资金。

（三）生命周期属性

项目的生命周期描述了项目从开始到结束所经历的各个阶段，最一般的划分是将项目分为概念（Conceive）、开发（Develop）、实施（Execute）和收尾（Finish）四个阶段（简称为 C. D. E. F 阶段）。实际工作中根据不同领域或不同方法再进行具体的划分。例如，按照软件开发项目划分为需求分析、系统设计、系统开发、系统测试、运行维护几个阶段，而在建筑业中一般将项目分成立项决策、计划和设计、建设、移交和运行等阶段。

一个项目的生命周期从不同角度看会有不同的起始点和结束点。以 IT 服务项目为例，从厂商看项目是从接到合同开始，到完成规定工作结束，但如果从客户角度看，项目是从确认有需求开始，到使用项目的成果实现商务目标结束，生命周期的跨度要比前者大。当项目的根本目标是满足客户的需求时，按后者划分考虑比较有益。第一，概念阶段又称为识别需求阶段，当需求被客户确定时，项目就产生了。这个阶段的主要任务是确认需求，分析投资收益比，研究项目的可行性，分析厂商所应具备的条件。这个阶段既可由客户单独完成，也可以由厂商介入共同完成。第二，开发阶段，主要由各厂商向客户提交标书、介绍解决方案。这个阶段是赢得项目的关键，公司既要展示实力又要合理报价。如果竞标成功则签订合同，厂商开始承担项目成败的责任。第三，实施阶段，从公司角度看，这才是项目的开始。这个阶段项目经理和项目组将代表公司完全承担合同规定的任务。第四，收尾阶段，主要包括移交工作成果，帮助客户实现商务目标；系统交接给维护人员；结清各种款项。完成这些工作后一般进行项目评估。

项目生命周期中有三个与时间相关的重要概念：检查点（Checkpoint）、里程碑（Mile Stone）和基线（Base Line），描述了在什么时候对项目进行什么样的控制。检查点是指在规定的时间间隔内对项目进行检查，比较实际与计划之间的差异，并根据差异进行调整。可将检查点看作是一个固定“采样”时点，而时间间隔根据项目周期长短不同而不同，频度过小会失去意义，频度过大会增加管理成本。常见的间隔是每周一次，项目经理需要召开例会并上交周报。里程碑是完成阶段性工作的标志，通过设定里程碑渐近目标、增强控制、降低风险。基线是指一个（或一组）配置项在项目生命周期的不同时间点上通过正式评审而进入正式受控的一种状态。基线是重要的里程碑，交付物应通过评审并开始受控。

（四）相互依赖性

项目是由资源来完成的，也就是人和物。项目常需要与组织中同时进展的其他工作或项目共同享用组织所提供的物资资源与人力资源。对于项目所要求的许多资源，项目经理能够有效控制的很少。例如，如果需要一台车床，那么，这台车床可能是由模型车间小组控制的，而如果需要一台电脑，那么，电脑却是由数据处理小组控制的。此外，项目人员通常临时从组织中的其他部门调度。因此，项目经理必须保持项目与组织中各事业部门（行销、财务、制造等）的适当联系，并组织正确的人力资源来利用可用的物质资源。

（五）冲突属性

在一个组织内部，资源的冲突是固有的，有限的资源常常面临着多个项目的同时需求。项目之间有为资源而与其他项目进行的竞争，有为人员而与其他职能部门的竞争。项目组的成员在解决项目问题时，几乎一直是处在资源和领导问题的冲突中。为了完成项目，项目经理有责任去解决冲突。而要解决冲突就必须了解冲突的来源。从理论角度来讲，一些主要的来源如下：

1. 资金

资金的合理分配常常引发争斗，这是永远存在的。

2. 优先权

这种冲突经常发生在人们对他们时间的支配上。它经常是一个深层问题的征兆，在一个项目和另一个相关项目之间产生问题。在职能经理和项目经理的斗争中，优先权是一个主要的争斗点。

3. 进度

几乎所有的项目都会有此种冲突的发生。对于工作将要花费多长时间的问题，将会产生争论。

4. 控制权

项目控制权和项目经理角色问题的核心是项目经理的授权。

对于如何去完成工作发生争论，它可能变得很激烈，并且可能对团队成员的能力和技能提出质疑——正像在控制问题上对项目经理授权的质疑。

5. 性格

在团队之中存在性格的冲突。对于所有的问题和冲突，这是最具有情绪化并且和项目最不相干的。

三、项目的要素

项目的组成要素是指与项目本身活动有关的方方面面的总和，项目不论大小，都是由若干个部分、若干个相关要素构成的。项目管理人员必须对项目的组成要素有正确的认识和足够的了解。不论是直接的还是间接的，表面的还是潜在的，都要做到心中有数。对相关元素全部的、彻底的通透了解有时并不具有可能性，但是对主要要素必须详细了解。比如搞产品，技术和市场最重要，对技术，则要弄清先进与否？成熟与否？与核心技术匹配的技术是什么？与技术相关的工艺、设备、工具是什么？这些关系到转化为质量功能的条件，在制造中标准化的可能，产品的前景和附加值，投资金额的多少、时间的长短，进而关系到整个投资计划的制订。所以，对项目要素的通透，是一种资本，是把握具体项目目标的首要的资本。

一般来讲，项目由以下五个要素构成：

（一）项目的范围

在对一个项目进行诠释之前，定义范围或许是最为要紧的部分。项目范围是指为交付具有规定特征和功能的产品或服务所必须完成的工作。它与产品范围同为范围概念的两个方面。产品范围是指产品或服务所包含的特征或功能。在确定范围时首先要确定最终产生的是什么，它具有哪些可清晰界定的特性。要注意的是特性必须要清晰，以认可的形式表达出来，比如文字、图表或某种标准，在此基础之上才能进一步明确需要做什么工作才能产生所需要的产品，即产品范围决定项目范围。

为范围下定义旨在清楚地描述项目的逻辑范畴并在此基础上达成的协议。范围综述被用来指出什么是此项目份内的事，什么是份外的事。例如：项目范围内和范围外的任务类型（业务需求，当前状态评估）；范围内和范围外的主要的生命周期过程（分析，设计，测试）；范围内和范围外的数据类型（财政，销售，雇佣）；范围内和范围外的数据来源或数据库（账单，总分类账，工资表）；范围内和范围外的组织机构（人力资源，制造业，厂商）；范围内和范围外的主要职能（决策支持，数据登记项，管理报告）等。

在一个项目中，范围、时间、成本这三个约束条件是相互影响、相互制约的，而范围的界定往往影响时间与成本。项目一开始确定的范围小，那么它需要完成的时间及耗费的成本必然也小，反之亦然。比如一个软件开发项目在开始时粗略地确定项目的范围，没有明确用户需求，且对用户需求也没有量化。在项目进行到一定阶段之后，由于用户不断有新的需求出来，项目组就要根据用户的新需求不断去开发新的功能。整个项目成了一个无底洞，项目成员无法预测到项目结束还需要投入多少人力和物力。造成这样的结果主要是由于没控制和管理好项目的范围，正确的界定范围是项目成功的关键。

（二）项目的组织结构

项目组织是为完成项目而建立的组织，一般也称为项目团队、项目组等。项目团队由项目人员组成，人员的来源很多，包括参加过建议书的人员、其他组织已经被雇佣的人员，以及组织以外的人员（如雇佣的人员、合同制作人员、顾问以及分包商）。项目常见的组织形式有职能式、矩阵式和项目式，企业选择项目组织形式要考虑项目的规模、项目的周期（时间跨度）、项目的特殊方面（独特性）、项目管理组织的经验、高层管理观点、项目所处的位置以及可用的资源。

在一个矩阵型的组织中，可能没有人被专门指派为项目经理工作；所有劳动力都来自于支持团队。在一个纯项目型的组织中，大部分的项目劳动力，甚至是所有劳动力，可能都会被指派给项目经理。规模大、工期长的项目尤为如此。实践经验证明，管理或行政人员一般是从开始一直工作到结束，而其他多数专门技术人员则只是在某段时间内为项目工作。

（三）项目的质量

项目质量不同于产品质量，也不同于服务质量。因为项目兼具产品和服务两个方面的特性，同时还具有一次性、独特性与创新性等自己的特征。所以项目质量具有两个方面独特的特征：一是质量的双重性。双重性是指项目质量既具有产品质量的特征，又具有服务质量的特征。这是因为多数项目既会有许多产品成果，也会有许多服务性成果。二是过程特性。过程特性是指一个项目的质量是由整个项目活动的全过程形成的，是受项目全过程的工作质量直接和综合影响的。由于项目具有一次性和独特性的特征，所以人们在项目的定义和决策阶段往往无法充分认识和界定自己明确和隐含的需求，项目的质量要求在许多情况下，已开始无法比较明确和完全地界定下来，它是在项目进行过程中通过不断修订和变更而最终形成的。

（四）多项目的成本

成本是指为实现项目目标而开展的各种项目活动消耗资源而形成的各种费用的总和。项目成本可以只用劳动小时数来表示，这很适合从事研究工作的小组，比如在某个项目上安排了若干个劳动小时的工作量。但更多的情况下，成本是以美元（或日元，或马克）来表示的，当然也可以将劳动小时数换算为美元。不同人员的资历水平对应不同的小时费率，非劳动因素的成本（如采购或出差）也包括在内。在项目开发阶段一般要制订项目成本计划，这有助于公司避免实际项目成本超出估算的情况，也有助于公司避免由于在建议书或谈判阶段中过高估算了成本而无法赢得项目的情况。在项目实施阶段，项目经理必须对项目成本进行管理，尽量保证实际发生的成本在预算的成本之内。项目成本管理主要包括：项目资源计划、项目成本估算、项目成本预算、项目成本控制、项目成本预测等。

（五）项目的时间进度

根据项目的定义，任何项目都是原先没有做过的，因此任何项目的日程都要求估计每项活动或任务的时间。项目的时间进度估计至少包括每项工作的计划开始日期和期望的完成日期，项目时间进度可以以提高的形式或者详细描述的形式表示，相关项目进度可以表示为表格的形式，但是更常用的却是以各种直观形式的图形方式加以描述。

对于先前没有做过的事情，要进行准确的时间估计是很难的。但作为定义项目的三大约束条件之一，时间进度估计又是必须的。在制订时间进度时，项目人员必须注意过于急切或过于冒险的做法，以便可以确定并提前计划后备措施。此外，项目日程通常与所用的资源之间有着相互作用的关系。一位好设计师的工作通常迅速而准确，因此后期的制造活动就可能会比较快。相反，较差的或初级绘图员的工作会比较慢而且不那么准确，那么，之后的活动就会相应地多花一点儿的时间。因此，在制订时间进度时，还必须结合项目的可用资源进行考虑。

项目管理的五个要素中，项目的界定（范围）和项目的组织是最基本的，而质量、时间、费用可以有所变动，是依附于界定和组织的。

四、项目定位

1972 年，在美国广告权威杂志《广告时代》上刊登了两个广告经理艾尔·里斯（Al Ries）和杰克·屈劳特（Jack Trout）的文章《定位时代》，正是这篇文章宣告了“定位”的诞生。“定位”概念来自于传播，是指对于目标客户进行深入研究，从客户的角度进行审视，从而对信息进行有效筛选，集中并持续一致地传播，以在目标客户脑海中建立独特记忆的方法。艾尔和杰克曾说过：“定位不是要你在产品上动手脚，而是要你在消费者心中动脑筋，并把你的产品放进去。”于是，他们使用了进行时“Positioning”表示这是一个过程。无论国家、公司、组织、个人、产品和服务，都可以使用这个方法在消费者的心目中“占位”。

随着“定位”概念的广为传播，营销专家们将“定位”的理论与现有的营销理论体系进行整合。定位论的提出开创了一个新的时代，也随之产生了经典的“S－T－P”步骤，也就是细分市场——Segmentation，确定目标市场——Targeting，对于供给进行独特设计以在目标消费者心目中占据特定位置——Positioning 的三步曲。此时“定位”已经脱离其本来的定义，它已经不仅仅是一种沟通的方法，还包括了“对于供给进行独特设计”。“定位”从一种传播的方法变成了市场营销的关键所在，树立供给的独特性实际上成为了营销的核心工作。

当营销专家们乐此不疲地进一步推广“S－T－P”的方法时，战略“定位”开始成为人们谈论的焦点。Michael Porter 的《竞争论》指出了企业战略的实质就是“定位”。在书中，他指出：企业可以以特定产品的种类为基础进行“定位”，比如格兰仕的战略曾经专注于生产和研发微波炉；企业也可以以特定的顾客群的全部需求或大多数需求为基础进行“定位”，比如宜家家居就定位于为在意价格、不需要服务、喜爱变化的年轻人提供家居方面的完整产品系列。当确定某一战略“定位”之后，一整套精心选择的活动就可以在这个基础上展开，从而强化消费者价值的独特性。以美国西南航空公司为例，它的战略“定位”是提供特定航线、低成本、便捷的航空交通服务，在这个方向下，它可以不断地缩短登机时间，不提供贵宾舱等不必要的服务，仅购买波音737飞机从而提高维修的效率等等，以强化竞争优势。这些精简的活动围绕着战略“定位”展开，并不断强化战略“定位”，从而使其他航空公司完全无法与之竞争。从 Michael Porter 的角度看“定位”，它的意义又有所升华。企业的“定位”就是企业应该“做什么”，而确定这一点就是企业经营战略的实质，也是竞争优势的根源。

综上所述，“定位”的应用经历了传播战略层次、营销战略层次、企业战略层次的发展。从这三个发展层次中，我们可归纳出“定位”的定义：定位是以了解和分析消费者的需求心理为中心和出发点，设定自己的企业或产品、服务独特的与竞争者有显著差别的形象特征，以引发顾客心灵上的共鸣，留下并形成记忆，而且力求顾客心目中的企业或产品形象与企业期望的一致。

在上述定位简介中，我们已经探讨了定位的各个发展层次，并从中推导出了定位的含义。但是在定位的三个发展层次中都没有提及项目定位这个概念，那么什么是项目定位呢？艾尔和杰克在《定位：为了得到你的注意而战斗》一文中指出：“定位起始于一件产品、一种商品、一次服务、一家公司、一个机构、甚至一个人。”而美国项目管理专业资质认证委员会主席 Paul Grace 曾经说过：“在当今社会中，一切都是项目，一切也将成为项目。”因此，国家的建设、公司的运营、组织的成立及活动开展、个人的人生规划、产品生产与营销等均可看作一个项目。由此可见，项目定位并不是孤立的，它已经隐含在各个层次的定位之中。一个项目定位是项目对于下述三个问题的总结：项目的投资者是谁？应提供什么样的最终产品或服务？应如何提供？围绕这三个方面，项目定位可分为市场定位、产品或服务定位、组织职能定位。

（一）项目的市场定位

项目的市场定位是针对决定项目能否成功启动的投资者而言的。有时，项目的投资者会与项目最终产品或服务的消费者重叠在一起，比如房地产开发项目，在项目启动时往往会出售期房，此时项目的投资者与消费者往往会是同一批人。但是大多数情况下，这两者并不总是重叠的。一个项目，无论其规模大小都处于获取资源的竞争市场之中。一个新公司的成立项目必须战胜其他同样欲成立的公司项目的激烈竞争，以获得初始资金的投入；一个公司内部的项目也必须战胜其他各部门的项目，以得到项目实施的批准。如今的市场，大多数的项目对投资者而言，远远不止一种选择。因此，无论是从企业资源的有限性，还是从投资者需求的层次的多样化，市场定位的分析与选择是项目走向成功最关键的一步。为此，项目首先需分析竞争对手的状况。

认识竞争对手面临的首要问题就是“谁是我的竞争对手”，或者换个角度说“怎样辨认竞争对手”。一个既定项目识别它的竞争对手看起来好像是一种简单的事情。可口可乐公司肯定知道百事可乐公司是它的主要竞争者，因此，可口可乐公司必须设计出比百事可乐公司更能吸引投资者的项目。但是，实际的情况可能要复杂得多。竞争者有明的，也有暗的；有现实的，也有潜在的。竞争者的范围可能要比你想象的宽广的多。企业作为一个大项目置于市场之中，几年前有谁会想到生产 VCD 的“步步高”会成为如今电话机市场上的一个不可小觑的竞争者？菲利普·科特勒指出，企业必须避免“竞争者近视病”，否则它极有可能被潜在的竞争者埋葬而毫无觉察。同理，一个项目要获得成功也需要看到眼前的强敌，更要警惕项目生命周期中会出现的对手。

所谓项目的竞争者，就是那些目标产品和服务与自己的目标产品和服务具有替代关系的项目，或者那些处于同一企业或组织结构中进行资源竞争的项目。第一种竞争者一般是对一个大项目而言，项目的实施需要大量的资源包括资金投入。该项目已不能仅仅由一个公司内部来满足其需求，而需将其置于公司外部市场中与其他公司的同类项目进行竞争，从而赢得外部投资者的资金投入以启动项目的实施。如公司的重组或并购项目。第二种竞争者则一般对中小型项目而言，项目的实施完全可以由公司内部支持完成。例如，每年年初，企业的各个部门会申请各种待批准的项目，但一个企业的资源总是有限的，并非所有的项目都可以获得实施的批准。项目之间必须进行竞争，最后，那些能为企业带来最大效益的项目将获得资源的投入。

竞争的观念决不能简单地从是否提供同一预定目标的角度来看，而是要从是否满足投资者的需求来看。如一个研发新口味可乐的项目通常将其竞争者视为另一个研发新口味可乐的项目，然而从项目的投资者需求来看，投资者注重的是项目的盈利能力，因此能提供相同盈利能力的项目都成为了竞争者。所以，从投资者的需求出发，可以看到更为广泛的实际和潜在的项目竞争者。识别竞争对手固然对一个项目的设计与成功实施很重要，而项目本身的状况也同样重要。

（二）项目的产品或服务定位

每个项目都具有预定的目标，一般表现为独特的产品或服务，因此，项目的产品或服务定位又可称之为项目的预定目标定位。一个已经启动的项目是否成功，不仅取决于项目实施过程中能否同时满足性能规范、时间日程及成本预算三个约束条件，而且取决于项目完成时提交的产品或服务是否得到消费者的认可与接受。下文中我们将从产品①和服务两个角度来说明项目的目标定位。

产品定位是将某个具体产品定位在消费者心中，让顾客产生类似的需求。消费者对产品的认同具有决定性的意义，消费者的需要将引导和贯穿产品的设计项目、生产项目、改进项目及销售项目的整个过程。所以，必须把对产品的认识与市场需求联系起来考虑，要尽力避免单纯就产品而分析产品。现代市场营销认为，消费者购买产品，追求的绝不是产品本身，而是某种需要和欲望的满足。强调的是产品的实质性，即产品提供给消费者一种效用和利益，同时，还应注重产品给顾客带来的心理满足越多越好。如人们购买一部手机，主要是能得到通话方便的满足，但若能选择到喜爱的款式和颜色，则会增加购买这部手机的心理满足程度。所以，设计产品的项目要想获得顾客更高的评价，就不能只看到产品的基本效用或实际利益，要从产品的整体出发对产品加以完善。这就是整体的产品概念。对消费者来说，按照产品的整体概念，购买产品的核心是满足需要，而产品形体是满足需要的形式。产品要得到消费者的认同，设计该产品的项目就必须对产品整体有充分认识。

定位是对消费者心智下功夫，在消费者心智空间有限的情况下，项目的预定目标产品只有创造差别化从而脱颖而出，才能引起消费者的注意。当然，这种差异应该是产品的优势所在，让消费者相信购买该产品确能获得更大的满足，产品定位便成功了。项目设计产品时可通过三个途径来体现产品差别化：一是卓越的质量，推出比别人更好、更耐用、更安全、更可靠、式样更新的产品；二是更低的生产成本，以便能制订更合理的价格，在产品质量一致的情况下，较低的价格能给消费者带来更多的利益；三是更新颖的概念，比别人的产品更能符合时代的节拍，更能满足消费者的精神需求和感性消费。

服务是项目预定目标的另一种表现形式。服务可以看作是无形的产品，它是一方能够向另一方提供的基本上是无形的任何行为或绩效，并且不导致任何所有权的产生。服务定位的目的是提供差异化的服务，使之与竞争对手的服务有明显的差别和优越性。虽然服务产品的差异化不如有形产品那么明显，但是，每一种服务都能让消费者感受到互不相同的特征。项目进行服务定位时应尽可能地使服务产品具有十分显著的特色，以最大限度地满足顾客的需求。通常，在评价差异化特征时应遵循以下定位原则：

---

① 本书中的项目产品不包括资本市场产品，如股票、债券、基金等。

（1）重要性原则。即差异化所体现的需求对顾客来说是极为重要的。

（2）显著性原则。即服务产品同竞争对手的服务相比具有十分明显的差别。

（3）沟通性原则。即这种差异能够很容易地为顾客所认识和理解。

（4）独占性原则。即这种差异很难被竞争对手模仿。

（5）可支付性原则。即目标客户认为由于服务差异而付出额外花费是值得的，从而愿意并有能力购买这种差异化服务。

（6）赢利性原则。即企业可以通过服务差异化获得更多的利润。

以上是服务定位的总的原则，但由于服务具有不稳定性和多样性，因此，在定位时要具体分析，根据不同服务特征采用相应的定位策略。所以，定位要突出服务的特征。

（三）项目的组织职能定位

项目的组织结构是为了达到项目的特定目标，在分工合作基础上构成的人的集合。社会系统学派的代表巴纳德提出构成组织的基本要素有：共同的目标、合作的意愿、信息的交流。其中，信息的交流是连接组织的共同目标与个人意愿的桥梁。项目的一切活动的最终目的是为了实现项目目标。组织机构的设计与运转只是实现项目目标的手段之一。组织机构应与项目目标的变化以及供使用的资源变化保持动态适应。那么，如何使组织更能为项目服务，就是项目的组织职能定位与决策的问题。项目的组织职能定位应该遵循如下定位原则：

1. 目标任务原则

项目组织设计的根本目的，就是为了实现项目的战略任务和实施目标。组织结构的全部设计工作必须以此作为出发点和归宿点。为此，项目的管理组织结构及其每一部分的构成，都应当有特定任务和目标，并且这些任务和目标应当服从实现项目整体实施目标的要求。设置组织机构要以事为中心，因事设岗位、设职务，配备适宜的管理人员，做到人和事的调度配合。此外，从目标任务原则出发，当项目的目标任务发生重大变化时，组织机构必须作相应的调整和变革，以适应新的目标任务的需要。

2. 责权利相结合的原则

责任、权力、利益三者之间是不可分割的，而且必须是协调的、平衡的和统一的。权力是责任的基础，有了权力才可能负起责任；责任是权力的约束，有了责任，权力拥有者在运用权力时就必须考虑可能产生的后果，不至于滥用权力；利益的大小决定了管理者是否愿意担负责任以及接受权力的程度。有责无权，有权无责，或者责权不对等，或者责权利不协调、不统一，种种情况都会使组织结构不能有效运行，难以完成自己的任务目标。此外，这种不合理的组织结构既不利于激励项目成员，也无益于管理监督。总之，责任、权力、利益必须相统一。

3. 分工协作原则及精干高效原则

项目的任务目标的完成，离不开项目内部的专业化分工和协作。在合理分工的基础上，项目组织中各专业成员之间必须加强协作和配合，才能保证各项专业管理工作的顺利展开，以达到组织的整体目标。项目在给组织结构定位时，既要有分工又要有协作，既要组织精干又要使组织高效。因此，项目组织职能定位时，应注意以下三个问题：分工的合理性；发挥纵向协调和横向协调的作用；加强管理职能之间的相互制约关系。

4. 指挥统一

根据法约尔的解释，所谓统一指挥，是指无论对哪一件工作来说，一个下属人员只应接受一个领导人的命令。统一指挥可以说是组织结构定位原则中最古老的原则了。任何人如果面对两个或两个以上相互冲突的命令时，将无所适从，反而只会增加苦恼，而且会为选择哪一个人的命令而苦恼。在一个项目是小型项目时，组织中的成员往往是临时从其他部门调派过来的，这些成员不仅要服从项目经理的指令，还需接受其原本部门经理的任务指派。此时，就很容易出现指挥不统一的状况。因此，一个项目的组织结构成立时，应尽量争取获得只服务于项目组的成员。

5. 集权与分权相结合的原则

项目在进行组织设计或调整时，既要有必要的概略集中，又要有必要的权力分散，两者不可偏废。集权是项目成功实施的客观要求，它有利于保证项目的统一领导和指挥，有利于人力、物力、财力的合理分配和使用；而分权则是调动下级积极性、主动性的必要组织条件。合理分权有利于项目组成员根据实际情况迅速而准确地作出决策，也有利于项目经理摆脱日常事务，集中精力抓大问题。因此，集权与分权是相辅相成的，是矛盾的统一。

在当今科学技术日新月异、竞争越来越激烈的时代，产品的竞争愈来愈表现为组织是否具有灵活性，能否根据万变的市场信息作出决策。因此，给组织找到合适的位置——定位就具有重要的时代意义。

第二节　项目战略组合设计的意义

一、项目与产品的关系

项目的一个显著特征是它具有明确的预定目标，包括约束性目标和成果性目标。

约束性目标是项目实施过程中必须遵循的条件，成果性目标是项目最终完成的标志。而成果性目标的表现形式是独特的产品（服务视为无形的产品）。项目与产品是不可分割的关系，每一个项目都将产生特定的产品，并为该产品服务。企业的一切经营活动都是围绕着产品展开的，而企业对产品的开发与组合管理则通过每个项目的实施来完成。因此，下文将从产品组合策略与管理两方面来阐述项目与产品的关系。

（一）产品组合策略

经营多品种、多产品成为现代企业发展的趋势，世界上很多企业经营的产品往往种类繁多，如美国光学公司生产的产品超过 3 万种，美国通用电气公司经营的产品多达 25 万种。其好处是可以分散风险，因为市场变化莫测，消费者需求不断改变，一种多品种、多产品的经营方式，可以取长补短，规避市场风险，适应瞬间万变和激烈竞争的市场。因此，企业有必要实行产品组合策略，以满足消费者的需求。那么，什么是产品组合呢？

产品组合是指一个企业生产或经营的全部产品线、产品项目的组合方式，它包括四个变数：产品组合的广度，指一个企业所拥有的产品线（Product Line）的数量；较多的产品线，说明产品组合的广度较宽。产品组合的长度，指企业所拥有的产品品种的平均数，即全部品种数除以全部产品线数所得的商。产品组合的深度，指每个品种的花色、规格有多少。产品组合的密度，指各产品线的产品在最终使用、生产条件、分销等方面的相关程度。

例如，美国宝洁公司的众多产品线中有一条牙膏产品线，生产格利、克雷丝、登奎尔三种品牌的牙膏，所以该产品线有三个产品项目。其中，克雷丝牙膏有三种规格和两种配方，则克雷丝牙膏的深度就是 6。如果我们能计算每一产品项目的品种数目，就可以计算出该产品组合的平均深度。

产品组合的四个因素和促进销售、增加利润都有密切的关系。一般来说，拓宽、增加产品线有利于发挥企业的潜力、开拓新的市场；延长或加深产品线可以适合更多的特殊需要；加强产品线之间的一致性，可以增强企业的市场地位，发挥和提高企业在有关专业上的能力。企业的产品组合策略应该遵循三个基本原则：即有利于促进销售、有利于竞争、有利于增加企业的总利润。企业在进行产品组合时，涉及两个层次的问题需要作出抉择，即：是否增加、修改或剔除产品项目；是否扩展、填充和删除产品线，并以此来确定最佳的产品组合。

1. 增加产品组合策略

增加产品组合策略是指增加产品品种，加大产品组合深度或增加产品项目，扩大产品组合广度。在品种组合方面，企业根据现有产品组合情况和市场变化情况，可以增加低档次品种，也可以增加中高等档次品种，或者同时增加这三种档次品种，以灵活机动的特性适应市场营销的需要。在产品项目方面，企业可以采取垂直一体化策略，也可以采取水平一体化策略。前者是对产、供、销环节的产品实施兼并、收购或者控股的策略；后者是收购、兼并竞争对手的产品业务，或者通过一体化将产品扩展到与本产品毫不相干的产业领域。但无论是哪种策略，它的实施都将通过项目来完成。例如，日本许多电器公司通过合作项目在世界各地建立起分厂；香港的服装商店和美国的大型超级商场通过连锁店项目在世界上建立起无数销售网点。

2. 产品组合削减策略

产品组合削减策略要求企业定期检查产品项目，及时发现需要削减的产品项目。削减的情况有两种：一种是产品线中有导致利润减少的无法出售的产品；另一种是企业缺乏使所有项目都达到期望数量的生产能力，必须集中选择生产利润较高的项目。前者可以通过销售额和成本的分析来识别疲软的项目。许多企业都对产品线进行重大削减，以取得丰厚的长期利润。例如，宝洁公司（P&G）的“瘦身行动”。P&G 减少复杂性的活动始于20世纪80年代全面质量管理（TQM），现在宝洁公司在美国本土的产品名单较20世纪90年代初已经减少了1/3。宝洁公司的“瘦身”不仅实现了大量的节约，也快速地增加了销售额。而后者一般表现为当需求紧迫时，企业通常缩短产品线；当需求松缓时，则拉长产品线。

企业在缩减产品组合时，要求集中全部有限的资源，使其人力、物力和财力发挥出最大的综合作用，使缩减目标一举获得成功。同时，集中使用资源时能够扬长避短，充分发挥自身的优势和特长，使企业立于市场竞争的不败之地。

3. 产品组合更新策略

产品组合更新策略是指对部分已经过时的品种和产品更新改造、升级换代。前提是现有产品组合深度和广度是合适的，只是其中部分品种、产品需要更新。例如，长虹、康佳各自通过“红太阳一族”项目和“康佳彩霸一族”项目不断推出新品种，成为国内彩电市场两大佼佼者。在科技高度发达的今天，产品更新速度加快，许多工业产品更新换代时间从过去的20年以上缩短为5年左右，计算机、家用电器产品更新时间则更短。所以，更新产品组合项目往往与产品开发项目相结合，并实行分散营销策略，即一地一品策略。在老产品需要更新时，一方面把它从原有细分市场转移到新的细分市场，继续营销，以逐步收回资金并赚取利润；另一方面通过项目开发使新产品填补原有细分市场，维持和保住自己已有的市场份额和盈利额，防止竞争对手渗入，并不断占领新的市场。

4. 产品组合特色策略

产品线经理通常会选择一个或数个产品项目来作为产品线的特色。产品线经理可以通过促销产品线上一些较低级的产品，作为“大宗生意促成者”来制造销售声势。例如，罗尔斯—罗伊斯公司推出定价仅4.9万美元的经济型车子，而该公司的高级汽车定价达10.3万美元，其目的是吸引人们到它的汽车展销店。产品线经理也可以推销较高级的产品项目来提高整个产品线的水准。奥迪马·皮盖公司促销一种2.5万美元的手表，事实上很少有人会买，但它却“旗舰”似地提高了整个产品线的身价。

产品线是由项目组成的，而不能提供利润的项目将会被忽视。追求高利润的公司宁可仅仅拥有“经慎重挑选的”项目组成的产品线。然而当生产能力过剩时，为了追求更高的销售量和利润，产品线经理希望增加产品线上的产品项目，产品线具有不断延长的趋势。企业可以采用两种方法来增加其产品线的长度：产品线扩展及产品线填充。产品线扩展是指企业超出现有的范围来增加它的产品线长度。企业可以向下扩展，向上扩展，或双向扩展。产品线填充是指在不超出企业现有范围的前提下，开发新的产品项目或将已有的产品进行功能组合成一种新产品。美国广告大师詹姆斯.杨在其所著的《产生创意的方法》中提出：创意完全是旧元素的新组合。例如，可视电话是电话与电视机的组合；随身听是放音机与耳机的组合；CT扫描仪是X光机与电子计算机的组合。企业在市场激烈竞争的今天如果运用好产品创意组合策略，以自己企业的优势范围为主体延伸产品配套组合，开拓市场商机，及时跟进消费者的消费要求，就很有可能进一步拓展市场，提高市场占有率，扩大市场份额。

（二）项目管理与产品管理的关系

项目管理与产品管理是紧密相关而又不同的管理内容。项目管理是针对一个项目的管理方法，它关注的是项目的生命周期，包括从项目的概念、开发、实施阶段和收尾共四个主要的项目过程。在不同的过程中都涉及对时间、人员、成本、质量、风险等内容的管理，强调的是项目的绩效，通过有效的项目管理来完成对项目提出的需求，这当中也包括交付预定产品。因此，项目管理是关注项目生命周期的管理方法。而产品管理关注的是产品的生命周期，包括从规划、设计、生产、营销和产品升级等主要阶段，而且随着产品的不断升级更新，还会使同一种产品经历多次这样的生命周期。产品管理在产品的一次生命周期的各个阶段中，提供了一整套的管理方法。因此，产品管理是围绕产品生命周期的管理方法。有人说产品管理更像一个超级项目管理。

例如，在软件开发项目中，需求分析、概要设计、详细设计、编码、测试等工作，都属于产品管理的范畴，这些工作都是由于软件工程的要求而存在的，是由相应的工程规范来约束的，软件工程规范就是软件产品的生产工艺，但是，项目的计划、组织、控制，项目中的范围管理、时间管理、成本管理、质量管理等工作过程，则是属于项目管理的范畴。

在企业中，产品管理是主线，而产品生命周期中的具体阶段的工作过程，则可以通过项目实现。产品管理是项目管理的目标，而项目管理是产品管理的实现手段。同时，产品生产工艺特点决定了项目的基本过程，但具体的生产过程组织，只有通过项目管理才能完成。在具体项目中，往往两者会同时存在，特别是在提供服务的项目中，也包含了服务产品的生产过程，项目管理者必须在非常清楚两者各自的管理内容的前提下，将两者有机地结合起来，才能同时满足各方面的要求。

对于同时提供产品和服务的企业，或者是对于企业内部同时提供产品和服务的部门来说，产品管理与项目管理结合，就会产生多对多的关系，即一个项目会涉及多个产品，而一个产品可能会在多个项目中被使用。在这种结构中，项目经理必须能够有效地将多个产品组织起来，达成项目目标，同时保证对每个产品的影响，都能与产品自身发展路线保持一致。而负责产品管理的产品经理，则必须能够积极地支持项目的需要，并确保对产品的长期发展产生有利的影响。在处理产品管理与项目管理的两者关系时，容易出现的错误主要有两方面：一是产品的设计缺乏灵活性，不能有效地支持项目中各种个性化的要求；二是项目只关注项目自身的目标，不考虑产品长期发展的要求，结果影响了产品后续的健康发展。在项目集成管理中，也强调项目与产品的结合，在项目中也要同时考虑产品的全生命周期的成本，不能只考虑项目中的短期局部成本，例如，软件开发项目中为了绕开一些技术难点，引入了某个开发工具，项目的成本降低了，但是在以后的软件销售中，由于必须配套使用该开发工具的支持模块，结果导致客户的成本增加，大大削弱了产品的市场竞争能力。

综上所述，产品管理关注内容，项目管理关注过程。产品管理是项目管理的目标，而项目管理是产品管理的实现手段。

二、项目与公司的关系

在现在的商业环境中，企业管理所面对的挑战，概括起来就是复杂性、不确定性与竞争性不断加剧，这一切因素的变化对管理思维、管理理论以及管理方法产生着巨大的影响。而且，企业传统的作业业务生命周期不断缩短，创新性活动日益频繁，企业业务日益具备了项目的特色。变化中包含大量的项目，项目又带来大量变化。而项目管理的发展已逐渐改变着公司的管理模式。

（一）公司战略管理与项目管理的关系

战略管理和项目管理作为企业应付全球化市场变动的最重要手段，一直受到理论界和实业界的高度重视。然而，战略缺乏有效的实施手段，项目管理过于追求具体方法和技术，是制约二者发展的瓶颈。突破瓶颈的有效方法是把战略管理和项目管理联系起来。

战略管理是指企业确定其宗旨使命，建立长期目标，根据外部竞争环境和内部资源条件，选择最适合实现目标的战略；同时，针对战略目标的实现进行规划，借助各种资源，将这种规划和决策付诸实施，同时在实施过程中进行控制的一种动态管理过程。战略管理试图在激烈多变的外部环境和企业内部现有资源条件中谋求最佳的结合点，以帮助企业获取长期的竞争优势。

企业管理项目的方法基于这样一条法则：企业目标通过同时发生的若干项目而实现。这条法则被称为系统法，它涵盖了公司战略项目、业务改进、组织变革以及传统开发项目。这个概念以这样的理念为基础：繁荣取决于增加业务价值，而价值的增加依靠在企业中系统地实施各类项目而实现。如果有效管理这些项目，那么，公司的经营业绩将大大提高。在环境急剧变化的今天，企业必须根据客户需求的变化和竞争对手的行动不断创新，迅速地推出个性化服务。而项目管理侧重的正是对一次性活动的管理，借助项目管理，企业对竞争变化的反应会更敏捷和有效。由此，企业对当今商业环境的应变能力、企业的生存能力将得到极大提升。

战略只是企业发展的方向和指导原则，要使战略成为现实，必须找到具体的实施载体。通常，战略的实施载体可被简化为三个部分：为了产量的增长和利益的产生，维持企业的永续经营活动；为了获得额外的利益，始终把精力放在实现战略转变的程序和项目上；识别新的，可进一步提供额外利益，实现战略的项目。总之，战略管理帮助管理者在一个复杂而恶劣的环境中把握企业的发展方向。而项目管理使得企业能够对各种瞬时的环境变化作出迅速有效的反应，保证战略实施的高效率。换言之，战略管理确保我们做正确的事，而项目管理则告诉我们如何正确地做事。项目管理必须为企业的高层如 CEO 和董事会所关注，而不只是让处在企业中层的部门经理和项目经理进行关注，把项目管理定位到企业运营管理的战略决策，使其成为企业战略规划的一个重要部分。

（二）项目型企业的管理模式

管理模式是企业特定的管理思想、管理目标、管理方案、管理手段和方法构成的一个整体运作模式。管理模式中的目标和任务决定了管理的功能和方法，也决定了管理组织的设置和各个管理职能之间的联系和配合。管理模式中的管理方案决定了组织单元之间的协调路径、协调规则和协调的频率。对于项目管理型的企业，其管理的过程中重点是基于项目推动的管理方式，新的商业环境要求企业具有准确的战略定位，目标明确，实现组织结构扁平化，以提高效率、降低成本；建立学习型组织，以实现组织决策的科学化与分散化；合理授权，讲求民主科学，以降低各种风险；实现组织运作虚拟化，建立柔性组织，以有效借助外部资源，实现资源共享、风险共担、利益共享。基于项目推动的企业若能够把握企业发展的阶段变化，并进行有效的经营管理模式转变，必将会保持旺盛的活力。

在市场竞争日益激烈的今天，企业完全靠传统的部门领导方式已经很难再保持持续的竞争力，而以项目重新打造企业的业务模式则成了一种趋势。例如，IT 服务企业是一种典型的项目型业务模式，即企业通过完成项目的交付方式，为客户提供产品或服务。企业选择和执行何种类型的项目，充分反映出企业的市场战略。跟踪企业所有项目的执行情况，便可以充分把握企业业务运作的整体状况。IBM 全球服务事业部和惠普咨询事业部都是 IT 服务的项目型企业。国内 IT 行业内的系统集成公司、软件服务公司、咨询服务公司也都是项目型企业。成功的、基于项目推动的管理型企业一般具有如下基本特点：

1. 集中于高新技术产业

项目管理型企业主要以创造性的项目开发与经营为基础，主要集中在 IT、生物制药、现代制造业、现代农业以及金融、保险、证券、培训、咨询等服务业，当然也包括建筑行业以及公共基础设施建设领域，具体形态是一些工程建设企业，但所从事的业务主要是一些较为成熟规范、不确定性较小的工程项目。

2. 创新能力强

项目管理型企业只有保持较强的创新能力，不断推出新的产品和服务，才能引导需求与创造需求，并能更好地服务需求。项目管理型企业往往以项目团队的协作与创新为基础，形成独特的创新文化，并能够引领众多企业推动产业的发展。

3. 业务拓展快，高成长

项目管理型企业能够及时捕捉稍纵即逝的商业机会，建立强大的业务网络，具有很强的业务拓展能力，通过一个一个的项目运作成功推动企业以极高的速度成长。

4. 知识管理能力强

项目管理型企业能够不断积累项目经验，将个人的知识资本转化为组织的知识资本，通过有效的业务，进行有效的团体学习与全过程学习，形成企业强大的无形资产。对处于新商业环境中的项目管理型企业，良好的知识管理能力，极大地降低了企业关键人才流失所带来的经营管理风险，进行有效的知识创新、积累与扩散，并使企业的创新能力得到持续保持。

5. 项目管理能力强

项目管理型企业发展的依据在于项目，项目选择的正确与否，以及项目管理水平的高低，决定着企业的命运。该类企业注重项目管理模式的运用和发展，注重项目管理与企业发展的辨证关系，项目与企业战略紧密相关，项目成功率保持在较高水平。

6. 企业文化起到核心作用

项目管理型企业最大的资本是知识型团队，而知识型团队中最大的资本是知识型员工，知识型员工具有自主性、创造性与流动性的特点，“诚信、进取、沟通、协作、服务、开放”的企业文化对增加企业凝聚力、迎接各种挑战具有核心的推动作用。

此外，项目管理体系的建立实施必须是自上而下，通过企业战略规划的方式进行。需要特别强调，企业项目管理战略规划的重点，不是讨论项目经理如何对单个项目进行管理，而是讨论如何建立企业以项目管理为核心的管理体系。企业高层制订项目管理方面的企业战略，其目标是管理好企业所有的项目。企业项目管理战略规划的工作，就是在企业建立一套项目管理的标准方法，并与企业的业务流程集成在一起，形成以项目管理为核心的运营管理体系。项目管理方法和业务流程相互配合，在实践中进行优化，将全面增加企业项目成功的机会，同时也使企业的相关部门以项目为导向，步调一致。

（三）可持续性企业的生存模式

市场经济条件下，企业都在追求树立长期竞争优势，以实现可持续发展，当然也包括项目型企业。企业持续竞争优势来源于企业所拥有的战略性资源和培育的核心竞争力，其中核心竞争力通常可包括企业的技术能力、管理能力和企业文化，优秀的企业文化构成企业核心竞争力的重要组成部分。

1. 企业文化构筑企业核心竞争力

核心竞争力的基本特征在于它是竞争对手难于模仿的、异质性的和有价值的能力。企业文化恰恰可以满足企业核心竞争力的这些基本特征。所谓企业文化是指现阶段企业员工所普遍认同并自觉遵循的一系列理念和行为方式的总和，通常表现为企业的使命、愿景、价值观、行为准则、道德规范和沿袭的传统与习惯等。

一个组织的核心竞争力往往体现在对创新文化的培育上。创新型企业文化是指创新已经成为企业的核心价值观，创新理念已得到员工的普遍认同，创新已化为企业员工的行为习惯。企业在与顾客的互动中，一方面输出组织对创新的实践，另一方面汲取对方对创新的需求。经营管理者深刻认识到只有不断创新，才能使核心竞争力动态化，同时使竞争对手难以跟踪模仿，从而创造持续竞争优势。

当今时代，全球化推动着世界经济结构调整，改变着研究与创新的方式。国际科技与经济竞争日益激烈，科技进步与创新已成为影响和推动世界经济发展的主导性力量。在经济全球化的过程中，创新能力强的跨国公司成为国际竞争的重要角色。据统计，目前全球跨国公司的总数已超过6万个，产值约占全球总产值的1/4，贸易额占国际贸易额的60%，技术贸易占60%～70%，专利和技术许可费占98%。大批跨国公司掌握着一个或多个产业的核心技术，处于国际贸易和全球产业分工体系中的上游，以专利和技术标准作为设置技术壁垒和垄断市场的重要手段。当今世界经济强国，其产业竞争力主要就是体现在掌握核心技术的跨国公司和企业身上。

2. 企业品牌铺就企业生存之道

品牌是资源和文化的结合体，更是企业灵魂的形象体现。一个信誉良好、品质优越的品牌，往往能经得起市场长久的考验。企业如果能着眼于为未来生存时空培育品牌，也就为企业铺下了向前推进的轨道。

品牌分析家认为，全球最有价值品牌仍然是财富的主要创造者，未来仍将成为创造财富的领头羊。评估品牌的作用，实际上是确认品牌效益对于企业无形资产收益的贡献程度。可以说，如果一个品牌的作用为50%，这家企业无形资产收入中的50%就是品牌收入。对某些行业来说，品牌经营起很大的作用，品牌往往是消费者选择某家公司产品的唯一原因。

品牌价值是衡量品牌对其持有者经济利益的唯一标准。品牌知名度和品牌资产是达到目的的手段。品牌知名度可以促使消费者考虑购买这一品牌的产品，品牌资产则让消费者有理由在选择其他所知品牌之前，选择这一品牌的产品，消费者的选择将会提高品牌的占有率。只有在消费者的购买行为成为该品牌持续的收益时，企业才能创造出品牌价值。

何为品牌价值？品牌价值是指某一个时点由品牌所有者运用类似有形资产评估方法计算，并且以美元表示的价值。如果它是适当的，或者是可以确认的，它就是可以在资产负债表上出现的品牌价值的金额。品牌价值并非是更替品牌所需要的资金的估算，也不表示该品牌对于他人的价值，或者是自品牌创立以来在该品牌上所花费的成本。

品牌价值反映的是设计、生产、工艺、广告和销售的综合实力。品牌也是产品与顾客之间信任的纽带。假如消费者喜欢这个品牌，他们会像虔诚的信徒一样始终追随，不仅会继续购买这个牌子的商品，还会向所有的朋友讲述这个品牌的好处，而不管价格的高低。可口可乐公司就是深谙其道并从中获得了巨大利益。可以说，可口可乐100多年的发展历史，就是其千方百计提升品牌价值的历史。提升的手段五花八门，且成效显著。可口可乐的成功说明了品牌对一个企业来说是非常重要的资产。对品牌的投资是长期的，不能仅贪图眼前的利益，要用品牌铺就企业未来的生存道路。

三、项目与市场的关系

项目实施的最终产品都将面临市场的考验，产品能否被目标客户所接受决定了一个项目是否真正地成功。实施一个成功的项目之前必须对项目市场进行深入研究，而项目市场细分就不失为一种有效的方法。项目市场细分就是指根据项目消费者或用户的差异性，把市场划分为若干个子市场的过程。市场细分的客观基础是消费者需求的差异性。

（一）项目市场细分的作用

1. 市场细分有利于集中使用资源，优化资源配置，避免分散力量

对市场进行细分，深入了解每一个子市场，衡量子市场的开发潜力，然后集中投入人力、物力、财力资源，形成相对的力量优势，减少费用，提高效益，降低风险，发展能力。

2. 市场细分有利于提高项目的成功率，产生一定的社会效益

市场细分充分关注了相关产业项目消费者的需求的差异性，以消费者为中心来进行市场理性思考，市场细分化的间接效果是广大相关行业消费者的需求得到满足，使项目活动获益，从而营造起项目企业的美誉度，达到企业的可持续发展。

3. 市场细分有利于增强项目企业的适应能力和应变能力

对消费者市场进行细分，增强市场调研的针对性，市场信息反馈较快，项目企业能够及时、准确地规划项目活动的进行。

4. 市场细分有利于提高项目的市场竞争力

市场细分的过程中，不仅要对消费者需求进行细分，而且也是对竞争对手进行细分，能够清楚地知道，哪个子市场上存在竞争者，哪个子市场上竞争者比较少，哪个子市场竞争压力大，哪个子市场竞争比较缓和，诸如上述情况，制订合理的项目战略，夺取市场份额，增强竞争能力。

5. 市场细分有利于挖掘更多的市场机会

通过对市场进行细分，可以全面了解项目市场广大消费者群体之间在需求程度上的差异，而在市场中，往往满足程度不够。或者满足出现真空时，市场便有可获利的余地，市场机会也就随之而来。抓住这样的时机，结合自身的资源状况，推出特色的

项目产品，占领市场，取得效益。

（二）项目市场细分的步骤

项目市场细分是一个连续的过程，具体要经过划定细分范围、确认细分依据、权衡细分变量、实施小型调查、评估细分市场、选择目标市场、设计项目策略等步骤。

1. 划定细分范围

就是对细分哪一种服务市场以及在哪一地区细分进行界定。这个细分范围取决于多种因素，其中，主要的有项目承办单位的人力、物力、财力，项目的目标与任务，项目目前的行业优势状况。

2. 确认细分依据

就是确认市场细分标准。这些细分标准主要有人口因素（包括性别、年龄、收入等）、心理因素、地理因素等。

3. 权衡细分变量

细分变量对项目市场细分起着重要作用。细分变量使用不当，有可能使细分结果与市场的实际情况相差甚远，从而导致项目决策的失误，由此可见，对细分变量，要做深入的了解分析，科学合理地权衡比较。

4. 进行小型调查

在项目调查中，已对项目市场状况进行了数据的收集、整理、分析，可以说大致掌握了整体情况。为了进一步了解细分市场，也为了检测项目调查的效率，可以安排小规模的市场调查，但是投入费用要尽量小。

5. 评估细分市场

根据小型市场调查，对各个子市场进行评价、分析。

6. 选择目标市场

即通过评估，从众多的子市场中选出最好的一个。最好按加权平均方法综合考虑各相关因素。

7. 设计项目策略

目标市场确定后，相应地制订出价格策略、产品策略、渠道策略、促销组合策略。

（三）项目市场细分的选择

项目市场细分化之后，存在着众多的子市场，如何在子市场中选出自己的目标市场，主要有以下几种策略：

1. 集中性策略

是指以追求市场利润最大化为目标，项目不是面向整体市场，而是将主要力量放在一个子市场上，为该市场开发具有特色的项目活动，进行广告宣传攻势。这种策略主要适合于短期项目活动，成本小，能在短期中取得促销的效果。

2. 无差异策略

是指项目活动不是针对某个市场，而是面向各个子市场的集合，以一种形式在市场中推展开来。这种策略应配以强有力的促销活动，进行大量的统一的广告宣传，但是成本比较大，时间比较长，一般适合于大型项目活动。

3. 差异性策略

是指项目活动面对已细分化的市场，从中选择两个以上或多个子市场作为目标市场，分别向每个子市场提供有针对性的活动。这种策略配置的促销活动应有分有合，项目在不同的子市场，广告宣传应针对各自的特点有所不同，以调动各个子市场消费者的消费欲望，从而达到实际消费行为。

（四）消费者细分因素

对项目消费者细分，主要考虑到地理因素、人口因素、心理因素、行为因素、受益因素等，下面，就对这几个因素简要分析：

1. 地理因素

主要变量包括：① 国家；② 地区；③ 城市；④ 乡村；⑤ 气候；⑥ 地形地貌。例如，体育项目中的足球，在巴西就比较流行，因为，足球给巴西带来了几十年的荣耀；旅游项目中，南方人比北方人喜欢出行旅游，旅游企业可以推出针对南方人的旅游项目，如冰城游等。

2. 人口因素

其具体变量有：① 年龄、性别；② 职业、教育；③ 家庭人口；④ 家庭生命周期；⑤ 民族、宗教；⑥ 社会阶层。项目活动的开展要充分注意到人口的因素影响，针对消费者的不同特点，策划出不同口味的项目活动。

3. 心理因素

其具体变量有：① 生活格调；② 个性；③ 购买动机；④ 价值取向；⑤ 对价格的感应程度。

项目活动与消费者心理因素的关系十分密切。只有根据消费者心理的不同因素，推出符合其口味的不同档次活动，才能满足不同消费者的心理需求。

第三节　案例分析

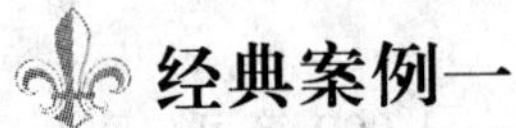

经典案例一

可口可乐的生存之道——品牌经营

曾经有一个流传很广的故事说，一个畅游世界的旅行家来到荒无人烟的撒哈拉沙漠腹地，他对司机说："我们可不可以走到一个没有现代文明标志的地方？"司机不解。旅行家补充说："就是看不到可口可乐的地方。"司机摇摇头说不可能。

全球品牌管理咨询公司 Interbrand 与美国《商业周刊》合作，于 2002 年 8 月 8 日公布了全球 100 个最有价值的品牌。可口可乐战胜微软、IBM 和诺基亚、奔驰，又一次登上榜首。此次公布的可口可乐品牌价值 696.4 亿美元，比去年略有上升。

同时，据著名的全球消费者行为与市场资讯调查机构 AC 尼尔森发布的最新研究报告显示，全球市场上共有 43 个超级消费者品牌，每年销售额超过 10 亿美元，达到了真正全球化。可口可乐在全球的销售额超过了 150 亿美元，其中在亚太区的销售超过了 15 亿美元，可以说是 10 亿级品牌中的巨无霸。

在中国，可口可乐同样显示了其品牌价值的强大感召力。据中央电视台央视调查咨询中心发布的一项全国城市消费者调查报告显示，可口可乐在同类产品中高居榜首，分别在市场占有率、最佳品牌认同及知名度等方面领先于同类产品，创下了连续 6 年不败的纪录。

可口可乐的前任老板伍德拉夫曾夸下海口，即使可口可乐所有资产一夜之间统统烧光，单凭可口可乐四个字，就可再创一个强大的企业。这样的海口是基于对品牌价值的信心，而不是吹牛。在这里，我们不妨回顾一下可口可乐在经营品牌过程中的一些重大公关事件。

据说，真正使可口可乐成为世界最畅销饮料的人是罗拔·伍德夫（Robert Woodruff)，他一直管理可口可乐 60 多年，直到他 90 多岁逝世为止。

1919 年，可口可乐公司被一个亚特兰大的财团收购。4 年后，伍德夫被委任为总裁，他采用了严格的质量管理标准，以保障不论在什么地方生产的可口可乐都能保持优良品质。他还着手在世界各地广泛销售和进行广告宣传活动。

第二次世界大战爆发，美国在日本偷袭珍珠港之后卷入大战，伍德夫马上宣传“无论美兵所到何处，可口可乐公司将会在当地以每杯五分钱价格，供应可口可乐。”当地不少可口可乐公司的员工，为要实现这个承诺，在战地不幸失去性命。出乎意料，当美国兵随着大战结束而返回家园时，留下来的可口可乐生产设备，先后成为了当地首家生产可口可乐的工厂。

1928 年，阿姆斯特丹，可口可乐第一次在奥运会登台亮相——1 000 箱可口可乐与美国奥运代表团一起参加了奥运。

1932 年，洛杉矶可口可乐公司赞助的奥林匹克运动记录指示器记载了 18 项新的奥运记录。

1934 年，乔尼·韦斯姆勒（1924 及 1928 年奥运游泳金牌得主）为可口可乐公司产品签名。

1952 年，奥斯陆可口可乐公司向奥运会提供了直升机服务，使观众可以俯瞰全景。

1960 年，罗马，意大利可口可乐公司的瓶装厂使用 45 转唱片为运动员和观众们播放歌曲“再见，罗马!”。

1964 年，东京可口可乐公司为奥运提供了大量导游图、路标、旅游观光信息册等。

1968 年，可口可乐公司第一次邀请奥运冠军（莉恩·伯克，1960 年游泳冠军）拍摄电视广告。

1979 年，可口可乐公司帮助美国奥林匹克委员会建立了“美国奥林匹克名人堂”，用来纪念美国最伟大的奥林匹克运动员及保存奥林匹克艺术品。

1982 年，“可口可乐’奥林匹克妇女体育计划”开始实施。

1987 年，可口可乐公司成为瑞士洛桑奥林匹克博物馆的首位赞助商。

1988 年，卡尔加里可口可乐公司赞助创建了第一家官方奥林匹克纪念章交易中心。

1992 年，阿伯特维尔可口可乐广播站建立。

1992 年，赞助巴塞罗那奥运会火炬接力。巴塞罗那 50 万人在可口可乐奥林匹克纪念章交易中心和纪念章流动站抢购了 200 多万枚纪念章。

1994 年，利勒哈默尔可口可乐奥林匹克纪念章交易中心第一次推出“每日一章”。每天纪念章限制在 1 000 枚，为此，购买者排起了长龙。

1996 年，亚特兰大百年奥运在可口可乐的家乡举行。可口可乐正式赞助协办整个奥运圣火传送活动。400 名来自 78 个国家的选手与当地代表组成了上万人的传送队伍，跑了 24 000 公里传送圣火。同时“可口可乐奥林匹克城”对广大观众开放。国际奥委会与可口可乐公司签署协议，延长可口可乐公司对奥运的赞助期至 2008 年。

2000 年，在澳大利亚的五个主要城市，可口可乐“红色节日”与奥运会开幕式同时举行，为 90 000 名可口可乐消费者带来了一个红色狂欢节。

如此力度的品牌宣传与经营活动，为可口可乐连续成为全球最有价值品牌立下了汗马功劳。主办该年品牌排名调查的全球品牌管理咨询公司陈富国博士在接受媒体访问时表示，在 2002 年度全球最有价值品牌的排名中，可口可乐仍位居榜首，在经济衰退后甚至仍取得了 1% 的增长。这样的成绩是惊人的，这同样显示了可口可乐公司在品牌经营上所花费的巨大心血。

经典案例二

古奇（GUCCI）的成功之路——产品差异化

古奇从一个小小皮具店转变为一个国际化的大企业，经历过诸多风雨。它的历史可以分为三个时期：纯正家族企业时期（1921 - 1989 年）、混乱与衰落时期（1989 - 1994 年）和再造辉煌时期（1994 年至今）。时至今日，卓越的古奇在箱包行业已发展成为与法国 LouisVuitton（路易·威登）齐名的品牌，其产品遍布全球，服饰、皮件和香水等各种精品，也成功打进年轻人市场。古奇的成功蜕变应归功于他的产品差异化。

产品差异化是指同一产业中各企业同质产品的异化，主要表现在同质产品在品牌、商标、设计（外观）和包装等方面存在差别，或者因信贷条件、交货条件（及时性和可靠性）、销售条件等不同而产生的差异。在产品差异化中，主要分为水平差异化和垂直差异化。水平差异主要是指产品的性能和设计上的差异。产品的用途基本相同，属于同一“产品群”，但在功能、质量、外形、材料、耐用性等方面存在差异；垂直差异是指依据某种品质排序而存在的差异。这里的某种“品质”是指类似于可靠性、安全性之类的标准，这类差异主要是人们主观认识上的差异。如，对某一具体商标的信任，对某一厂商的偏爱，或对某一产品了解程度上的差异，所有这些均与企业的推销行为有关。有了突出个性的产品和好的营销策略，如何使产品能够很好地推出和进行生产，如何使营销的策略很好地执行，这就需要管理来协调各方面的资源，使得各个方面都有效率地进行并收到有效的结果。因此，下面将以产品、销售和管理这三个方面为大家介绍古奇的成功之路。

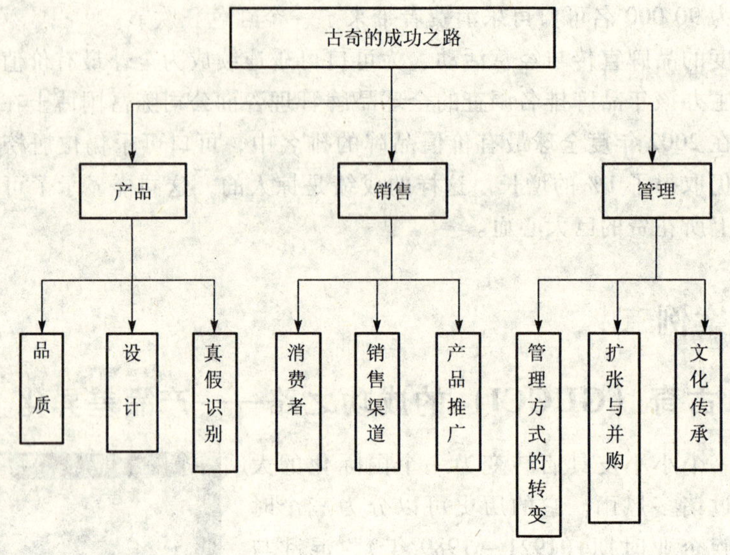

图 1－1　古奇的成功之道

（一）产品

1. 品质

可以说，高品质是所有奢侈品所具有的基本特性，同时也是古奇不断发展的基础。

古奇家族第二代领导人艾杜·古奇就以这句话告诉世人，古奇是一个追求高品质、高质量的品牌："价格会随时间淡忘，但品质永驻人心。"（Quality is remembered long after the price is forgotten.）

前任古奇首席执行官索勒也谈到："古奇产品从来不在意大利以外的地方生产，之所以所有的产品都要在托斯卡纳生产和加工，而没有搬到其他地方，不是因为其他地方的人不好，主要是因为不希望我们的品牌失去那种与意大利之间的特有渊源，失去它作为奢侈用品的潜在身价。托斯卡纳历来是高档皮革制品的加工生产地，那里的人们对此非常在行。很多古奇的客户都是因为'意大利制造'的字样而购买我们的产品；否则，我相信他们不一定会感兴趣。"

古奇所追求的高品质也感染着它的消费者。客户调研结果显示，在古奇的客户中，大概有 60%～70% 的人相信古奇的产品比同业竞争对手的质量要高。

2. 设计

在设计方面，古奇一直追求在时髦和品质之间求得完美的平衡。客户调研结果显

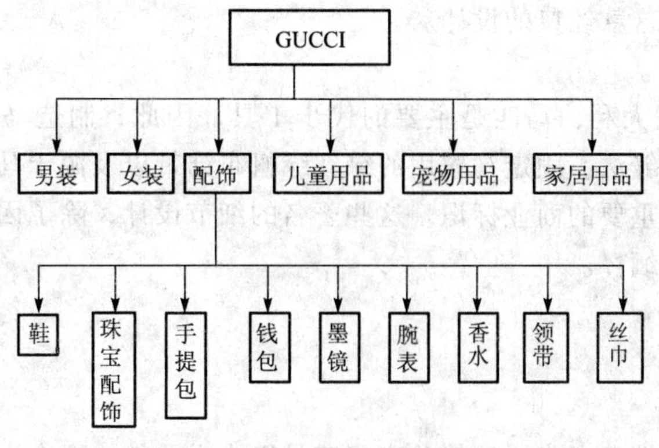

图 1-2 古奇产品系列

示了该品牌的两大主要实力所在：首先是古奇的款式，其次是古奇的个性；这正是人们希望从古奇中得到的。

有一种观点认为，既然是奢侈品，就应该用异常昂贵的材料。但是古奇使用的材料并称不上昂贵，这一点从猪皮、竹子就可以看出来。因此，他强调的是将皮、竹和布艺相结合的设计。

当然在古奇漫长的历史中，设计风格也有着阶段性的转变。在古奇家族控制时期，古奇追求高雅、奢华的风格，但到了 1994 年 Tom Ford 成为古奇的首席设计师，他在高雅奢华中又融入了性感，他的作品兼顾性感与华丽，光彩夺目而又平易近人，并且坚持“古奇是超越文化与民族的”这一核心理念，为古奇创造了新的全球统一形象。直到 2004 年以后，古奇在 Frida Giannin 的引导下，风格向传统回归，逐渐淡化性感这一元素。

纵然设计风格在不断地变化着，但是，古奇在设计中的经典元素并没有因此而消失。下面介绍古奇的经典元素：

（1）双 G。

1969 年夏天，古奇推出革命性的设计——双 G 字母压花布，两个 G 字母上下颠倒彼此相对，并呈现钻石形状。

（2）竹节。

1947 年，0633 竹把手提包面世，当时正是意大利被实施贸易禁令的时期，为缓解物料短缺的情况，在古奇的工匠中有人设计出以竹节代替皮革手把的提包，古奇的竹节包取材于大自然，所有竹子都从中国及越南进口。我们常常用宁折不弯来形容竹子的品质，但是古奇的工匠们却通过独特的手工烧制技术，将竹子烤成弯曲的手柄，并在上面留下美丽的火焰印记，天然材料以及手工烧烤技术造就其不易断裂的高品质，同时也成就了这款经典的设计。

（3）马具元素。

20世纪初的意大利，马匹是主要的代步工具，因此，制造马具的人比较多。二战后，马鞍上的双缝法、固定马鞍用的绿红绿帆布饰带以及源于马镫与马嚼子的马衔铁设计，成为古奇重要的商业标识。这些著名的细节设计，除了因为美观，也是对过去马术时代的一个缅怀。

（二）销售

1. 消费者分析

对于奢侈品的消费者来说，体验幸福感是极为重要的。一个人的生活，确切地说是他/她经历的总和。富有的体验累计了富有的生活。但同样的道理不是用于物质拥有。物质有时是重要的、能令人满足的，但物质通常保持着和所有者个体的分离。而体验，能够提供更多的快乐，因为它们比物质拥有更有助于自我实现。如果人们在体验上的投入比在财产上的投入更多的话，他们会过得更幸福。这一类人群都有这样的口号：崇尚快乐，忘却物质！

表 1－1　　奢侈品消费者细分市场扫描（基于美国市场）

奢侈品细分市场——总结市场渗透	奢侈品的沉迷者（24%）	社会新贵（30%）	奢侈品的追逐者（26%）	超级富裕者（20%）
消费者心理	他们已经被包裹在自己奢侈的茧里，仍然热衷于把他们的“窝”装饰得更奢侈。通过奢侈消费和全面参与奢侈生活的方式来张显个性。	最前卫的消费者，他们知道物质并不能使他们快乐。他们尽管表面上并不那么追求物质，但仍高度参与奢侈品消费。他们关注个人奢侈品和体验，因此脱离了自我的生活及他们与外面世界的联系。家具奢侈品带给他们的满足感最小。追求奢侈生活时，他们会寻找内心情感生活同外在世界的平衡。	他们尚未达到所向往的奢侈水平。他们认为奢侈是对自己拥有什么的诠释。对于这些消费者，购买的产品和品牌最能代表奢侈。	最热情的奢侈消费者，最频繁购买且花费更多。尽管向往奢侈体验，但他们仍更重视物质世界。在这一点上，他们与社会新贵们不同，他们寻求奢侈的物品和体验，随心所欲地消费。他们对奢侈生活投资很大，并会继续这种生活方式。

续表 1-1

奢侈品细分市场——总结市场渗透		奢侈品的沉迷者（24%）	社会新贵（30%）	奢侈品的追逐者（26%）	超级富裕者（20%）
购买率	个人奢侈品	75%	85%	78%	91%
	家具奢侈品	57%	64%	55%	71%
	体验奢侈品	63%	75%	69%	82%
家具奢侈品消费		4 000 美元	3 875 美元	3 750 美元	4 750 美元
个人奢侈品消费		2 250 美元	4 313 美元	1 125 美元	4 250 美元
体验奢侈品消费		4 750 美元	3 750 美元	4 500 美元	5 375 美元
奢侈品消费总额		7 500 美元	10 250 美元	7 500 美元	15 250 美元

2. 销售渠道分析

起先，古奇全部为直营商店，但是，350 款女士便鞋推出后吸引了很多顾客上门选购，原本顾客较少的店面一时变得熙熙攘攘，使得很多上流社会的顾客不愿到古奇店中购物。为了改变这一状况，艾度在 1968 年秋天在圣里吉斯酒店内开设了精品鞋店，使那些上班族可以在此时选购，第五大道可以专心服务上流社会的客人了，这样就拓宽了古奇的销售渠道。自此古奇的销售便掌握在三类不同的实体手中，包括：古奇直营的商店，特许经营的专卖店，百货公司女装部和免税商场。但是，古奇为了建立强势的品牌，花费了 2 亿美元收回特许经营权，对 119 家商店进行重新装修，使之焕然一新，并且开设直营店。这样，公司更好地掌控了市场和品牌的统一性。

古奇每家店的设计风格都是统一的，向全世界的消费者传达着古奇所营造的文化氛围，而且有很多的店面都是由设计师精心打造的，比如在伦敦史隆街建设的旗舰店是按 Tom Ford 的构想建造的。

3. 产品推广

(1) 广告。

扬弃了过去纯粹以商品摄影呈现的手法，反而延续服装广告中所诉求的女神形象，以光滑的肌肤为背景，衬托出配件的材质及细节设计；同时，为避免模特儿的风采抢走配件的焦点，在画面的构图上，多半撷取模特儿的身体局部，好让大众能将视觉焦点集中在配件上。

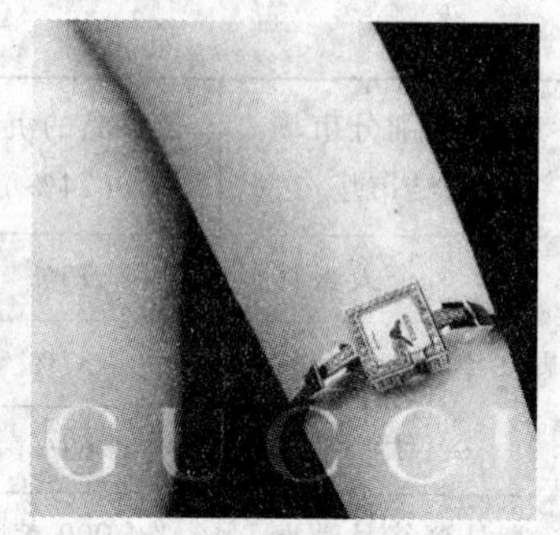

(2) 编造传奇身世。

在二战后几年，艾度开始考虑使古奇成为全球知名品牌，并且提倡“古奇理念”。他认为，产品风格与色彩的和谐将使产品与古奇品牌实现良好的交融。马具为古奇产品提供了源源不断的设计灵感。马鞍上的双缝法、固定马鞍用的绿红绿帆布饰带以及源于马镫与马嚼子的马衔铁设计，成为古奇重要的商业标识。此时，艾度编制出古奇家族从中世纪就是宫廷御用的专业马鞍制造商的传说——这一形象更有助于取悦和吸引上流社会人士。店面里陈列的马鞍和马术用品使得这一传说更加生动，有些样品甚至还被买走。直到今天，古奇家族和老员工们仍会说古奇很久以前就是专业的马具商了，然而，古奇家族从来没有制作过马具。

古奇最早的形像是一手提着行李箱、一手挎着手袋的服务生，随着古奇的不断成功，身披盔甲的骑士取代了卑微的服务生。

(3) 名人效应。

伊丽莎白女王还是公主时就曾造访过佛洛伦萨的古奇商品店；此外，罗斯福总统夫人、伊丽莎白·泰勒、格蕾丝·凯莉以及肯尼迪总统的夫人杰奎琳·鲍维也是古奇店的常客。还有很多电影明星，包括贝蒂·戴维丝、凯瑟琳·赫本、索菲娅·罗兰和安娜·马格纳尼等也常常光顾古奇店。

在罗伯托·罗塞里尼拍摄的电影《意大利旅行》中，年轻的英格丽·褒曼腕上挎着古奇竹把手提包，手撑古奇遮阳伞，散发出美丽迷人的风采。

（三）管理

1. 家族式到设计与管理分家

在古奇公司第二代接班人掌权时期，一直按照几个简单原则划分权力：第一，公司必须由家族成员掌控，只有家族成员有权决定公司发展方向；第二，他们将公司业务分为两大块——古奇美国公司和零售网络、古奇意大利生产公司。这样既可以把公司整个掌控在家族内部，又可以避免家族内部的利益纷争，还可以极大限度地降低管理成本。

然而在 20 世纪 90 年代，家族式管理已经无力支撑整个公司正常发展，古奇引入了专业经理人团队，科学管理整个公司。对于管理人才来说，管理整个公司要涉及公司的各个方面，但是，一次工作上的小冲突，使得管理上发生了转变：1995 年德·

索尔就任首席执行官后不久，一天他忽然闯入福特和他的助手们讨论新设计的系列皮包的设计会议，被福特厉言赶出，会后他将福特叫到办公室，两人进行了激烈的争论并最终达成默契，两人从此划清了彼此的工作界限，以这种方式形成了总设计师与最高主管之间默契合作彼此信任的关系，这也成为了业界的典范。

2. 并购 & 扩张战略（全球化之路）

古奇分店遍布全球，涉及服装、皮件、饰品和香水等各式产品，深受全球时尚人士追捧。

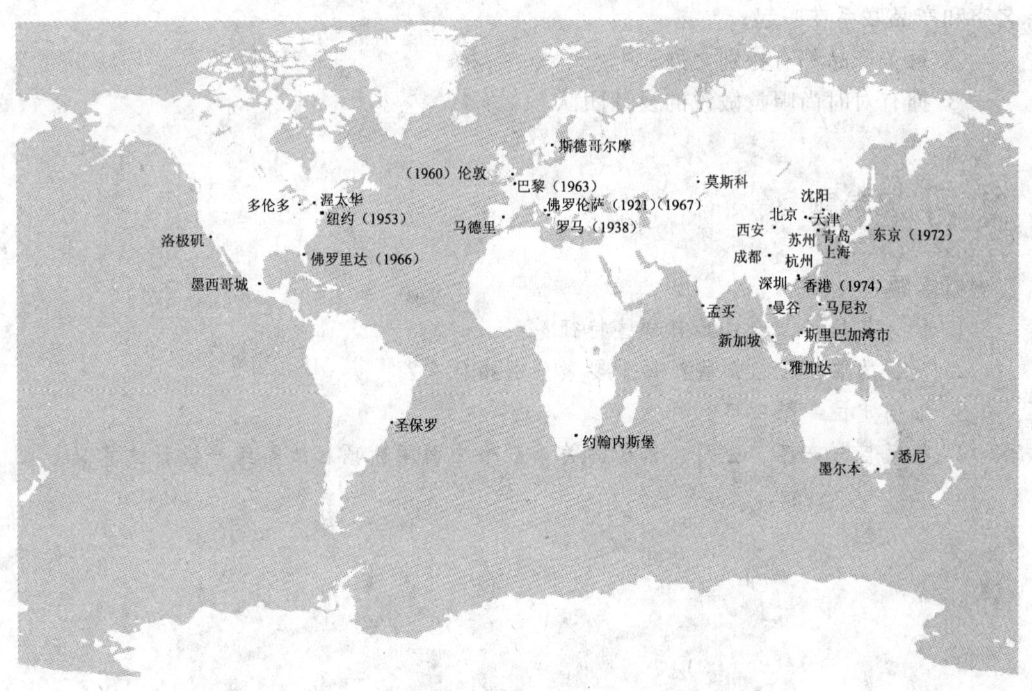

图 1－3　古奇全球分布图

3. 文化传承

古奇的团队意识、诚信意识和创新精神是其资源管理的重要因素。从高层、中层及所有员工都能够处在一种自己热爱的工作岗位上，平等的工作环境，激发出古奇员工的工作热情，同时对于企业的社会形象和品牌延伸产生积极的影响。这样的文化内涵正是古奇的核心和灵魂。特别是在奢侈品这样一个注重个性消费和高情感消费的世界里，品牌的文化内涵越来越显示出它特有的、不可取代的价值。

总结古奇的成功之道，我们可以看出古奇：

① 产品线上的所有产品，从高价到低价，都一致地传递优质；

② 传统手工制作；

③ 可辨认的样式或设计，聪明的消费者不需要看商标就知道它的品牌；

④ 通过有限的分销和高价把营销计划建立在情感诉求和卓越产品联系起来的市场定位上；

⑤ 全球声誉；

⑥ 在相关的产品领域中，把一个公认的具有卓越产品来源及独特美誉的原产国名字和产品联系在一起；

⑦ 每个产品都有特别之处；

⑧ 拥有对时尚嗅觉敏锐的设计团队。

复习思考题

概念题

1. 什么是项目，项目具有哪些特征？
2. 项目的要素包括哪些？每个要素分别指什么？
3. 如何定位一个项目？
4. 从项目与产品、公司、市场的关系三个方面阐述项目战略组合设计的意义。

第二章　公司战略管理

✓本章摘要

● 公司战略是把战略的思想和理论应用到企业管理中，指企业为了适应未来环境的变化，为寻求长期的生存和稳定发展而制订的总体性和长远性的谋划，它是公司如何达到目标、完成使命的综合计划。

● 公司战略的核心是采取一系列步骤来加强公司的长期竞争地位和财务绩效，将竞争优势达到最大，竞争劣势减到最小。

● 公司战略包括总体战略、部门战略和职能战略。

● 战略管理是企业高层管理人员为了企业长期的生存发展，在充分分析企业外部环境和内部条件的基础上，确定和选择达到目标的有效战略，并将战略付诸实施，对战略实施的过程进行控制和评价的一个动态管理过程。

● 战略管理的基本过程包括战略环境分析、战略制订、战略实施。

● 扩张公司的全球战略是指在经营中有全球性的竞争视野，在考虑来自世界任何地区的竞争以及各种可能的不利因素的同时，对公司的各种有限资源进行最合理的配置和使用，以获得最佳的经营效益。

● 跨国公司的进入模式包括出口战略模式、许可证战略模式、特许经营战略模式等。

✓本章关键词

公司战略　总体战略　部门战略　职能战略　战略管理　全球战略　出口战略模式　许可证战略模式　特许经营战略模式　进攻战略态势　防御战略态势　集中化　分散化

✓学习完本章你需要掌握

▣ 掌握公司战略的定义与内容；了解总体战略、部门战略、职能战略；

- 学习公司战略的主要方法：低成本、差异化、集中化等；
- 掌握公司战略管理的定义及内容；
- 理解战略管理的基本过程，学会做战略环境分析；
- 学习跨国公司的全球战略，了解其制订战略的程序、准则以及可选择的战略；
- 学会定位目标市场，理解进入目标市场的模式。

第一节　公司战略

一、公司战略的定义

公司战略是把战略的思想和理论应用到企业管理中，指企业为了适应未来环境的变化，为寻求长期的生存和稳定发展而制订的总体性和长远性的谋划，它是公司如何达到目标、完成使命的综合计划。它的核心是采取一系列步骤来加强公司的长期竞争地位和财务绩效，将竞争优势达到最大，竞争劣势减到最小。

制订和执行公司战略是使一个企业在市场中获胜的核心与灵魂。公司战略是管理人员使用的一种策略，用来保持市场地位，吸引并取悦顾客，成功地竞争，并实现组织的目标。一个公司的战略显示出经理人在目标市场、经营方式和竞争手段的一系列选择之中作出的抉择。

例如，当洛克威尔国际公司（Rockwell International Corporation）意识到再也不能通过多元化经营战略达到目标时，它把飞机和国防业务卖给了波音公司。洛克威尔选择集中于家用电子业务，这正是因为高级管理层认为这个领域的成长机会更大。

二、公司战略的内容

一般来说，公司在其永续经营中，要考虑三种主要的战略：总体战略、部门战略和职能战略。

（一）总体战略

总体战略是公司最高层次的战略，描述公司总的发展方向，它主要是公司在业绩增长、多重业务和产品种类管理等方面的大政方针。总体战略一般由企业的最高层管理者制订，旨在通过进行经营行业组合，实现投资收益的最大化。总体战略的侧重点在两个方面：一是从企业全局出发，根据外部环境的变化及企业内部的条件，选择企业所从事的经营范围和领域。在这方面，公司的总体战略要回答的问题是：目前公司的核心业务是什么？公司应当经营什么样的业务？二是公司在确定所从事的具体业务后，要在各部门之间进行公司资源的分配，以实现企业总体的战略意图。因此，可以说，总体战略是公司战略实施的关键。

（二）部门战略

部门战略通常发生在公司已选定的业务层次上，有时也称为竞争战略，处于第二个层次。部门战略的制订者是公司各部门的经理，它重点致力于提高公司的产品或服务在某个细分市场中的竞争地位。这一战略所涉及的具体问题是在选定的业务范围内或在选定的市场区域内，该具体部门应在什么样的基础上参与竞争，以取得超过竞争对手的竞争优势。例如，苹果计算机公司（Apple）采用差异化战略，强调具有创造性地设计创新产品；英国航空公司（British Airways）则采用合作战略，与美国航空（American Airlines）公司建立联盟，提供全球范围的航空服务。

（三）职能战略

职能战略是一系列职能部门具体战略的统称，它为研究开发、生产、营销、结算等职能领域所采用，由职能部门的管理人员制订短期目标和规划。职能战略的制订和实施是将部门战略转化为职能部门具体行动计划的过程，处于公司战略的第三个层次。职能战略规划出公司的健全结构，提高经营能力，将资源的产出率最大化，实现部门战略和公司的总体战略，给公司带来竞争优势。比如，美国在线（American Online）的营销战略就是采用低价产品使整个市场饱和。

企业要同时运用以上三种战略：总体战略、部门战略和职能战略。虽然侧重点和影响的范围有所不同，但它们都是企业战略管理的重要组成部分。总的来说，总体战略和部门战略回答了“什么是正确的事情”，职能战略则强调“如何将这些正确的事情做好”。比较而言，公司战略和部门战略注重的是效益和利润，职能战略注重的则是管理与服务。

三、公司战略的主要方法

优秀的公司战略要同时包含进攻和防御的元素——进攻是指战略行动要对其他竞争者的市场地位提出挑战，并试图建立新的竞争优势；防御则是要承受外来的竞争压力、应对竞争对手的策略、规避威胁到公司安定和发展的不利因素。优秀的公司战略与普通战略最大的区别在于：公司管理者是否能在市场和企业内部完成一系列战略行动，这一系列战略是否能够产生可持续的竞争优势。具有竞争优势的公司就会有良好的发展前景，能够赢得市场份额，并实现高于平均水平的利润；而没有竞争优势的公司表现平庸，随时承受着被竞争对手打败的风险。

在通过战略行动构筑竞争优势的规程中，最常使用的四种战略方法是：

（一）争取成为行业中的低成本提供者

这种战略方法使企业通过成本的降低来获得相对于竞争对手的成本领先优势。沃尔玛和西南航空公司就是因为获得了领先于竞争对手的低成本优势，从而赢得了市场。

（二）基于差异化特色战胜竞争对手

这种战略方法是将企业的业务通过某项或某些指标的不同而区别于其他产品。例如，高质量的产品、广泛的产品选择、可靠的性能、优质的服务、吸引人的款式、领先的技术或者高性价比等。强生通过产品的可靠性，香奈儿和劳力士以其自身品牌声誉，奔驰和宝马凭借精细的工程设计和超高的产品性能，最终成功实施了差异化战略，取得了稳定的市场份额，打下了企业发展的根基。

（三）集中于一个狭窄的利基市场

这样的战略方法要求企业比其他竞争对手更好地满足某一细分市场购买者的特殊需求和偏好，从而获得竞争优势。这样的例子也有很多，eBay 以及 Whole Foods Markets 分别在在线拍卖和天然有机食品这样的专业化利基市场获得了竞争优势，取得了成功。

（四）发展专有技术和资源力量

这样的战略方法带给公司的竞争能力是对手靠其自身能力无法轻易模仿或超越的。比如，联邦快递能在下单的第二天送到小型包裹；迪斯尼管理着世界上规模最庞大的主题公园，创造了全家性的娱乐方式；IBM 提供着大型企业所需要的超强信息系统和信息技术。许多公司逐渐认识到，相比拥有优质的具体产品而言，要想获得优于竞争对手的持久的竞争优势，更有效的方法应该是发展有竞争价值的专门技术和资源力量。这是因为竞争对手几乎总能够模仿一个刚刚开始流行的产品，但是，一个公司长期发展并日益完善的技术秘诀和专有的竞争能力，在短时间内是很难被模仿复制的，这需要经历相当长的时间。例如，其他折扣零售店以及超级市场连锁店已经尝试了很多年，但要和沃尔玛复杂的分销系统和受过千锤百炼的销售规划技术相抗衡简直是不可能的。意识到专有技术和力量的重要性之后，公司就应积极地构筑自己的、其他竞争对手所不具备的技术和能力，具体措施包括：公司要比竞争对手更快地将新产品推向市场；要更好地掌握一项复杂的技术程序，比如制作子午轮胎的米其林；专门的营销秘诀，比如可口可乐声势浩大而又多样的营销推广；卓越的电子商务才能，比如网上销售的成功典范戴尔电脑；个性化的顾客服务等等。

第二节　公司战略管理

一、战略管理定义及内容

所有公司的战略管理者都面临着三个基本且关键的问题，那就是战略性地考虑公司目前的境况和发展前景，这三个问题是：公司目前处于什么定位？我们想去哪里？我们如何才能实现目标？对于“我们目前处于什么定位”的回答，必须探索性地考虑公司的市场地位、公司面临的压力、公司的资源和能力，即竞争优势，公司的问题与威胁，即竞争劣势，产品和服务对顾客的吸引力以及公司当前的绩效，这一问题的回答勾勒了公司当前的定位；对于“我们想去哪里”的回答，即要求管理者依据公司目前的情况和市场变化的风向，判断公司应该朝什么方向前进，包括公司应当如何定位自己所服务的新市场和顾客群体，应当如何创造新的或差异化的产品和能力，如何正确竞争，如何改善自己的市场地位以及在未来几年中如何扩充业务的地理范围和产品种类，这一问题描述了公司的目标定位；最后，第三个问题，“我们如何才能实现目标”关注的是战略制订和执行的细节问题，它使公司实现从当前定位向目标定位的过渡。

通过以上三个问题的提出及解决，我们可以看到战略管理的一个大致轮廓。所谓战略管理是企业高层管理人员为了企业长期的生存发展，在充分分析企业外部环境和内部条件的基础上，确定和选择达到目标的有效战略，并将战略付诸实施，对战略实施的过程进行控制和评价的一个动态管理过程。战略管理不是静态的、一次性的管理，而是一种循环性的、重复性的动态管理过程。它需要根据外部环境的变化、企业内部条件的改变，以及战略执行结果的反馈等不断进行判断分析，不断地进行新一轮战略管理，是不间断的管理。战略管理包括以下一些内容和大体过程：

确定企业的经营方向，明确企业的经营范围以及企业的经营指导思想；

评价和开发企业的内部能力，了解企业内各部门的长处和弱点，企业员工的素质及改善其素质的途径；

分析企业的外部环境，把外部环境和内部实力结合起来对企业的发展机会进行分析，并提出多种可能方案；

在符合要求的方案中，从战略高度选取一组特定的长期经营目标和经营战略；

根据长期的经营目标和经营战略，提出近期的经营目标和经营战略；

作出资源分配预算，并以此为基础，对项目、人员、技术、组织机构及报酬制度等进行协调，制订近期的经营计划，并付诸实施；

业绩评价，监测新的发展态势，实施矫正性调整措施，并以此作为又一个战略决策循环的起点。

公司战略一旦制订，公司的各种决策、行为都将按照战略意图来发展。管理者在考虑方方面面的经营问题时，都应按照总体战略目标来决策并坚决执行。如果我们要分析某一个公司的战略，也可以从公司的各种行为来对总体战略一探究竟。这些具体决策行为主要包括：战胜竞争对手并构筑竞争优势的行为，对外部环境变化作出的反应，进入或退出地理和产品市场的行为，合并或收购竞争对手来改善公司商业地位的行为，构建战略联盟和合作伙伴关系的行为，追求新机会或保卫公司不受威胁的行为，公司研发、生产、销售、营销、财务等职能部门的行为，加强公司资源基础和提高竞争力的行为，等等。

从上述战略管理的定义、内容和行为决策可以看出，战略管理是一个不断循环、没有终点的过程，不是一个既有起点又有终点的事件。不管新的发展变化是否真的需要企业作出反应，公司管理者都应该不断地对企业的外部环境进行监测，跟踪项目进度，寻找潜在的问题，预测和分析市场和顾客的需求，并积极地采取调整性措施，以保证企业战略管理的有效实施。

二、战略管理基本过程

战略管理是制订和实现一个公司未来发展方向的过程，这个过程对每一个公司的长久生存和发展来说都是非常重要的。这个过程适用于所有类型的公司以及所有管理层，它使公司可以适应不断变化的环境。战略管理包含以下三个基本模块：战略环境的分析、战略的制订、战略的实施。在战略环境分析和战略制订过程中，你需要决定你打算去什么地方，即定位问题，这也回答了三个基本问题中的前两个。其中，管理者既要分析外部环境中的机会与威胁，也要分析内部环境的优势与劣势，总结出对公司未来最重要的战略因素：优势、劣势、机会与威胁。

在战略实施的阶段，管理者解答第三个基本问题——我们如何才能实现目标。为了完成战略意图，需要将所形成的战略规划转化为具体政策及程序，贯彻到公司的上上下下，要求公司所有部门成为一个整体。在这个战略实施阶段，中层和较低层的经理发挥着重要作用。他们通过明确目标、行动计划、时间表，切实实施战略规划，并对实施加以监督，最终保证公司能成功地完成使命，按照战略目标发展壮大。

（一）战略环境分析

在企业开始制订战略之时，必须要分析外部环境，来发现可能的机会与威胁；分析内部环境，以找到优势和劣势。战略环境的分析就是同时监测、评价来自内部和外部环境的信息变化，并把他们递交给公司内的重要人员。它是公司用来避免战略分歧的工具，以确保公司长期健康发展。

1. 外部环境分析

在进行外部环境分析时，战略管理人员要了解的是公司的社会环境与任务环境。

(1) 社会环境分析。

社会环境分析包括那些不直接影响公司短期行为，但对其长期决策有影响的一般力量。这些力量有：

经济力量。这是指调节原材料、资金、能源等生产资料供需的因素。例如，利率增加会减少家用电器的销售。这是因为，利率上升，会导致更高的抵押贷款利率，而更高的抵押贷款利率会增加购买住房的费用，新房和二手房需求会降低，而大多数家用电器都是人们换购新房时购买的。所以，房子销售下降很快会导致电冰箱、微波炉、洗碗机等销售的下降，从而使该产业每个企业的利润都普遍下降。

技术力量。技术力量是解决长期存在的问题的方法。例如，计算机微处理器的改进不仅引起了个人计算机的广泛使用；同时，用微处理器监测燃油喷射，对提高马力和节约燃油方面也都大有帮助，大大提高了汽车发动机的性能。这就是说，微处理器这一技术的革新对计算机和汽车两个行业都产生了长期的、历史性的影响。

政治法律力量。这包括收入分配政策、限制性或保护性法律法规等。例如，有一段时间，美国反垄断法非常严格，这直接影响到公司的成长战略。当大公司发现并购同业或关联产业越来越难时，他们都选择了多元化发展战略，转向了相对不相关的产业。相反，在欧洲，政治方面有欧盟的形成，经济一体化的趋势导致欧洲大陆跨国界的并购活动剧增。

社会文化力量。这是指人口、价值观、道义与社会习俗。人口趋势是社会文化的一个重要部分。美国20世纪50年代的“婴儿潮”使人口激增，强烈影响到许多产业的需求。从1995年到2005年，平均每天有4 400人步入50岁。50岁以上的人成为所有发达国家增长最快的群体。这些人除了需要金融服务和医疗保健外，还非常愿意购买娱乐设备，参加海洋巡游，爱好划船、钓鱼、保龄球等休闲体育活动。这一发展趋势意味着运动设备公司的销售会有显著的增长；为了吸引老年顾客，零售商在大型商店里摆放凳子，为老年购物者提供休息场所；盥洗室要更加便利；指示牌、广告要做得更大；饭店要提高照明度，让他们能够看清菜单；家用电器设施的操作要更简单，控制按钮要更大，便于老年使用者的操作。另外，价值观的差异也是不容忽视的社会因素。虽然中国大陆、韩国与泰国、台湾地区和香港地区同处于亚太边缘，共享很多相似的文化价值观念，但他们对企业在社会中作用的认识迥然不同。韩国和中国大陆认为企业的主要任务是为国家发展作贡献；而在香港地区、台湾地区和泰国，企业的主要责任是为股东盈利。这些差异最终形成不同的贸易规则和税收政策。

以上只列举了几个具体的社会环境，但是，它包含的可能因素还非常多。一般来讲，世界上每个国家都有一组独特的社会环境要素，也叫做社会力量，其中有些与邻国类似，有些则差异很大。如果认识到这些，一个公司在其进行外部社会环境分析时要考虑的因素就很多了。企业每到一个国家经营，都会面临一个全新的社会环境，有不同的经济、技术、政治法律以及文化变量，跨国公司更是会遇到这个问题。这一差异强烈影响着跨国公司营销、财务、制造及其他职能领域的运作方式。例如，欧盟、北美自由贸易区、区域联盟，在这些地区经营的跨国公司受到了极大的影响，亟待进入这些地区的跨国公司也必须按照新的联盟规则进行调整。再比如，欧元于2002年1月取代各相关国家的货币，使欧洲境内的货物与服务流通更简单，这也使欧洲各公司采用了更加标准统一的财务报表。考虑到跨国经营的特性，对于跨国公司的战略环境分析，需要强调几点：在经济环境分析中要重视货币可兑换性、气候与区域联盟；在技术分析中要重视自然资源、交通网络、通讯基础设施；在政治法律因素分析中，政府构成、对国外投资者的法规、恐怖组织活动等都是不可忽视的考察点；在社会文化方面，语言、社会制度、对待外国人的态度看法等尤为重要。这里，我们只是简要地指出跨国公司在外部社会环境分析中应注意的问题，下一节将会就跨国公司的全球战略进行更加系统、深入的探讨。

在分析企业的社会环境时，还有重要的一点是要把握社会的发展趋势。公司要在分析以上经济、技术、政治法律和社会文化等各领域时，不断地注意与公司发展相关因素的变化。显然，任何一个领域的发展趋势都有可能对某一或几个产业，也可以是单个公司产生重要影响。下面列出美国社会文化发展的七大趋势，它有助于中国企业了解北美和整个世界在接下来的几年里的变化趋势，为中国企业走出国门提供一定的信息：

更加关心环境保护和资源节约；

中老年顾客的市场份额增加；

第三代婴儿潮出生达到顶峰；

批量型生产产品逐渐衰落，小批量定制的细分市场将不断增长；

由于手提电话、远程通信以及电子商务的发展，人们的生活节奏将进一步加快；

适合单亲家庭和丁克家庭的家用电器和设施会更加普遍；

劳动力、产品和服务市场的多样性增加。

(2) 任务环境分析。

任务环境包括直接影响公司或者受公司直接影响的要素与利益相关者。这些利益相关者包括政府、当地社区、供应商、竞争者、顾客、债权人、员工与工会、特殊利益团体、贸易协会等。

公司任务环境的分析由公司各不同部门的人进行，并写出专门报告。在宝洁公司，每个季度各品牌管理团队都要同各销售与营销部门人员一起研究，针对每一类产品写出“竞争活动报告”。各职能部门，例如采购部的人也撰写类似报告，分析宝洁公司供应商所处产业的最新发展。这些报告综合起来以后，沿着公司的管理层上传，供最高层管理者在战略设计决策中参考。如果报告表明某类产品有新进展，高层管理者就会给整个公司的人发备忘录，要他们注意监控报告相关产品领域的进展。

图 2－1 展示了公司通过社会环境与任务环境监测，完成外部环境分析，结合得出公司的机会与威胁的过程。

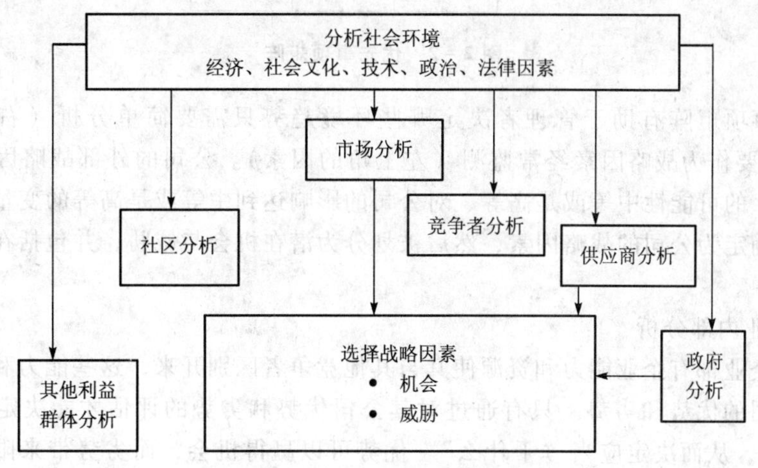

图 2－1　分析外部环境

(3) 识别外部战略要素。

面对相同的外部环境变化，公司的反应不大一样，这是因为管理人员在认知外部战略要素方面的能力存在差异。只有极少数公司能成功监测所有重要的外部变量。管理者对于外部战略要素重要性的不同理解决定了对其公司来说，哪些变量要持续跟踪，哪些因素可以忽略。公司管理者的个人价值观和当前战略的境况，可能会使他们自己认为重要的、需要监测的环境因素有一定的片面性，甚至有很大偏差，他们自己的感觉也很可能会产生错误。这里有一种可以利用的好方法，可以帮我们识别和分析外部环境变量，这就是优先事项矩阵，如图 2－2。这一方法的具体步骤有：

识别社会环境与任务环境中可能的因素及其发展趋势。其中明确一点，战略性的环境变量就是那些一旦转变成事实，就能确定很多产业未来走向的因素。

评估这些趋势实际发生的可能性（从低到高排序）

努力判断每个发展趋势对公司可能发生的影响（从低到高排序）

发生的可能性 \ 对公司影响的程度	高	中	低
高	因素1		因素2
中			
低	因素3		因素4

图 2－2　优先事项矩阵

优先事项矩阵有助于管理者决定哪些环境趋势只需要简单分析（右下角的因素），哪些要作为战略因素经常监测（左上角的因素）。公司的外部战略因素就是一些实际发生的可能性中等或是高等、对公司的影响达到中等或是高等的变量。这些环境趋势被确定为公司的战略因素，然后被划分为潜在机会与威胁，并包括在公司整个战略制订中。

2. 企业内部分析

所有企业都有企业能力和资源使其与其他竞争者区别开来，这些能力和资源通常认定为公司的优势和劣势。只有通过对其公司优势和劣势的评估才能决定公司“能够干什么”，从而决定应当“干什么”。优势可以赢得机会，而劣势带来限制，这就是说，一个公司能够干什么取决于其能力高低和资源质量。优势和劣势能够在各种管理等级上识别：高层管理人员可能从外部环境的角度对整个公司所处的位置有清楚的了解；而中层管理人员则对内部优势和劣势有更好的了解。这也就是说，在分析公司的内部优劣势时，需要充分注意中层管理人员对企业内部运行状况的监测，甚至是员工本身的反馈。

（二）战略制订：发挥与建立竞争优势

1. 五个最普遍的竞争战略

大多数公司的目标非常简单，那就是比竞争者更有效地去满足顾客的需求，市场上的每一个成功先例，几乎就是不断寻求并保持竞争优势的结果。如果公司能够比竞争对手更能吸引顾客和应对竞争压力，就说明它具有竞争优势。获得竞争优势的途径有很多，但都包含了一个核心，给予顾客所追求的最物美价廉的产品，这样的产品有着诱人的价格、特色、质量、服务以及其他特征。将最物美价廉的产品传递到顾客手中意味着企业要在价值链上采取与竞争对手不同的行为，建立竞争对手很难获得的竞争能力和资源优势。严格来说，有多少公司就有多少竞争战略。两家公司，甚至是在同一行业的两家公司，采用在细节上几乎完全相似的战略，其可能性微乎其微。然而，剥离细节探究实质，竞争战略之间最大和最重要的差异可以归结为两点：公司的市场目标范围较宽还是较窄；公司是通过低成本还是产品差异化来获得竞争优势。基于这两个问题，这里有五个完全不同的竞争战略方式可供选择。

（1）低成本战略。以低成本提供产品或服务来吸引大范围的顾客；

（2）差异化战略。采用与竞争对手不同的产品或服务来吸引大范围顾客；

（3）最佳价值战略。以比竞争对手低的价格提供相同产品，或者以相同价格提供更优质产品来给予顾客更多的价值；

（4）低成本的集中于利基市场。即关注于一个小的细分市场，以更低的价格给这部分购买者提供产品来战胜竞争对手；

（5）差异化的集中于利基市场。关注于一个小的细分市场，以更适合这部分购买者的偏好和需求的产品来战胜竞争对手。

这五种最基本的竞争战略代表了不同的市场定位。每一种方式包含了完全不同的商业竞争和经营方式。最后两个战略是建立在同一个前提上，即集中于利基市场，只是分别采取低成本和差异化战略。

2. 战略联盟与合作

近十年来，世界各地各行业的公司都选择了建立战略联盟与合作来完成其战略目标，加强其在国内或国际的竞争力。这是一个大的转变，过去，大多数公司都保持独立，相信他们可以永远拥有或可以独立开发市场中需要的资源和专业技术；但是，随

表 2－1 区别五种最基本竞争战略的特征

	低成本战略	差异化战略	最佳价值战略	集中低成本战略	集中差异化战略
战略目标	广大市场	广大市场	具有价值意识的购买者	细分或利基市场	细分或利基市场
竞争优势的基础	总成本比竞争对手更低	有能力给顾客提供区别于竞争对手的具有吸引力的特色产品	在相同价格下有能力给予顾客更多价值	在服务于利基市场时总成本比竞争对手更低	具有吸引利基市场顾客的产品特色
产品线	好的基础产品加上一些装饰	许多产品变化：很多选择；强调差异化的特征	具有良好属性的产品；	属性与特征适合于利基市场的需求与偏好	属性与特征适合于利基市场的需求与偏好
产品重点	不牺牲质量性与基本特征情况下降低成本	顾客愿意为之付出的差异特征；产品特征差异化优先	以比竞争对手低的价格提供高品质和具有吸引力的产品	在产品特征和属性与利基市场的顾客偏好一致的情况下降低成本	与利基市场顾客的偏好和需求一致的定制产品
市场重点	努力使低成本特征成为产品优点	推销差异特征；索取额外价格来弥补差异特征带来的额外成本	推销最佳价值：以低价格提供对等的特征或在相同价格下提供更多的特征	提供符合利基市场购买者所期望的预算价格内具有吸引力的产品	提供能够更好地符合利基市场购买者所期望的产品
保持战略的关键	经济的价格/值得买；在经营的所有领域持续降低成本	不断地革新以领先于竞争对手的模仿；一些关键的差异化特征	在符合高品质特征和属性的情况下同时具有管理成本的独特技能	承诺以最低的总成本服务于利基市场；避免通过进入其他细分市场或增加其他产品来拓宽市场	承诺比竞争对手更好地服务于利基市场；避免通过进入其他细分市场或增加其他产品来拓宽市场

着世界经济的全球化、技术革命、亚洲和拉丁美洲的发展、管制的解除以及私有化，大量的企业开始趋向于建立战略联盟。战略联盟超越正式公司之间的交易，其价值不在于其协议或交易本身，而在于作为合作伙伴，这些战略联盟具有减少摩擦、长期高效地合作以及应对问题的能力。公司加入战略联盟最常见的原因就是希望通过技术合作共同开发新产品，来补充其技术或制造方面的不足，以此来获得新的竞争优势、改善供应链、获得市场份额和规模经济，抑或通过联合市场协议来打通分销渠道。

3. 兼并与收购战略

当联盟合作并没有为各公司提供足够的资源时，兼并或收购就是最好的战略。兼并或收购的战略动机主要有以下几种：使并购后的公司获得更大的市场份额；通过关闭成本高的工厂消除冗余的部门，形成运转效率更高的公司；扩大公司的地理覆盖区域；推出新产品，扩张公司的业务；快速获得新技术，避免研发耗时；开创一个全新的行业。除了以上原因，当公司致力于填补资源空缺时，也可以采用收购和兼并战略，一次这样的兼并和收购可以让新的公司做以前所不能做的事。然而，兼并和收购并不都会出现期望的结果。合并两个公司，特别是大公司，经常会遭受普通员工的抵制，并且很难解决管理风格和公司文化方面的冲突。这就需要比所预期更长的时间，才能最终实现节约成本、分享技术、提高竞争力等方面的好处。

4. 垂直一体化战略

垂直一体化包括朝向供应商的后向一体化和朝向终端消费者的前向一体化。公司投资到垂直一体化方面的重要原因就是为了增强公司的竞争地位。如果成本的节约可以抵消增加的投入，增强公司的技术和竞争实力或者有助于公司现有产品的差异化，垂直一体化就会有长期收益，就会有战略意义。只有在保证质量的前提下，获得与供应商相同的生产效率或者超过其生产效率，后向一体化才可以给主体公司带来更大的竞争力；而前向一体化的战略可以使主体公司更好地接触客户并提高市场的透明度。但垂直一体化也存在一些不足之处：它使公司的资本投入增加，同时也增加了商业风险，限制了金融资本流向更值得投资的地方。

5. 外包战略

在下列情况下，通过外包来缩小企业边界则是有战略意义的：一项活动外包出去，如将某些零部件的生产外包给专门的生产商，采购成本比自己的生产成本要低，同时质量也更好。在这种情况下，企业会选择外包而不是兼并这一业务。例如，由于计算机元件和组装方面存在规模经济，许多个人计算机制造商放弃了内部组装而将组装的工作外包出去。思科把大部分的路由器和转换器的生产和组装都外包给了签约的制造商，这 37 家厂商都是通过因特网联系起来的，大大降低了成本投入，也提高了专业效率。那些对公司获得竞争优势、提高核心能力、改进核心技术不起决定性作用的活动，也可以考虑外包出去。目前，把售后服务、数据处理、会计和其他一些辅助管理活动外包，已经成为一种很普遍的现象。美国捷运与 IBM 签订了一个为期 7 年、总共 40 亿美元的外包服务合同。IBM 将代为管理美国捷运的网站、网络服务器、数据库等。美国捷运表示，外包业务将为其节省几百万美元。公司的某些活动外包出去以后，可以降低技术变革和消费者偏好改变对公司的影响，这种情况也是企业选择外包的原因之一。当外包可以提高组织的灵活性、缩短周转时间、提高决策速度、减少协调管理成本，从而整体提高公司的经营效率时，应选择外包。当外包可以使公司资源和精力集中于核心业务时，应当选择外包。

6. 攻击和防御战略

(1) 基本的进攻战略。

针对竞争对手的优势发动进攻。当一个公司无法回避竞争对手的优势时，它唯一的选择就是采取行动来削弱对手的优势。这一战略的前提条件是对手没有强大到可以形成行业垄断，主体公司仍然能够获得一定的市场份额；

针对竞争对手的劣势发动的进攻。与针对竞争对手的优势发动攻击相比，利用竞争对手的劣势发动攻击，获利的机会更大。特别是在那些竞争对手特别脆弱而又没有防备的领域，出其不意地发动攻击往往会收到惊人的效果，如：

在许多方面同时先发制人的进攻。在价格、广告、产品创新等方面同时发动进攻，这种全方位的攻击会使竞争对手忙于应付并分散精力。当进攻者不仅拥有具有吸引力的产品或服务，而且拥有较多的分销渠道和销售终端时，全方位进攻获胜的机会就很大。它可以用创新的产品和大量的广告闪电式地占领市场，从竞争对手那里吸引大量的顾客。

侧翼进攻。侧翼进攻的思想是围绕竞争对手来开展谋略，占领那些未被占领或竞争程度较低的市场领域，建立有利于进攻者的游戏规则。在那些竞争对手忽视的细分市场建立优势地位，生产独特的产品来更好地满足特定顾客的需求，从而创造出新的细分市场。

游击式进攻。游击式进攻采用的是边打边跑的原则，在竞争中处于整体劣势地位的企业，可以通过随时发现竞争对手的疏忽或识别空白市场来争取客户，从而获得销售量和一定的市场份额。游击式进攻的方式是十分灵活的，可以随机地向市场领导者发起进攻，比如用优惠的折扣来吸引顾客。游击式进攻是中小企业战胜市场领先者的一种有效方式。

先发制人的战略。先发制人战略是指通过快速行动来获得领先优势，而这种领先优势一般不容易被复制。这一行动之所以能够先发制人，其关键是抢先获得竞争对手无法模仿的资源。先发制人战略的应用有以下几种：抢先获得特定地区或国家的市场进入许可；在主要的街道、新购物中心占据好的位置；交通便利，接近原材料供应商或市场经销商；与供应商建立良好的关系，签订长期合同；等等。成功的先发制人战略不必完全阻止竞争对手的跟随和模仿，只需要获得一种不易被取代的领先地位即可。

（2）基本的防御战略。

在市场上，所有企业都面临着来自对手的充满攻击性的挑战。防御战略的目的是降低被攻击的风险，削弱攻击所带来的冲击，使挑战者们将目光转向其他对手。防御战略一般情况下并不能增强企业的竞争优势，但有助于巩固企业的竞争地位，保护企业有价值的资源和能力不被别人模仿，并且保护和支持企业拥有的竞争优势。防御战略有下面两种类型：

以实际行动来阻挡挑战者，为挑战者设置障碍。保护公司现有定位最常用的方法是阻止竞争对手的攻击，在潜在的挑战者的前进路途上设置很多障碍。防御者的实际行动包括积极投入技术革新来降低竞争对手以先进的技术发动进攻的可能性；引进新的产品或者扩大产品种类来弥补与挑战者之间的差距；通过其自身的低价策略来反击竞争对手；通过延长保修期、提供免费的培训和服务等来提高消费者的忠诚度；较早地声明推出新产品的计划；可以对竞争对手的产品价格和安全性提出质疑；给经销商和分销商更大的利润空间或更好的信用条件来防止他们销售挑战者的产品。

向挑战者发出信号，表明如果他们敢贸然发动攻击，将遭到报复。在竞争对手准备或者正在发动进攻时，可以向他们发出威胁的信号以阻止其进一步的行动。这样可以暗示对手发动进攻的成本要比攻击的收益大得多，让对手放弃进攻的企图。例如，管理层可以公开承认公司将不惜一切代价保持现有的市场份额；公开宣布将与竞争对手在价格或者相关条款上竞争到底；表明公司将保证一定的固定额度的现金，用于反击对手；也可以通过不时的报复性反击来表明自己是坚决的战略防御者。

7. 选择合适的职能战略

公司制订了总体战略，其诸如研发、生产、人力资源、销售和财务等。职能部门还需要制订相应的职能战略，具备了职能战略对总体战略的支持，才能保证后者的顺利实施。职能战略取决于每个部门需要具体开展哪些工作来保证公司总体战略的实施。表 2－1 中五种最基本竞争战略的特征显示了为支持五种竞争战略，生产和市场这两个部门的职能战略应如何制订。可见，如果不了解公司的总体战略，就很难制订职能战略的具体细则。而且，只有当公司的所有员工，包括经理和雇员都明确地了解了公司总体战略之后，才能根据公司的总体战略来制订各部门的职能战略，并得到在全公司范围内的有效贯彻。

(三) 战略实施

在战略执行过程中，需要明确具体的措施，然后把这些措施应用到行动中去。战略执行的目的是使公司行为符合战略意图，并使公司在既定的轨道上运行。执行战略的具体措施，一般要根据公司的具体情况而定，能够适合于所有公司、所有战略的实施步骤是不存在的。战略的执行具体过程由公司自身条件和环境、战略执行者的判断力以及战略执行者的能力决定。虽然公司战略的执行过程必须与该公司的具体情况相适应，但是，我们也不能否认，无论在什么情况下都存在一些基本原理。公司执行战略过程中有八个基本管理任务：

建立一个拥有竞争力和资源的组织；

为关键战略活动配置足够的资源；

确保相关政策和程序能促进而不是妨碍战略的执行；

制订价值链的最佳形式，并促进其不断改进；

使用信息系统和相关执行体系使公司员工能更好地执行战略；

对完成了战略目标的行为给予奖励；

塑造适合战略执行的工作环境和公司文化；

发挥内部领导职能以推动战略的顺利执行。

管理人员执行上述八个任务的水平，可以根据战略执行的结果看出来。

第三节 跨国公司全球战略

一、制订全球战略

一个具体的跨国公司应怎样选择全球市场竞争战略呢？就本质而言，全球战略是指在经营中有全球性的竞争视野，在考虑来自世界任何地区的竞争以及各种可能的不利因素的同时，对公司的各种有限资源进行最合理的配置和使用，以获得最佳的经营效益。在选择全球战略时，决策者必须从全球角度去考虑市场及资源分布，不应当从某一特定国家的角度去考虑。

(一) 程序

这里介绍一个制订、选择全球战略的典型程序。这套程序最早是由美国哥伦比亚大学的罗伯克教授和英国伦敦商学院的西蒙茨教授提出的。这一制订全球战略的标准程序可分为下述几个步骤：

（1）确定全球战略目标的有效期；

（2）预测目标期内每年对产品产量和员工人数的需求；

（3）评估公司的全球综合竞争实力和在单个国家的竞争实力；

（4）确定竞争的重点市场和公司总体战略；

（5）确定目标期内每年单个国家（地区）的销售指标；

（6）确定将开展经营活动的国家（地区），以完成目标期内的总销售目标；

（7）列出在生产上具有潜在优势的国家；

（8）估测可选择的生产基地的投资、经营成本和从这些地方将产品输送到潜在市场所需的运输费用及关税；

（9）预测国家风险；

（10）在目标期内准备每年追加的投资；

（11）估测预期的现金流及净现值；

（12）估测可能的投资限制。

对于一个处于国际化道路初始阶段的企业来说，上述标准程序中的第四个，即确定重点市场和总体战略是最为重要的。图 2－3 围绕这关键步骤，列示了制订并执行全球战略的决策流程。

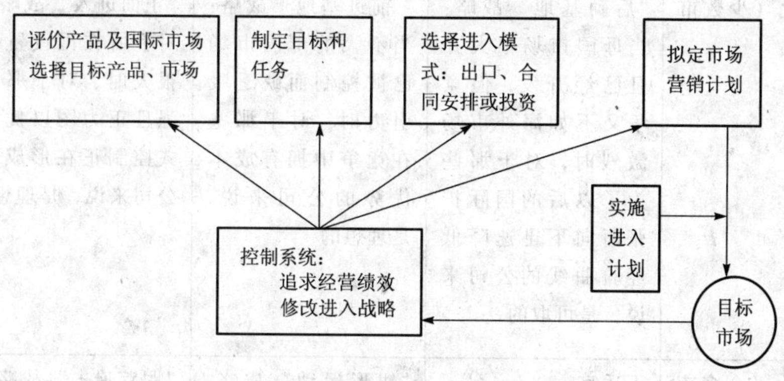

图 2－3　执行全球战略的决策流程

（二）准则

制订与选择全球战略的准则就是对竞争对手发动进攻的准则。这种准则主要有两类，一类是分类准则，另一类是重点准则。

分类准则是把各个国家市场归入不同的类别，完成分类后，根据各类市场的相应地位确定适当的销售目标及相应的策略。下面列出的是一个分类准则的范例：

进入市场规模超过500万美元且不可能发生直接竞争冲突的市场；对于市场规模估计为200万至300万美元的市场，公司仅建立出口代理制；对市场规模不足200万美元的市场，不予考虑。

重点准则是确定全球重点市场，之后采取相应的措施以保证目标得以实现。确定重点的依据有如下三个方面：竞争态势是防御性的，即保持市场份额；还是进攻性的，即扩大市场份额。竞争活动的分布，即市场重点会集中于母国市场，还是中立国市场，抑或是竞争对手所在国市场。扩张方式是集中化的，即将力量或多种资源集中投入为数不多的市场；还是分散化的，即将力量分布于众多的市场。

（三）可选择的战略

将竞争态势、战略侧重性及市场集中度进行有机结合，可以将跨国公司的全球战略归结为以下10种备选战略。

表2-2　10种备选跨国公司全球战略

战略态势	母国市场	中立国市场	竞争对手所在国市场
Ⅰ. 进攻战略态势			
1. 集中化（少数市场）	“后勤基地”战略：当母国市场很大并且已经开发，但竞争又不如海外市场激烈时，对于那些为了以后的国际扩张而向下迅速降低经验曲线的公司来说，是可取的	“前进基地”战略：当不大的母国市场已被控制而缺乏吸引力时，对于那些在竞争中拥有成本优势的公司来说，是理想的	“正面进入”战略：当竞争对手所在国设置的障碍不很大时，对于那些实力很强且正力图以优先购买方式控制正在形成的对手的公司来说，是理想的
2. 分散化（众多市场）	不适宜	“钳形运动”战略：对于那些已处于“前进基地”但仍然拥有很大的资源效用及有利的产品市场要素的公司来说，是可取的	“跟踪追击”战略：也包括中立国市场，当产品市场要素都处于压倒优势且对手又不统一时，是可取的

续表 2-2

战略态势	母国市场	中立国市场	竞争对手所在国市场
Ⅱ. 防御战略态势			
1. 集中化（少数市场）	“被保卫的城市”战略：对于那些缺乏国际竞争力的小公司来说，当多种保护壁垒可保护它们存在时，是理想的	“环形防御圈”战略：对于那些处于竞争弱势的公司来说，可通过在中立国市场的优先购买权来遏阻对手的扩张，并借此保卫母国市场	“以攻对攻”战略：当强有力的竞争对手在进攻中过度分散力量时，可在其母国市场采取对抗措施，既可减弱对方进攻的势头，又可较容易地获取收益以弥补对方给自己造成的损失
2. 分散化（众多市场）	不适宜	“后卫战”战略：当激烈的竞争转化为“钳形攻势”的威胁，并且产品市场要素不再无条件地有利于集中化时，是可取的；即使将来要以更大的费用重建阵地，也是可取的	“游击战”战略：也包括中立国，这既适用于“后卫战”，也适用于强有力的公司逼迫另一些实力相当的对手在中立国市场交战而采取的“骚扰战”

应强调的一点是，在选择全球战略时，公司只能从总体战略角度平衡各子公司，而不能受各子公司的影响，否则就会失去通过综合协同而获得最佳效益的机会，全球战略也将不再是全球战略。

二、选择目标市场

在制订跨国公司全球战略，试图进入国际市场前，任何企业都要面临两个问题。第一个问题是考虑公司应该在国际市场销售哪些产品，第二是回答应该销往哪些国家。正确制订全球战略的关键就是要使公司的产品满足特定市场的需求。因此，跨国公司在进入国际市场前，首先要分析国际市场环境，评估国际市场机会，选定目标市场，然后再制订具体的全球战略。

（一）出口产品确定

确定要出口的产品是进入国际市场的关键起点。选择产品的主要方法有以下两种。

1. 优势产品筛选法

某一好的出口产品通常是公司从国内市场上最有竞争优势的产品中发现的。因此，全球战略的制订者应力求从具有竞争优势的产品中选出一系列产品，作为出口产品的候选产品。通常回答下述问题，我们可以相对容易地筛选出具有竞争优势的产品：

（1）哪些产品在国内市场有竞争力？它们具有哪些优势和劣势？

（2）在国内市场上，这些优势产品能满足哪些需求？这些需求在国际市场上是否同样存在？如果存在，哪些现有的产品能够满足国际市场的需求？如果不存在，这些产品能否激发出国际市场的新需求？如果不能，这些产品能否满足国际市场的其他需求？

（3）这些产品在国际市场的创新程度如何？它可能遇到什么样的竞争？在国际市场上是否具有竞争优势，竞争优、劣势各有哪些？

（4）这些产品在国际市场与国内市场的使用条件是否相同？是否要求售后服务或相关辅助产品？国际市场能否满足对售后服务或辅助产品的需求？为适应国际需求，产品是否需要作出相应改变？

（5）国际市场的销售方式与国内市场的是否相同？是否需要改变？应如何改变？

2. 产品寿命周期法

这种方法借助于产品寿命周期的概念，从时间上对公司产品进行动态分析，以确定某产品同一时期在不同备选目标国家市场上的相应市场定位。产品全球寿命周期可见图 2-4。

产品寿命周期对公司选择国际市场具有重要意义。当公司的某产品在母国市场上已处于成熟期甚至濒临衰退期时，若能找到该产品尚处于引入开发阶段的国际市场，这对这一产品来说无疑是山重水复后的柳暗花明。必须指出的是，随着信息技术的发展，技术扩散的速度加快，且消费的示范效应增强，各个国家市场的需求差异在不断缩小。这就意味着产品的全球寿命周期缩短，这会迫使跨国公司和以出口为战略导向的公司在母国市场尚未进入成熟期时就将产品推入国际市场。换言之，公司必须尽早尽快地抓住潜在的国际市场的机会，及时作出全球战略规划，反应稍有滞后就将意味着失败。

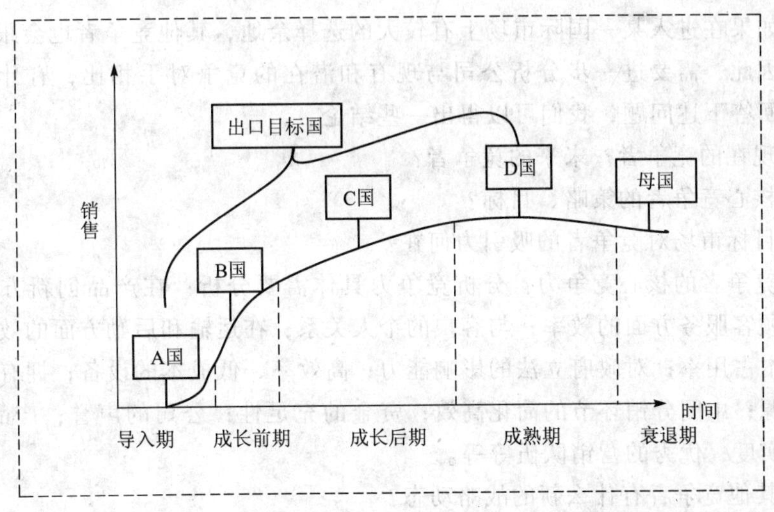

图 2－4　同一时间内某一产品在全球不同国家的销售态势

（二）目标市场选择

在目标市场选择分析中，我们将主要运用微观方法，分析竞争来源和其他竞争者优势。通过这两方面的分析，我们就可以知道公司能否成功地进入某一国际市场。

1. 竞争来源分析

在某一国际市场上，一家公司面对的竞争一般有三个来源：目标市场当地产业、本国同行业公司和其他外国同行业公司。例如，如果本田汽车公司考虑进入美国市场，那么它将与通用汽车公司、大众汽车公司和丰田汽车公司展开竞争。另外，这些竞争者所满足的需求也是不同类型的，包括已有需求、潜在需求或诱发需求。已有需求指的是已存在的产品就可满足的需求；潜在需求指的是目前没有产品可满足的需求；诱发需求指的是客户一旦了解产品后就会出现的需求。如果按照产品特点来分析竞争，产品又可分为创新产品、竞争性产品和改进产品。创新产品主要是指技术上独一无二的、新创造出的产品，如激光视盘、液晶电视、航天飞机；竞争产品是指市场上已有很多不同商标的同类产品，这种产品在竞争中很难有特别的优势；改进产品虽然不是新创造的，但比同类产品的旧有版本有优势。

结合上述不同竞争来源、不同需求和多样的竞争产品，可以估测出公司在某一国际市场将面临的竞争激烈程度。公司应当充分分析这些信息，将具有竞争力的某些产品推入适当的国际市场。

2. 其他竞争者优势分析

公司如果在进入某一国际市场上有较大的选择余地，其他竞争者也会跟着挤进这个市场。因此，需要进一步分析公司与现有和潜在的竞争对手相比，有什么竞争优势。通过回答下述问题，我们可以得出一些结论。

（1）现在的竞争者？未来的竞争者？

（2）核心竞争者的策略、目标？

（3）目标市场对竞争者的吸引力何在？

（4）竞争者的核心竞争力？分析竞争力具体需要分析：在产品创新方面的领先地位；在顾客服务方面的效率；与客户的个人关系；在运输和后勤方面的效率；存货水平和资本占用率；对政府立法的影响能力；高效率、低成本的设备；拥有低成本的稀缺的资源；中间分销环节的简化高效；资金的充足性；公司的声誉；产品的质量；客户的忠实度；优秀的营销队伍等等。

（5）其他竞争者有什么新的战略动态？

三、进入目标市场模式

（一）进入模式种类

1. 出口战略模式

出口战略是指使用国内工厂作为生产基地，然后向国际市场出口产品，这是一项初始战略。它是国际化经营的一种保守方式，所需的资本量常常是最小限度的，它只要求现有的生产能力足以应付出口。采用出口战略，生产商一般与有经验的国外进口商或代理商签订合约，使自己不用过深地涉足国际市场，而是借助于国外进口商或代理商在国际市场的分销能力。如果自己完成出口更加有利的话，有的出口产品生产商也会在国际目标市场建立自己的分销体系和销售终端。

如果出现下列情况，出口战略就会变得不可取：国内生产成本比竞争对手的工厂所在国更高；运送产品到国际市场的运输费用很高；外汇汇率经常出现不利波动。除非出口商能保持它的生产成本和运输费用都小于竞争对手，并且成功地规避外汇风险，否则出口战略的成功将会受到限制。

2. 许可证战略模式

当一个企业具有一项独特的专利，却没有内部组织能力，没有进入国际市场的所需的资源时，大多数企业会采取许可协议模式来进入国际市场。许可协议有许多优点：它可以有效避免将资源投入不熟悉的国际市场，降低政治、经济等方面的种种风险；通过将技术或权利特许给国外企业，出口企业就不必独自承担进入国际市场的成本，还能从版税中获取收入。许可协议最大的缺点是：在很多情况下，授予许可证使用者权利并同时捍卫企业的技术秘诀是相当困难的，这意味着许可证授予方会在某种程度上失去对其技术秘诀的控制权。但是，如果版税的潜在收入相当可观，而且被授予许可证的企业也值得信赖时，许可证模式将是非常具有吸引力的选择。

3. 特许经营战略模式

如果说许可证协议可以在制造业中发挥很好的作用，那么，特许经营常常更适合于服务和零售企业，来帮助其进行全球化扩张。麦当劳、百胜餐饮国际集团和希尔顿都已经使用特许经营在国际市场建立其各自的势力。特许经营有许多与许可协议同样的优点，被授予特许经营的经营者承担建立经营场所的大部分费用和风险，授予特许经营者仅仅投入征募、培训、支持和监控被授予者的成本。在这种模式中，授予特许者面对的是质量控制问题，国外被授予者并非总是遵守一致性和标准化的承诺，这一问题在当地文化对产品质量并不那么关注时尤为突出。另一个可能出现的问题是，授予者是否应该允许被授予特许者对其提供的产品进行修改，以更好地满足当地购买者的口味和期望。

4. 多国战略与全球战略

企业在国际市场竞争时，他们可能面对的首要问题是：在所有国家运用相同的竞争战略，还是在单个国家改变企业的具体竞争方式，以适应独特的市场环境和顾客偏好？

由于不同国家在文化、经济、政治和竞争环境方面存在巨大的差异，因此，有时候需要采用多国战略。国家市场环境越多样化，越适用于多国战略，这时企业会在各个国家市场分别制订战略步骤，以适应每个东道国的市场环境。他们可能在有些国家瞄准广阔的市场目标，在另一些国家则更集中独特的利基市场。多国战略最适合那些多国竞争占统治地位而且具有高度本地化现状的行业；而全球战略最适合那些全球竞争的行业。采用全球战略的企业，其企业策略在所有国家几乎都相同。虽然，在战略制订过程中也会考虑国家之间较小的差异，以适应每一个东道国的环境，但是，企业的基本竞争方式在世界范围内始终保持不变，即低成本、差异化、最优成本还是集中化。

案例

微软、麦当劳和雀巢

为了最好地服务于国际用户，微软的许多软件产品都进行本地化以反映当地的语言差异。例如在法国，所有的用户信息和文件都是法文，基准货币为欧元。在英国，基准货币为英镑，而且用户信息和文件反映了许多英国的英语习惯。各种微软的产品已经被本地化，附有30多种语言。

麦当劳在美国以外的市场取得的成功，一定程度上可以归功于它能很熟练地改变菜单，以迎合当地口味。在中国和新加坡，麦当劳分店提供一种内有骨头的炸鸡。在英国，麦当劳用 McChiken Tikka Naan 来吸引渴望印度食品的英国人。在印度，麦当劳以 Maharajah Mac sandwich——巨无霸的印度版本为特色；在日本，麦当劳为顾客提供了 Chicken Tatsuta sandwich。另一方面，麦当劳在全世界各个分店中配备的基础设施和采用的经营体制在很大程度上是相同的，一旦分店的数量足够大，能够形成规模经济的时候，这些相同的基础设施和经营体制就能够使麦当劳取得低成本的领导地位。

位于瑞士的雀巢，是世界上最大的食品企业，同时也是最大的咖啡制造商，共有22 541名员工，近480个工厂分布在100个国家。雀巢的全球战略是多国化的。其首席执行官包必达提倡在不同环境中销售产品要重视不同的文化差异。他解释说："你要对新语言开放，你还要对新文化开放。"也正是因为这样，雀巢、Taster's Choice 和 Ricoffy 那样的速溶咖啡品牌排列在各个国家食品杂货店的货架上；如果顾客喜欢焙烤或研磨咖啡，他们还可以根据所居住的地方购买 Nespresso、Bonka、Zoegas 或 Loumidis 品牌。

5. 与国外合作者的战略联盟和合资

最近，战略联盟、合资和其他合作活动的数量呈爆炸式增长。国内与国外企业之间的合作协议，不仅有助于国内企业进入国际市场，而且为国内企业提供了其他多方面的好处。第一是联盟帮助国内企业获取生产及营销上的规模经济；第二是弥补了国内企业专业技术或关于国际市场知识的缺口；第三是双方可以共享分销设施和经销网络，从而增加了与购买者接触的机会；第四，联盟中的企业可以把他们的竞争力集中于共同的对手上，减少彼此之间的竞争；第五，国外企业选择与当地企业组成联盟，是因为后者具有当地市场知识，而且与东道国政府有良好的关系；最后，联盟是重要技术标准达成一致的一种极其有效的方式。通过这种联盟，已经形成了很多重要标准，例如 VCR、各种配套的 PC 安装设备驱动程序、互联网技术、移动电话和其他无线通信设备。

企业是否应该与国外企业结成联盟及合作伙伴关系，需要考虑以下这些问题：要选择一个好的合作者，一个好的合作者要拥有专业技能，也要与合作者持有相同的企业愿景；要对文化差异感觉敏锐，尊重当地文化和当地商业惯例；必须共享资源，保持相互信任的关系；确保双方都信守承诺；工作分配必须公正，双方获得的利益大小必须公平。

（二）选择进入模式的准则

对于已选定的产品和目标市场来说，选择进入模式的决策准则有三种。但随着全球化的深入和跨国公司全球化经营的经验累积，在当今经济社会，只有第三种战略准则才是能指导公司选择最佳进入模式的准则。在这里，简要列示一下这三种准则：

1. 朴素准则

朴素准则指对所有国际市场使用同一种进入模式，这种模式被著名的美国经济学家富兰克林·R. 鲁特称之为“朴素准则”。朴素准则具有明显的缺陷，运用单一的朴素准则难免会犯以下两种错误，要么以一种不恰当的模式进入目标市场而最终失败，要么因单一的进入模式毫无成效而放弃前景广阔的国际市场。

2. 实用准则

对各个目标市场使用可行的进入模式，鲁特称之为“实用准则。”大多数公司从运用实用准则起步，开始他们的全球化经营步伐。在实践中，刚开始国际化进程的公司一般是通过评估目标国家的出口可能性开始对进入模式进行研究，只有当出口模式不可行或不利时，它们才继续寻找其他切实可行的进入模式。可行的进入模式必须在战略规划期内，以可承受的风险为公司提供有吸引力的利润。实用准则的优点是其基本上可以避免以错误的模式进入目标市场；但实用准则也使公司失去更多更好的机会，它的根本弱点在于不能指导公司确定符合目标市场的最佳进入模式。

3. 战略准则

公司针对各个目标市场选择恰当的进入模式，这一准则被鲁特称之为“战略准则”。这是唯一能指导公司选择最佳进入模式的准则，也是最复杂的、最难以遵循的准则，因为它需要对可供选择的模式进行系统的比较。走上国际化发展道路的企业应该尽快地从遵循朴素准则或实用准则转向遵循战略准则。在依据战略准则选择进入模式时，应考虑各种进入模式对公司各方面的标准的影响，包括投资、销售、成本、利润、市场份额、可控制程度、风险等等。为选择最佳的进入模式，公司应事先确定各个标准的权重，这样就可以测度各个进入模式的分值，并将其汇总为综合数值，作为公司选择最佳进入模式的依据。

第四节 案例分析

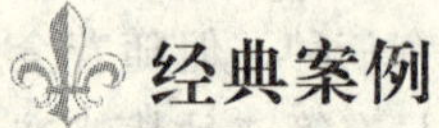

经典案例

印度的金色拱门：麦当劳在印度

一、麦当劳：全球快餐巨无霸

麦当劳目前拥有全球最大的快餐食品市场。1991 年，它在全球 119 个国家经营着大约 27 000 家餐馆，拥有 150 万名员工，每天为 4 300 万名顾客提供服务。麦当劳的年销售额为 385 亿美元，利润为 33 亿美元，拥有 210 亿美元的资产。作为市场方面的行家，麦当劳时常被商业新闻界引用。1999 年 6 月，麦当劳被选为全球最有价值的 8 大品牌之一，位列索尼、诺基亚和本田之前。当时，麦当劳的品牌价值据估计约为 262.31 亿美元。

麦当劳在亚洲已有相当长的历史了。1971 年进入日本市场，紧接着又进入了亚洲其他新兴经济体，如新加坡、香港等等。进入中国大陆市场则是在 1990 年。麦当劳于 1996 年进入印度，进入得如此晚有诸多原因，其中印度的很大一部分人口是素食主义者，印度国民的购买力有限，其经济状况也较为封闭。

二、印度市场

印度是国土面积大约占美国 1/4 的辽阔次大陆，人均生产总值却只有 390 美元。然而，按照同比购买力来看，印度是第五大经济体，名位于法国、意大利、英国和俄罗斯之上，1999 年的国内生产总值位列亚洲第三。在新涌现的经济体中，印度通常被认为仅次于中国。印度有一些反西方的组织，他们反对跨国企业的进入。这是因为当初英国东印度公司以贸易名义进入到印度社会，直接导致了后来的英国殖民统治，所以，对于跨国公司的进入，印度人民及政府普遍持不信任的态度。还有一些规模较小但是畅言无忌的健康环保组织，他们极力反对类似麦当劳、肯德基等快餐业巨无霸的进入。1995 年肯德基在班加洛开设时，当地官员发现肯德基的食品中有超标的谷氨酸钠，随即关闭了这家分店。Vandana Shiva，印度一位颇具影响力的环境和动物权益倡导者，在一次电视采访中说道："在麦当劳就餐，实际上就如同在进食一大堆垃圾时想象自己置身于天堂；麦当劳那金色的拱门标志使人们加深了这种想象；麦当劳的小丑，我想是大多数朴实的印度老百姓无法接受的；最重要的是，对于普通的印度人，麦当劳实在太贵了，只有很少的有钱人能去享受；在印度，更关键的一点是，我们没有食肉的文化，因此我们首先对于肉食就很难适应，特别是当人们又很贫穷的时候，让他们转变到这样一种食肉的饮食习惯将会带来很大的冲击。"

自 1991 年起，当印度经济开始向外国投资者开放时，许多跨国企业纷纷涌入，吸引它们的是约 3 亿人口的庞大的中产阶级市场。然而，一些著名的国际品牌在他们最初的战略设计中都失败了，他们被迫重新定位和降价，一些跨国企业甚至不得不关闭商店。比如，肯德基没有意识到印度人对鸡皮的反感，同时鸡皮又是肯德基食品配方能否附着在鸡块上的关键。这些大公司失败的原因不仅是因为缺乏对当地的了解，还有一系列其他的综合因素：包括对潜在需求的过高估计；对官僚作风妨碍商业运作的过于乐观的假定；印度不完善的基础设施建设；最终这些导致了错误的公司战略。

三、麦当劳进入印度的战略

麦当劳于 1993 年在印度以独资的形式开设了一家子公司。1995 年 4 月这家子公司转变为两家 50 比 50 的合资公司：麦当劳与德里广场的餐馆共同经营其在德里的店面；与孟买的餐馆共同管理其在孟买的店面。虽然先前在其他国家的一些投资中，麦当劳为了适应当地口味和文化对其产品作了一些改进，然而，这次在印度作的改进更是非常大。麦当劳用 Maharaja 汉堡包代替了它的核心产品巨无霸。为了不冒犯新教徒（占印度人口的 80%）的习俗，前者用烤羊肉饼作为馅料。这样做也是为了不冒犯穆斯林（占印度人口的 12%），因为他们禁食猪肉。由于 40% 的消费者据估计是素食主义者，在印度麦当劳的食谱上添加了 Aloo 汉堡包（主要用马铃薯为原料），还提供 Masala 汉堡包和 Imli 汉堡包（以罗望子果为原料）等有着香辣酱的汉堡包。同时，菜单上也有麦香鸡、麦香鱼、薯条等与麦当劳其他国家地区相同的食物选择。

麦当劳在印度所作的战略调整不仅限于它的食谱，还包括餐厅的管理系统等许多方面。每个餐馆有两种菜单：素食性的绿色菜单和非素食性的紫色菜单。在柜台后面，厨房也被分割开来，分别准备素食和非素食。甚至烹制不同种类食品的人员也穿着不同颜色的制服以区分他们的角色。为了使印度人能相信麦当劳印度店对于当地文化风俗的尊重，麦当劳印制了一批宣传手册来阐述这一食品烹饪步骤并引领顾客们参观厨房。

麦当劳把自己定位于家庭餐馆，一份套餐组合的平均定价从 76 卢比的素食餐到 88 卢比的印度特色餐不等。为了改变在公众眼中"大赚利润"的形象，麦当劳将一些食品的价钱大幅度地下降了，比如蔬菜块的价格从 29 卢比降到了 19 卢比，圆筒冰淇淋的价格从 16 卢比降到了 7 卢比，在这种情况下，麦当劳依然有着很好的边际利润。最便宜的汉堡包只有 19 卢比，是麦当劳全球最便宜的汉堡包。低价有很多原因，其中就包括本土原料供应商的低价优势。

通过低价和本土化的定位改变，麦当劳吸引了一批忠实的当地顾客。一位顾客说："一份配料十足的 Kebab 套餐在一家寻常的餐馆价格不下 25 卢比。如果新的麦当劳烤鸡汉堡加薄荷酱能提供我这种相似的口味，我们宁愿选择气氛轻松的麦当劳而不愿坐在一部拥挤的车内吃买到的东西。"

四、发展供应链

麦当劳自 1991 年末进入印度市场时起就开始寻找印度本土的供应商，从开始寻找到启用的五年时间里，麦当劳花了5亿卢比建立了供应商网络、分配中心和物流支持系统。截止2000年中期，被用于供应链的投资额达到了30亿卢比。本土供应商、分销商和合资企业的合伙人在加入这个系统前必须努力使自己符合麦当劳餐厅连锁店的品质和卫生标准。在这个过程中，麦当劳真正面临的挑战是如何发展一批能够定时按期交付高品质原料的本土供应商。1991年，除了冬季德里周边栽种的小部分外，在印度几乎没有莴苣收获。为了莴苣的供应，麦当劳审核了一位供应商，并且在种子挑选、种植技巧等各方面为其提供帮助。对于其他供应商来说，比如Cremica公司，小芝麻圆面包的供应商，麦当劳都曾经帮助他们引进国外的技术设备用于生产。麦当劳鼓励奶酪供应商投资大型的牛奶采集和冷藏中心，以建立一个稳固的获取原料牛奶的流程。这样可以使牛奶质量得到很大的提高和保证，还能增加牛奶采集量和储存量。

除了有适合的供应商，麦当劳还需要一个分配环节把原料运送到各个餐馆。麦当劳与AFL物流公司签订了合同，管理后勤物流。AFL是一家合资公司，由Air Flight——一家以孟买为基地的公司和美国FX Coughlin公司——麦当劳的全球物流支持商各出资50%建立。AFL物流公司负责将麦当劳的原料从供应商运送到地区的分配中心，所有运输都全程进行着温度的控制。

麦当劳最终拥有了一个能够向不同地区提供不同资源的网络，通过该网络麦当劳可以得到印度北部出产的小圆面包，印度西部出产的鸡肉和奶酪，印度南部出产的莴苣和泡菜。自1999年以来，麦当劳已经把印度作为奶酪、莴苣以及其他汉堡原料的出口地，出口的国家有斯里兰卡、香港和中东地区。

五、成就、计划和未来战略

就全球来看，麦当劳的战略是寻求更大的规模，在边际收益很低的情况下仍然实现良好的利润，这一战略类似于麦当劳在印度的做法。到2000年中，印度麦当劳各个分店每日平均要进行1 500份交易，为超过3 500名顾客提供服务。这与1998年相比取得了很大的进展，那时，一家麦当劳餐厅每天只有900份交易。每份交易的平均价格为100卢比到150卢比，也就是每日的平均销售总额在15万至22.5万元卢比。即使取得了如此增长，分析家们认为麦当劳公司还是要花四至五年时间达到盈亏平衡。因为初期，麦当劳在基础设施、分店发展以及品牌建设上进行了大量的投资。

到2000年的中期，麦当劳印度店收入中的50%是从素食类食品中获得的，这有力地回驳了起初遭到的批评，特别是回击了那些对麦当劳是否能为印度人提供适合他们的食品表示怀疑的人。长期以来，印度当地顾客光顾麦当劳餐厅的趋势一直呈上升状态，销售的增长率比过去两年提高了70%。仅麦当劳在印度运作的头12个月，它就开设了7家分店。有600万的顾客光顾并卖出了35万个汉堡包。到1998年底，分店数量达到14家，而到了2000年中期，扩展到了25家。与它在世界其他地区所实行的战略方针相似的是，麦当劳首先进入主要大城市，那里的顾客能够享受到来自不同国家、不同民族以及不用文化背景的食物，也更易接受这些食物。在进入大城市后，麦当劳接着进入大城市周围的小型卫星城。由于大城市的外流人口会到这里，所以卫星城市会受到大城市的影响。麦当劳还与德里地铁公司、印度航空、印度铁路公司以及德里城市发展局积极对话，以期在机场和铁路客运站开设小型的麦当劳分店，这所需的投资只有标准分店的一半。

全国范围内扩张的一个棘手问题是不动产的价格。在像孟买这样的大都市里，初期不动产极其昂贵，有时根本负担不起。在其他城市这项成本也很高，比如班加洛。但是，麦当劳一直延续着它在世界各国的战略，不惜重金投资于不动产，将麦当劳帝国建立在了一个个价值飙升的房地产之上。

复习思考题

概念题

1. 什么是公司战略，公司战略包含哪些内容？
2. 公司战略的主要方法有哪些？分别是指什么？
3. 什么是公司战略管理？简述公司战略管理的过程。
4. 跨国公司的全球战略一般是如何制订的？程序和准则是什么？
5. 简单分析如何选择并进入目标市场。

第三章　项目战略设计

✓ 本章摘要

● 项目设计是在项目计划开始前，由项目团队以外的人、项目团队以及项目利益相关者共同参与的一个管理过程。这个流程中的主要活动是对公司战略和项目环境的理解分析，并在此基础上制订项目策略，以此指导有关项目的经营活动。

● 项目战略设计的主要流程包括项目目标分析、环境状况分析、竞争状态分析、资源与能力分析、项目历史经验分析、项目战略设计的制订等。

● 影响项目战略设计的主要因素有高级管理层的认可、公司整体对设计的接受等。

✓ 本章关键词

项目战略设计　　期间重要性　　项目目标分析　　竞争状态分析

✓ 学习完本章你需要掌握

▣ 掌握项目战略设计的定义，了解项目战略设计的重要性；

▣ 学习项目战略设计的主要流程，理解项目目标分析、环境状况分析、竞争状态分析、资源与能力分析、项目历史经验分析；

▣ 了解影响项目战略设计的主要因素。

第一节　项目战略设计概述

一、项目战略设计定义

项目设计是在项目计划开始前，由项目团队以外的人、项目团队以及项目利益相关者共同参与的一个管理过程。这个流程中的主要活动是对公司战略和项目环境的理解分析，并在此基础上制订项目策略，以此指导有关项目的经营活动。对项目的设计和再设计工作要贯穿于项目的生命周期始终。在项目设计的过程中，不仅仅是项目设计者要理解设计项目的基本要素，项目的执行者也应该理解和掌握这些要素，并运用在项目运行中。

在理解项目战略设计时，对于项目周期概念的了解至关重要。本书后面章节中讲解的项目生命周期将围绕于项目管理；在这里，我们则主要强调项目生命周期中的另一个阶段——项目战略设计的主要内容和地位。

所有的项目——不管他们是武器系统、交通系统或是新产品——在某些人眼里，最初只有近似于渺茫的想法，从一个想法开始，经过构建和制造产品，转向销售和分配，最后通向售后服务。在这个过程中，有许多阶段，依次包括：

(1) 想法。对于一个新概念、新产品、新服务或者新事物的最初的设想，甚至是想象。

(2) 研究。对上一阶段中产生的想法进行耐心系统的研究、调查和检验。通过调查来使人们认清事实，掌握原则，把思想转化为今后进一步的实际工作计划；如果研究的结果是最初的想法不能产生任何有价值的事物，项目会被重新审定或是及时终止。

(3) 设计和开发。这是把想法转化为产品、服务的过程。通常是指制订一个设计规范，并将设计转化为实际产品、服务。这要通过外观和尺寸等附加特征的设计，也要经过实验室实验阶段。设计和开发阶段的产物为最终的生产做准备。

(4) 市场营销。确定对产品或服务的需求，制订销售和营销计划，把最终产品送到客户手中。市场营销通常与设计开发同时进行或在其之前。

(5) 生产。生产是将人力和非人力资源转化为提供给客户的有价值的产品或服务。

(6) 售后服务。这意味着客户在使用产品或服务时，也就是项目成果在使用过程中，能得到维修、升级等技术支持和后勤保障。

项目，就像企业一样，在生命周期中总是运动着的。项目的战略设计主要存在于项目生命周期中的想法、研究、设计和开发阶段。项目在经过有效的战略设计之后，才能更顺利地完成一个生命周期中的后续阶段，并能及时地、在预算内达到技术性能标准和企业的盈利目标，这样的项目才能使企业的总体生产能力得到提高。一个公司的发展其实就是连续不断的项目战略设计的过程：新的需求总会出现，一旦新的需求出现在企业或是单个项目团队面前，我们就要满足这些需求，解决消费者的问题，也为自己创造机会，保证企业的市场份额，更大地拓展自己的经营领域。在这个过程中，企业的领导者要采取一系列的设计、组织、生产、激励等措施来协调不同的项目团队，形成企业多样的产品组合系列。最初的项目起源于人们脑海里的一种想法，以一种概念化的形式逐渐演化，逐渐成熟。接下来，要经过一系列围绕着企业战略的项目设计，并集齐足够的物质要素，使企业中关键的决策者能在准备好的多个项目的集合中对不同的项目加以选择和组合。这样的项目战略设计过程就是执行企业总体战略的一种切实的方法，使企业能在不同项目的经营过程中始终围绕于总体战略，而不偏离。项目设计完成后，在实际项目操作中，项目相关干系人也必须在项目生命周期的不同阶段解决所遇到的不同问题，种种问题的不断变化，其实就是项目生命周期演变的一种连续的形式。这一点也强调了，在项目设计之后项目管理过程的必要性。项目管理过程如果能有效地按照企业总体战略和项目的战略设计加以实施，一般会最终创造出加强公司总战略的成果。

二、项目战略设计的重要性

（一）按照总体战略进行项目设计的重要性

一个项目由公司各种资源构成，最终创造出原来没有的事物。通过这个过程，项目也为公司提供了在实践中完成公司总体战略的方法。项目有明确的生命周期，由一个想法开始，通过设计、管理等一连串活动来发展整个项目。在一个项目中，总是包含着四个关键因素：成本是多少？需要多长时间？项目成果能提供多大程度的性能提高？项目结果是如何适应公司总体战略的？

企业在考虑项目选择时，要在实践中回答以上问题，才能决定是否要将资源利用在这些项目上。图 3－1 描绘了这些需要考虑的因素。

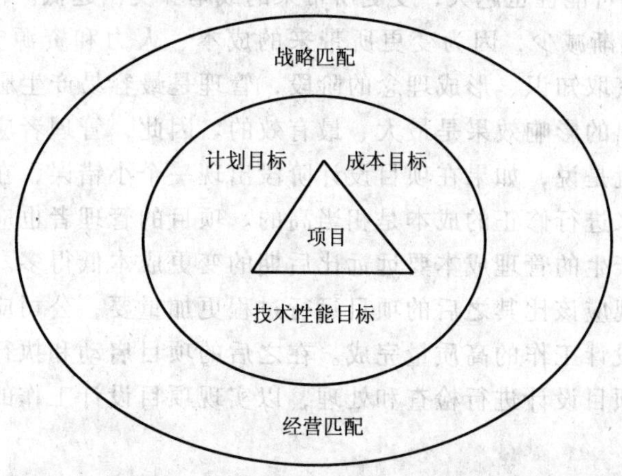

图 3－1　项目目标和组织匹配的相互关系

一方面，按照公司总体战略来进行项目战略设计可以保证公司的每一步都走向最终目标，完成企业的使命。在项目战略设计阶段，公司战略设计、项目环境分析、项目成功因素等等许多分析都是必须开展的工作，这些工作的开展为项目的计划和执行奠定了坚实的基础。这种项目战略设计的方法可以反复使用，帮助我们应对每一次外部环境或是内部资源的变化。尽管按照总体战略来进行项目战略设计并不一定保证每一个项目都能够成功，但它确实增加了项目成功的可能性。相反，当缺少一个明确的总体战略来进行项目战略设计时，企业面临的决策就会相应增多。面对一个危机，企业可能作出与之前的决策无关，甚至是相悖的抉择。前后不连贯阻碍了公司的进步，前后矛盾更是对公司的严重伤害，也有可能是公司破产、倒闭的原因。当企业内不同群体为了取得不同的目标而独立地作出各种项目选择时，这种前后不连贯、彼此相矛盾的情况就很可能发生。

另一方面，总体战略是企业不同管理层之间以及基本员工之间的有效沟通工具，是公司的整体目标。它可以形成从顶层到底层、从底层到顶层以及从职能部门到职能部门的信息决策反馈环路。如果我们能按照总体战略来进行项目的设计与选择，就可以使组织上下保持步调的一致。不断加强合作的各个职能部门也能更有效地沟通，资源共享，并最终增加项目成功的可能性。

（二）项目战略设计的期间重要性

在现代社会和商业背景下，要设计和管理项目，都必须在公司总体战略的指导下来进行。理论上和大量实践都表明，项目所处的阶段越早，项目的不确定性就越大，项目调整或变更的可能性也越大，变更所带来的成本和支出越低。但随着项目的不断开展，不确定性逐渐减少，因为变更所带来的成本、人力和资源支出会逐渐增加。在一个项目团队获取知识、形成理念的阶段，管理是最容易产生影响的，这个阶段的管理决策对产出的影响效果是最大、最有效的。因此，管理者应该把管理重心放在这个阶段。这就是说，如果在项目设计阶段出现一个小错误，在项目的计划、启动和执行阶段再来进行修正的成本是相当高的。项目的管理者也应该认识到，在项目设计过程中所产生的管理成本要远远比后期的变更成本低得多。所以，对项目战略设计阶段的重视应该比其之后的项目运行过程更加重要，公司应投入足够的资源以保证项目战略设计工作的高质量完成。在之后的项目启动和执行过程中，项目团队应该不断地对项目设计进行检查和处理，以实现项目设计工作的持续改进，不断创新。

第二节　项目战略设计的流程

一、项目战略设计的主要流程

项目战略设计的各主要流程是交叉存在和相互重复的，主要包括以下活动：确保不同项目之间的组合符合公司的战略目标；对各个项目的环境进行分析，确定其成功因素，分析利益相关者；对客户的需求进行识别；对项目的价值进行定义；确定项目运行的逻辑框架；明确项目目标，估测项目可能的成果；设计项目监测评估的框架。项目战略设计正是由上述活动构成，整体来看是一个以环境和资源分析为基础的逻辑过程，同时，也是根据公司总体战略进行单个项目设计的过程。为了简化过程，我们可以用图 3－2 来描述这一过程。

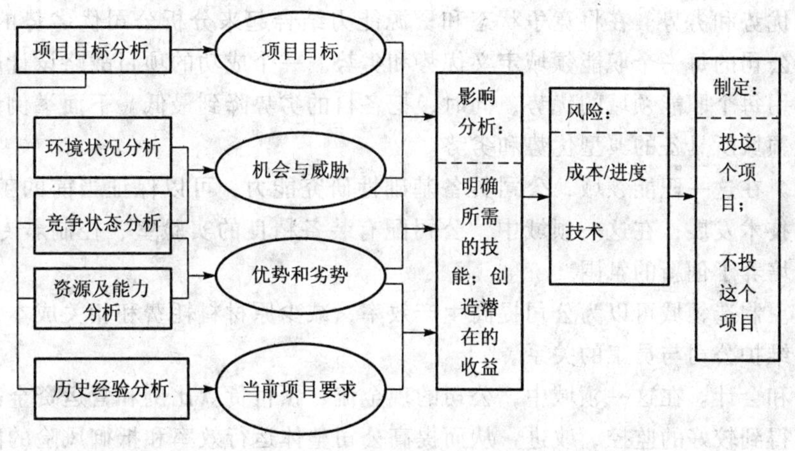

图 3－2　项目设计过程

（一）项目目标分析

图 3－2 中第一个方框是项目目标分析，是指对项目目标的清晰理解。

（二）环境状况分析

第二个方框是环境状况分析，以判断可能的市场规模、存在的风险、资金需求、价格的定位、预期的竞争、法律法规、社会接受程度和人力资源状况等等。

（三）竞争状态分析

第三个方框是竞争状态分析，包括以下内容：产品的整体竞争优势；产品的技术领先程度，比如产品性能和专利保护；竞争者状况，比如竞争者类型及特性、行业结构、竞争者之间差异和替代品的威胁；竞争力定位，比如当前市场份额、市场份额的变化和不同细分市场的差异；市场机会，比如特许权、优良的声誉和形象；供应链状况，比如原材料的所有权、可能的纵向联合；新建工厂的机会，比如地理位置和后勤支持；财务能力，比如现金流、信用等级和信贷支持；经营管理，比如库存管理、生产、物流和后勤支持。通过竞争状态分析和环境分析的结合，我们可以得出公司所面临的机会与威胁。

（四）资源和能力分析

第四个方框是资源和能力分析，将其与竞争力状态分析相结合，我们就能够判断出公司的优势和劣势。在将竞争状态和资源能力结合起来分析公司优劣势的过程中，我们要为公司的每一个职能领域定义优势和劣势。一个成功的项目战略设计应该能够开发、利用每个职能领域的优势，同时，把各自的劣势降到最低。下面举例说明一下几个职能领域所具备的典型优势和劣势。

研发。在这一职能领域，公司具备基础性研究能力，可以保证当前的工艺水平，预测新的技术发展；在这一领域中，公司配有装备精良的实验室、控制着专利技术，还为公司培养了创新的氛围。

制造。制造领域可以为公司提高生产效率，减少原材料耗费和相关成本，保证产品质量并维护公司与员工的关系。

财务和会计。在这一领域中，公司的现金流、预付货款比例和营运资金需求等指标都可以得到较好的监控、改进，从而提高公司整体运行效率和抵御风险的能力。

人力资源管理。人力资源职能领域调节着公司员工的流动性、保证平等的升迁机会，树立公共关系方针，保证公司的社会责任与意识。

市场。市场职能部门的优势包括其对销售的预测能力、对市场份额的判断能力、对各种产品生命周期阶段的识别能力，同时，市场部门还肩负着维护商标形象，保护专利技术的责任。

每个公司都有优势和劣势，没有任何一个公司在各方面都能达到最佳。宝洁、百威、可口可乐、百事可乐、雪碧等公司都以广告和营销而闻名；电脑公司以技术力量著称。大公司有极具技术竞争力的资源，但当环境和其他竞争因素的变化而需要公司及时作出反应时，就会反应相对迟缓；小公司对于外部因素的变化反应一般很迅速，但他们的资源和技术有限。在分析得出优势和劣势后，要知道这些现在的优势和劣势也是会随时间而改变的，因此，对公司的优劣势要进行严密的监视。

这样，在识别了机会和威胁、优势和劣势后，我们就能最终知道公司需要做的到底是什么。任何一个项目战略设计都应是这样一个基于全面的分析，得出结论，回答“企业能做什么”这一问题的过程。

（五）项目历史经验分析

图 3－2 中第五个方框是历史经验分析，在已经分析得出了我们能做什么之后，必须审视一下过去的绩效，检查一下是否有过去的经验教训可供学习。这些经验教训应该影响到当前的项目战略设计，也是对当前决策的最好指导。

（六）项目战略设计的制订

图 3－2 中最右侧的方框是在完成上述一系列分析后，最终决定是否开展一个项目。

如果要增加成功机会，这种按照公司总体战略而进行的项目战略设计就十分关键。从历史上看，只有不到 10% 的研发项目能够收回全部成本；另外的 90% 很可能是因为在最初设计时就没有从战略的高度给以考虑，也可能是后续的项目管理方法本身不够成熟。

二、影响项目战略设计的因素

我们在这一章中详细描述了由项目目标设定到竞争状态分析、资源分析，从而最终完成项目战略设计的过程。有了这一完整的体系，为什么通过这一过程设计得出的项目还会失败呢？为了避免可能出现的问题，以下几点是项目战略设计过程中一定要密切关注的一些因素。要想使项目战略设计行之有效的话，我们必须关注以下因素：

（一）高级管理层的认可

任何项目战略设计过程都必须通过高级管理层，一般要由高级管理层发起这个过程，而且他们要显示出对于这个项目的热情。没有经过高级管理层的认可，下级很可能会认为这个项目是不切实际的，也就不会投入过多的资源和精力，而固守于成熟产品和旧有项目。

（二）公司整体对设计的接受

公司上下对某一项目战略设计的整体接收是非常必要的，因为在开展项目时不仅要涉及各个职能部门，纳入各种资源，而且还要获得公司各级管理层和基本员工的信任与支持。

（三）不断审查改进最初的设计

项目的战略设计不是一个一劳永逸的过程，它是一个动态的、需要不断审查、反馈和更新的过程。

（四）改进已有设计的频率

在短时间内太多的变化可能会使员工觉得最初的项目战略设计有缺陷，从而对之产生质疑。因此，在对项目战略设计不断审查改进的同时，也要注意改进的频率，以免造成过犹不及的情形。

（五）适应性的设计

有时候一个公司会收购另一家公司，完成纵向联合战略。收购原材料的供应商来降低对供应商的依赖性，是公司在向后联合；收购产品的售货渠道，是在向前联合。在这两种情况下，公司的某一单个项目就需要做相应的转变，来顺应这一公司总体的战略改变，更好地利用共享的资源，发挥各自优势。

第三节 案例分析

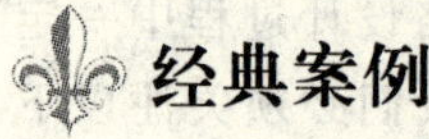

经典案例

时尚与明星的梦幻王国——Salvatore Ferragamo

Salvatore Ferragamo 作为意大利的品牌，却与玛丽莲·梦露、奥黛丽·赫本、葛丽泰·嘉宝、索菲娅·罗兰等众多好莱坞明星结下不解之缘。到底是什么让这些被星光环绕的名流爱上了 Salvatore Ferragamo 这个历史并不是很久远的品牌？

一、创始人物及品牌历史

Salvatore Ferragamo

1898 年出生于意大利南部拿波里（Naples）小镇Bonito 的 Salvatore Ferragamo 家中共有 14 个兄弟姊妹，Salvatore 排行 11。由于家庭环境贫困，Salvatore 早年就开始当造鞋学徒帮忙添补家用。Salvatore 9 岁时辍学，11 岁当上鞋匠学徒，13 岁开设店铺，为其鞋业传奇奏出序曲。

其后，Salvatore 前往美国加州的圣巴巴拉开办了一家补鞋店，并设计电影所用的鞋履，自此他的名字开始流传于明星界。当时 Salvatore 到洛杉矶大学修读人体解剖学，务求制作出完美的鞋子。1923 年，他在好莱坞开设“Hollywood Boot Shop”，与不少有名的电影制片人合作，令 Salvatore Ferragamo 的名字更广为人知。1927 年，眼见意大利缺乏资深的鞋匠，Ferragamo 返回故乡，并在佛罗伦萨开设店铺，员工多达 60 人，在当时称得上是第一位大量生产手工鞋的人。然而，1929 年华尔街股灾使 Ferragamo 于 1933 年宣布破产，迫于无奈他只能发展家乡市场。战争关系，皮革、铁片短缺，但这反而助长了 Ferragamo 的设计意念，他利用编染椰叶纤维和赛璐玢两种质料制造鞋面，鞋底则是用木和水松，就这样他制成了高跟松糕鞋和凹陷型后跟设计的鞋。其实，这样的鞋跟并不是什么新颖的概念，但他的设计却令这些款式流行起来，在二次世界大战时深得女性的欢心。

1947 年，Ferragamo 以其透明玻璃鞋被誉为“时装界奥斯卡”，成为第一个获得这个奖项的制鞋设计师；他得奖的作品设计细致，鞋跟处凹陷成 F 型，并铺上金色羊皮，鞋面则有透明的尼龙线。1948 年 Ferragamo 继续引领潮流，极细而尖的高跟鞋成为华丽的脚上时装，创出另一新时尚。Ferragamo 在 1957 年出版了自传《梦想的鞋匠》，在那时他已创作超过 2 万种设计，注册了 350 个专利权。

二、产品的多样性

不论是在意大利佛罗伦萨的博物馆，抑或是纽约的大都会博物馆，甚至在巴黎的服装博物馆，都会发现 Salvatore Ferragamo 不同年代的作品。从最初的做鞋起家，如今 Ferragamo 更是已将触角延伸到了时尚的各个领域。

Ferragamo 后来发展至一个时装集团，在 1996 年取得法国时装品牌 Emanuel Ungaro 的控制权，1997 年又与 Bvlgari 合作经营，发展香薰与化妆品。1998 年，与 Luxottica 合作推出眼镜系列，令 Ferragamo 业务更多元化。2002 年，为了向世界杯足球赛致意，Ferragamo 首次制作世界杯限量纪念商品，供足球迷们收集典藏。

Ferragamo 之配饰

Ferragamo 首席男装设计师玛斯米利诺·吉欧讷蒂在谈到配饰的时候说过："我们设计组的分工很细，我在做一组设计之前，会先做好大概提案和方向，然后通过几次会议，把我的要求和配饰设计师整合起来，形成最终方案。通常来说，配饰的用料、色泽和款式都会随着服装的趋势而改变，每套衣服必须配上最得当的丝巾、鞋子和包袋才是完整的。当今时代，一个男人还不懂如何搭配衣服、运用配饰，那他真是太失败了。"

Ferragamo 之包袋

Salvatore Ferragamo 秉承一贯的新颖、华贵的设计理念，打造包袋的华贵新概念。以精致的外观及高雅的设计风格，凸现出 Salvatore Ferragamo 手提袋的卓越品质。

Ferragamo 之香水

Salvatore Ferragamo 集团同时也拥有 FERRAGAMO PARFUMS S. P. A ——Ferragamo 的香水事业。FERRAGAMO PARFUMS S. P. A 创立于 2001 年，设立目标是希望 Ferragamo 香水能成为香水主要领导品牌。

三、Ferragamo 品牌塑造

Ferragamo 表示正考虑将制造部门移师中国，将重点更多地放在品牌形象的打造上，而不是注重于“意大利制造”。

自在美国设计电影所用的鞋履开始，Ferragamo 的名字就与电影结下了不解缘。Ferragamo 热衷于为世界各地的明星制作鞋履。从玛丽莲·梦露，到为第一位亚洲女星章子怡、男星梁朝伟度身设计鞋款，Ferragamo 的名字一直长流不息，并且，这个传奇的名字往往引领潮流，把整个企业扩展至其他地区。如 20 世纪 90 年代韩国经济最低迷的时候，Ferragamo 进入了韩国市场；1994 年大陆才刚开放，Ferragamo 便进入中国；1997 年亚洲金融风暴时，它更大胆进驻马来西亚。目前，Ferragamo 已在亚洲 15 个国家拥有 200 多家店，业绩成长率更达 15%。2006 年，中国残疾人福利基金会和 Salvatore Ferragamo 携手北京紫禁城太庙，举办了一场大型慈善时尚派对，共庆 Salvatore Ferragamo 进驻北京 10 周年。派对上，Ferragamo 公司顶尖设计师携带其 2006 年春夏最新设计，进行于米兰之外的全球首次展示。同时 Ferragamo 公司也慷慨解囊，捐资中国残疾人福利基金会，以资助中国贫困残疾儿童。中国残疾人福利基金会的领导、Ferragamo 公司首席执行官 Ferruccio Ferragamo 等重要人士都出席盛会，并与到场的梁朝伟、酒井法子、梁咏琪、杨采妮、莫文蔚、吴辰君、陆毅、董洁、徐静蕾等亚洲一线影星，以及各国媒体、各届人士，共同在慈善的光环下庆祝这一历史性的时刻。

四、Ferragamo 的成本论

在 Ferragamo 的故乡意大利，人们为时尚不惜花费重金，但是比起时装来，他们最看重的是鞋子，尤其是意大利的女士们，她们将收入的绝大部分都用于购置各类鞋子，一个中产阶级女士如果没有 20 至 30 双鞋将被视为一种人生缺憾。Ferragamo 品牌皮鞋，每双要 3 000 多元人民币，对于普通人总会觉得价格令人咋舌。可是，一双好鞋可以反复穿着，利用的次数越多，它的平均穿着成本就越低；另一方面，Ferragamo 的鞋子款式经典，我们现在回头看 50 年前由 Ferragamo 先生设计的鞋子仍不觉过时。

Ferragamo 的品牌皮鞋并不拘泥于某一固定风格。从女鞋来看，性感的细高跟、古典的小圆头、成熟的卡扣装饰、淑女的蝴蝶结、老成的黑色、前卫抢眼的橘红色，矛盾而又和谐地都出现在货架上。看过之后终于明白，菲拉格慕真的是能够诠释女人的所有风情的，奥黛丽·赫本、索菲亚·罗兰、玛丽莲·梦露、麦当娜……这些在世界电影发展史上熠熠生辉的名字，她们都与 Ferragamo 结下了一段又一段“仙履奇缘”，而章子怡则是亚洲第一个与 Ferragamo 结缘的女星。在 Ferragamo 总部的大椭圆形会议桌上，几十双款式精美的鞋子让一袭优雅黑衣的章子怡也惊艳起来。Ferragamo 公司主席 Wanda Ferragamo 夫人动情地谈到，章子怡的到来让她想起了当年奥黛丽·赫本第一次来到 Ferragamo 总部时的情景。随后，Ferragamo 的鞋模大师按照为国际巨星们定制鞋模的传统，亲自为章子怡量脚定做脚模，以便制作出世间独一无二的“水晶鞋”。

五、工艺与对手

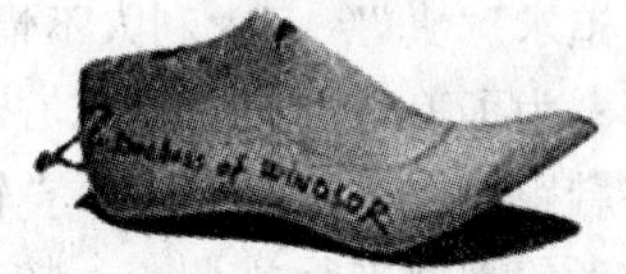

健力士 GEOX。GEOX 年产 GEOX“呼吸鞋”600 万双，产值超过 2 亿欧元，在意大利制鞋行业中位居榜首，并跻身于全世界同类行业前 8 名。GEOX 这名字由希腊文“Geo”而来，“Geo”是地球的意思，地球是每个人都要用脚踏上的，正所谓“脚踏实地”嘛；而“X”，则代表科技能为人类带来未知的无限可能。GEOX 就是这种能用科技为人类的双足带来舒适的品牌。采用胶鞋底，在外鞋底上凿有小孔，令鞋履的透气散热程度大大提升。这种特别的鞋底成为 GEOX 的卖点，连 GEOX 官方网站也以“会呼吸的鞋子”（the shoe that breathes）作宣传口号。GEOX“呼吸鞋”的确非同凡响，可谓一项革命性发明，它解决了橡胶底和塑胶底防水不透气以及皮革底透气不防水的难题。这种防水透气薄膜经久耐用，经得起严格考验。最重要的是，GEOX 用上创意配合传统造鞋技术，舍弃传统皮鞋的皮鞋底，换上能透气散热的胶鞋底，令皮鞋更贴合用家需要。品牌只短短十来年历史，已蜚声国际。十年岁月，抵得上百年老字号。

从以上的介绍不难看出，GEOX 与 Ferragamo 并不是在同一层面竞争的对手。GEOX 所产高档皮鞋尽管售价可能高达数千元，并不亚于 Ferragamo，但其本质上属于量产皮鞋，与手工定制皮鞋所针对的并非同一消费者群体。

接下来，让我们将目光投向手工定制皮鞋领域，审视一下 Ferragamo 竞争对手各自的特点和精髓所在。

古奇 Gucci。古奇（Gucci）公司，与意大利托斯卡纳（Tuscany）地区的两家制革公司合资建立的蓝湿革生产厂于 2005 年正式投产，古奇拥有 51% 的股权。古奇也因此成为全球首家拥有自己的蓝湿革生产厂的皮革生产商，而其皮革制品中尤以鞣制、皮质细腻的猪皮产品最见特色。

铁狮东尼 Testoni。创办于 1929 年的铁狮东尼，被《福布斯》杂志评为全世界最昂贵的男鞋品牌之一，并被称为“名牌中的名牌”，是意大利制鞋业首批成功进军法国、美国和日本市场的品牌之一。它的特点是，专为 35 岁以上成功男士打造，采用源自 13 世纪代代相传的手工缝制技术，独有的“双行缝线法”可以使鞋子舒展而有弹性。

Moreschi。Moreschi1946 年建立，专门手工制作高品质的男鞋。罗马教皇保罗二世、影星汤姆·克鲁斯都是忠实客户。Moreschi 鞋子传达对精致完美的呈现，注重每一项细节，每件产品经过 250 至 350 道制作程序，以期达到工艺技术的要求。

Moreschi 皮鞋十分强调“真、轻、软”。“真”就是要求采用真皮制作，突出高贵感，尽管在设计中加入磨砂或抛光的处理，但是每一双皮鞋都是高品质的小牛皮。“轻”就是要求成鞋重量轻，突出轻松感；“软”就是要求帮材及底材软，突出舒适感。为了追求“真”，意大利人不惜花大价钱从澳大利亚、非洲一些国家进口既薄又软的皮革；为了追求“轻”挖空心思想办法，千方百计减轻皮鞋重量，如用木头做鞋跟、将鞋跟挖空等；为了追求“软”，投巨资进行设备研制和技术开发。同时还对各国消费者的脚型进行过调查，按照人脚弯曲的不同程度进行设计，以使皮鞋穿着合脚、舒适。

TORRIGIANI。TORRIGIANI 源自于文艺复兴时期佛罗伦萨显赫望族之名，秉持意大利超凡的艺术天赋和创造激情，在制鞋技术和设计上引领前沿。其优良的原材料、熟练的工艺及独特的个性品味，使得每一双 TORRIGIANI 鞋子都堪称艺术臻品，经得起时间的研磨。既使在机械加工高度发达的今天，TORRIGIANI 始终坚持完全手工缝制的理念，以机器无法达到的灵敏手感和多达 300 多道繁复工序的精工细作，为讲究精致生活的人们，创造完美的穿着体验。同时，充分考量人体工程学与力学原理，发明多项专利配件和自然导汗构造，完全吻合人在行进中受力均衡、不受累等生理需要。TORRIGIANI 独一无二的定制服务，更使其在全世界顶级鞋业品牌中无人可及。因为，它独创性地将先进的三维数码专利技术与意大利手工工艺完满结合，将鞋子与双足的契合度提升到极致。它为每一位顾客度身收集双足脚模并进行数码分析处理，其在世界范围拥有专利，超过了现存的任何一个品牌。每一双 TORRIGIANI 的出品，都要经过近乎苛刻的物理指标检测。尤其是女式鞋高跟问题困扰着全球鞋业，TORRIGIANI 在女鞋的跟部置入伸展至鞋尖的钢质专利配件，将力量沿着脚面分散至地下，又增强了鞋跟的强度，其耐疲劳测试可承受 16 000 次小锤击打。

复习思考题

概念题

1. 什么是项目战略设计？为什么说项目战略设计很重要？
2. 项目战略设计的流程包括哪些？
3. 如何进行项目资源与能力分析？
4. 谈谈你如何理解影响项目战略设计的主要因素。

第四章　项目组合

√本章摘要

● 项目组合是指项目或项目群以及其他工作聚合在一起，通过有效管理以满足业务战略目标。

● 项目组合有利于分散企业经营风险、树立品牌形象、提升核心竞争力、延续品牌。

● 项目组合的分类一般包括基础类项目、交易类项目、信息类项目和战略类项目。

● 项目选择模型的制订是整个项目选择系统的核心，需要遵循企业发展、资源限制、优化组合等战略。

● 项目组合管理（PPM，Project Portfolio Management）是针对多个相关且并行项目的管理模式，在可利用的资源和企业战略计划的指导下，进行多个项目或项目群投资的选择和支持，通过项目评价选择、多项目组合优化，确保项目符合企业的战略目标，从而实现企业收益最大化。

● 项目的整体管理（或称项目群管理）与单个项目的管理相互联系，又各具特点。项目整体管理侧重于组织战略的实现，通过对项目孤立性、模糊性的改善以及对组织发展和最终产品的统筹获得最大利益；而项目管理则注重计划和执行并提交最终产品。

√本章关键词

项目组合　　项目选择模型　　项目组合管理　　企业生命周期理论

企业发展战略原则　　资源限制原则　　优化组合原则　　风险收益气泡图

√学习完本章你需要掌握

- 掌握项目组合的定义与项目组合的意义；

- 了解项目组合的分类；
- 理解项目选择模型及项目选择原则，学习项目选择的过程；
- 掌握项目组和管理的定义，了解组合管理的目的以及与传统项目管理的关系；
- 了解项目组合管理的流程以及在我国的发展；
- 掌握企业生命周期理论，了解其主要分支；
- 理解企业发展的不同阶段的特征以及与项目配合的方法。

第一节　项目组合概述

一、项目组合的概念

随着社会经济的发展，全球化进程的加速，企业生存环境愈发多变，面临的竞争越来越激烈，产品生命周期也越来越短，这些都要求企业决策者更好地规划、使用、管理各项资源，合理安排管理企业各项业务。传统的项目研究局限于单个项目的管理，这种情况越来越不能满足人们对于企业快速发展的要求。事实上，大多数企业所面临的情况是同时运行多个项目，多个项目共同体现企业的战略目标，项目组合的研究应运而生。

1994 年，普兰特杰（Platje）将项目组合定义为：为了增加效益而采取统一协调管理的一组项目。这一定义说明了项目组合以增加效益为目标，但未涉及其他重要目标，如分散风险等，而且没有强调组合项目之间的相互联系。

1999 年，阿彻（Archer）将项目组合定义为由某一特定组织机构发起或管理的一组项目，这些项目为了获得共同的稀缺资源而相互竞争。这种定义方法仅仅将项目组合界定为竞争关系，过于狭隘，项目组合之间同样存在相互依存关系，而且这个定义没有说明项目组合的目标。

2004 年，美国项目管理协会（PMI）将项目组合定义为：项目或项目群以及其他工作聚合在一起，通过有效管理以满足业务战略目标。PMI 的定义虽然在微观上欠缺精度，但是从战略角度出发，给出了项目组合相对宏观的定义。

从企业战略实现的角度来看，项目组合作为企业项目和战略之间的桥梁，使项目实施和企业商业战略结合了起来，见图 4－1：

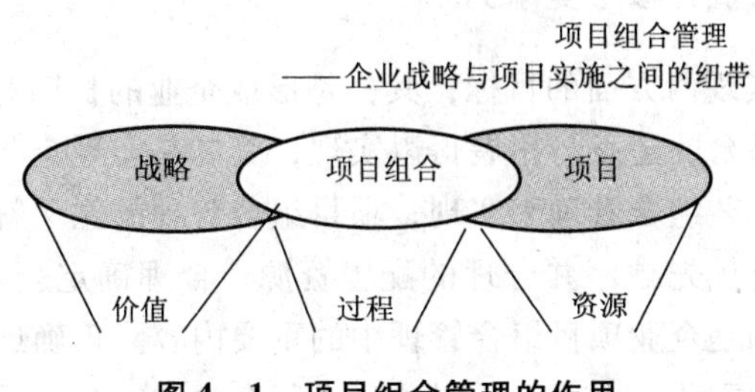

图 4-1　项目组合管理的作用

二、项目组合的意义

实施项目组合对于促进企业发展有重要作用，具体来说主要包括以下几点：

（一）项目组合与分散企业经营风险

项目组合产生的原因就在于把投资领域分散风险的方法运用到企业项目的运行中，“不要把所有鸡蛋放在一个篮子里”的理论同样适用于企业项目的进行。项目有大小轻重之分，有的项目可能需要企业投入大量的人力物力，并在一段时间内集中大量资源进行处理，这样的大项目对企业的生死存亡至关重要；但有的项目可能并非如此具有挑战性、资源投入较少、项目期间较短，并且可以很好地预计效果，企业不需要在这类项目上花费太多的精力。事实上，除非是刚刚起步的企业，很少有企业在某一时间内只进行一个项目，出于分散风险的目的，企业往往同时进行一个甚至多个项目组合，这样即使某一个项目失败，也不至于对企业造成致命的伤害。

同时进行多种项目，从多个角度围绕企业价值链进行项目组合，最终实现企业的发展战略是多数企业的发展之路。

（二）项目组合与树立品牌形象

任何一个企业的品牌形象都是某种企业文化的表现，而这种文化的体现，往往不是一个项目就能做到的，多个项目与企业形象持久的配合，才能真正有助于长期树立起企业品牌形象。海尔的品牌形象不是通过某种类型的电冰箱体现出来的，它需要企业发展多年来所有产品的品质保障，以及完善的售后服务支撑，甚至连其赞助的体育活动、参与的社会公益活动都会对其品牌形象产生影响。所以，项目组合对于树立品牌形象也有重要的集成作用。

（三）项目组合与提升核心竞争力

项目组合管理要实现两方面的目标，其一是形成企业的长期竞争优势，通过核心能力的形成与核心技术平台的建立与拓展得以实现；其二是实现企业的当期经济效益，它通过产品组合管理与工艺组合管理来实现；项目组合管理的意义就在于使上述两方面内容得以整合起来，确立优先顺序并合理的配置资源。合理确定企业投入到长期、中期、短期项目上的分配结构是企业项目组合管理中的重要内容。正确选择不同项目的合理比例对企业长期发展至关重要，企业必须对项目进行有效的组合，只有把有限的资源适当地投入到不同的项目上，强调长期、中期、短期项目的合理搭配，才能使企业获得持续的竞争优势，并最终使企业具有较好的经济绩效，从而提升企业的核心能力。

（四）项目组合与品牌延续

项目组合是企业品牌延续的关键。项目是有一定的项目期间的，但是企业的战略是长期的，品牌的建立和维护是长期的，所以，一个项目不可能完成企业品牌延续的使命。这就需要项目组合，通过多个项目的配合和新项目的不断加入，一方面能够在时间上构成企业活动的连续性，保证企业活力，另一方面能够在空间上扩展企业品牌，多方面立体化构建完整的企业形象。

除了以上的几点，项目组合还是企业成长的推动力，是企业使用外部资源的必要平台，是激励员工的舞台。当今社会强调创新和差异性，知识信息更新速度很快，事实证明，面对这种情况，越来越多的企业采用项目组合的方式来支撑企业的日常业务，通过项目组合的途径利用外部更新、更好、更有效的知识资源、信息资源，实现低成本促进本企业发展，并通过一个个项目的施行，不断推动企业的成长。

三、项目组合分类

美国麻省理工学院（MIT）对 IT 企业项目组合的状况进行研究后，提出了一个基于 IT 业项目组合分类的模型。在该模型下，IT 业的项目投资组合是按照多层次和不同发展阶段来分类的，这种分类法很好地平衡了项目的收益和风险，在这一模型中（MIT 模型），项目的投资组合大致可以分为四类：基础类项目、交易类项目、信息类项目和战略类项目。

（一）基础类项目

这种类型的项目构成了企业共享的标准化能力，是企业业务灵活应变和整合资源的基础。基础类项目的投资具有中等风险，因为科研技术的生命周期长，而不确定性却很高。这类项目在企业组合里的位置如图 4 - 2 所示：

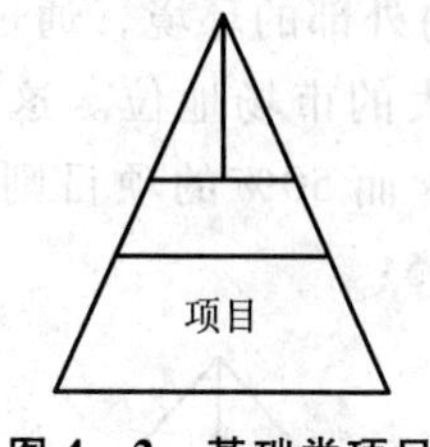

图 4 - 2　基础类项目

（二）交易类项目

这种类型项目构成了企业的基本流程和业务，注重的是降低成本和提高企业的生产力，此类型的项目构成了企业 25% ~40% 的内部收益。在这四类项目中，该类项目的风险最低。此类项目在企业组合里的位置如图 4 - 3：

图 4 - 3　交易类项目

（三）信息类项目

这类项目为管理公司提供信息。通过管理这些项目，公司可以获得更快的上市速度、高质量的产品和价格优势。此类项目具有一定的风险，因此，为公司从信息类项目中获取商业价值较困难。这类项目在企业组合里的位置如图 4 - 4：

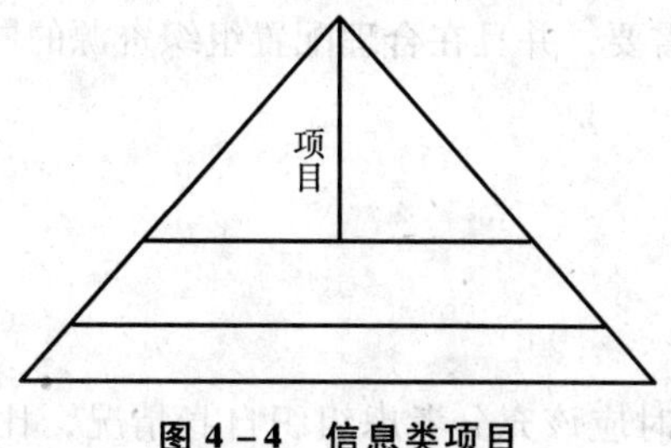

图 4 - 4　信息类项目

（四）战略类项目

这种类型的项目主要用于应付外部的环境，通过管理这些项目，企业能够获得销售额的提高，取得竞争优势和强大的市场地位。这类项目是风险最大的，一般来说10%的项目能够取得很好的效果，而50%的项目则可能连盈亏点都无法达到。这类项目在企业组合里的位置如图4-5：

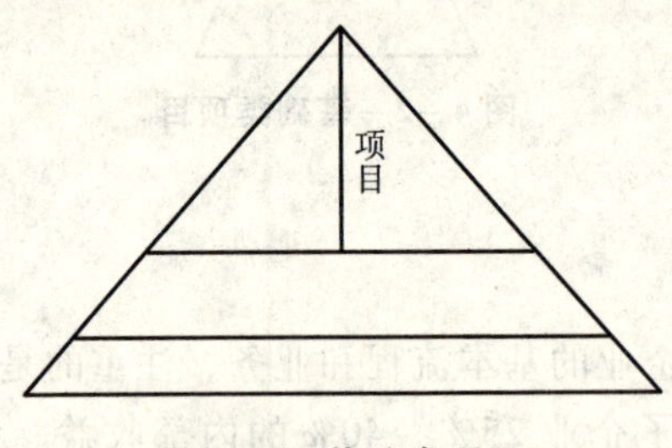

图4-5　战略类项目

MIT2002年对57个IT公司的投资组合境况所做的调查显示，这些公司每年在以上四类项目中所投资的比例分别为：基础类项目54%，交易类项目13%，信息类项目20%，战略类项目13%。

第二节　项目选择

在竞争日益激励、变化频繁的现代市场上，企业能否生存下去，正确的项目选择起着决定性的作用。组织或个人对各种项目机会作出比较与选择，将有限的资源以最低的代价投入到收益最高的项目中，以确保个人或组织的发展，就是项目选择。

项目组合管理是根据组织战略优化项目组合，选择最优项目类型配备项目组合。具体的项目确立则是通过在组织内建立项目选择模型和流程，使项目管理者在选择项目时可以运用固定的模型或流程对项目进行有效的选择，从而保证组织资源被最大限度地运用于满足组织战略目标的需要，并且在合理配置组织资源的同时平衡组织风险。

一、项目选择模型

（一）项目选择原则

在制订项目选择模型时应该充分考虑组织自身情况，比如组织所在产业、组织对风险的承受程度、科技应用情况、竞争环境、管理风格和市场条件等因素，都会影响项目选择模型或流程的类型。从根本上来说，制订项目选择模型需要遵循以下原则：

1. 企业发展战略原则

项目选择的第一条原则就是：符合企业的发展战略。战略是通过项目来实施的，每一个项目都应该和组织的发展战略有明确的联系，将所有项目和组织的战略方向联系起来是组织成功的关键。

战略是企业发展的远景方向和指导原则，要将战略变成现实，必须找到具体的实施载体。选择与战略一致的项目进行组合，明确各项目资源的配置方式，使稀缺资源得到集中使用，以最低的投入获得最大限度的企业战略的实现，是项目作为战略实现载体的重要体现。

战略管理（Strategic Management），是指企业确定其宗旨使命，建立长期目标，根据外部竞争环境和内部资源条件，选择最适合实现企业目标的战略，并针对战略目标进行规划，借助各类资源，将这种长远规划和决策付诸实施，同时在实施过程中进行控制的一种动态管理过程。美国项目管理协会（PMI）把项目管理定义为：把各种知识、技能、手段和技术应用于项目活动之中，以达到项目的要求。在全球化的市场变动中，战略管理和项目管理都起着关键性的作用。在过去的几十年，战略管理和项目管理都在各自的领域迅速发展，战略管理帮助管理者在复杂而恶劣的商业环境中把握企业的发展方向；项目管理使企业能够迅速应对各种瞬时变化的环境，保证战略实施的高效率。换言之，战略管理确保我们做正确的事，而项目管理则告诉我们如何正确地做事。但是，单就企业的战略规划而言，难免缺乏操作性；而单就项目管理而言，则容易陷入纯技术的泥沼。两者必须互相配合才能保证企业的发展，并且落实如何发展。

下面通过一个简单的情景来说明战略和项目的关联，或者说如何根据组织战略来选择实施相应的项目。假设国内某 IT 巨头经过战略管理的一系列步骤，得出了进军欧美市场的公司层战略。为了成功实施这一战略，分析欧美市场特点，公司选择了差异化竞争的业务层战略（竞争战略）。相应地，产品和营销两个职能部门成了实现战略目标的核心部门，产品部门的战略目标是开发具有竞争优势、满足客户需求的产品，营销部门的战略目标是开拓大客户市场。再加上年度目标，一个典型的战略实施规划就出来了。根据这一战略目标体系，可以引进如下项目：

（1）持续改进产品的开发流程。通过改进产品的开发流程进一步提高现有产品质量，具体项目包括升级流水线等。

（2）通过收购、并购或者联盟来补充企业现有产品组合，具体项目为一年内开发出符合国际新标准的高清晰、无闪烁、低辐射、真色彩的显示器等。

(3) 加强完善售后服务和维修业务，具体项目是半年内培训新的售后服务团队，完善售后服务条例。

(4) 通过市场客户化来优化全球产品市场，适应全球化战略，具体项目为半年内完成客户关系管理（CRM）系统的实施。

(5) 投资电子商务增加产品销售，具体项目包括购买安装一套新的电子商务辅助软件，并对相关人员进行培训。

2. 资源限制原则

项目选择的第二条原则——资源限制原则。一般来说，可以将组织资源分为有形资源和无形资源。有形资源是组织比较容易识别和评估的资源，如厂房、设备等；无形资源则很难对其进行客观的价值衡量，无形资源的类型有很多种，常见的包括品牌、客户关系、产业链上下游关系、产品设计能力等。另外，组织的资源也可以根据来源及用途的不同，划分为市场资源、人力资源、协作资源、资本资源、技术资源和形象品牌资源等。一般来说，企业的三大核心资源包括：财务资源、人力资源和技术资源。拥有并有效地利用资源是企业获得竞争优势的最重要途径。因此，在选择项目时，必须考虑该项目的可行性报告是否真实可靠，前景如何，各项资源是否可以满足项目要求。资源的稀缺可以说是企业选择项目时最大的也是最难逾越的限制，也正因为如此，选择资源利用率最高的项目是制订项目选择模型时必须要考虑的原则。

3. 优化组合原则

项目选择的第三条原则——优化项目组合原则。项目选择是对一个复杂的系统进行综合分析与判断的决策过程，影响因素很多，在选择项目时，应综合考虑各项目的收益与风险、项目间的联系、组织的战略目标和可利用资源等多种因素，选择最适合的项目组合，使项目组合的整体绩效最大。事实的情况是，企业中往往存在多个可行，但又超过可用资源所允许数量的项目建议。因此，企业需要从众多的合格项目中，识别出哪些项目具有最大的附加值，进而将稀缺资源分配到比其他替代项目贡献更大的那些项目上，优化项目组合构成。另外一方面，一个组织内的项目往往并非完全独立的，很多项目间存在相互影响、相互制约或者相互促进的关系，尽量选择相互促进、相互补充的项目作为组织一定阶段内的项目组合，也是优化项目组合时要考虑的一个因素。

（二）项目选择模型

项目选择模型的制订是整个项目选择系统的核心。它与组织特性紧密相连。项目选择模型内部包含了各种多元化的因素，主要包括项目给组织带来的利润、科技突破、公共形象、竞争力的提升、战略上的匹配等，从这些方面综合考虑是否批准项目的确立。

在开展具体的项目选择时，除了要考虑项目组合管理中确定的与项目选择有关的关键组织战略标准外，还应该考虑商业需求、人力资源后备力量、组织技术实力等因素。在综合这些项目选择标准的基础上，建立一个项目选择模型，模型中的标准一般不超过 12～15 个。图 4－6 是一个项目选择模型的范例：

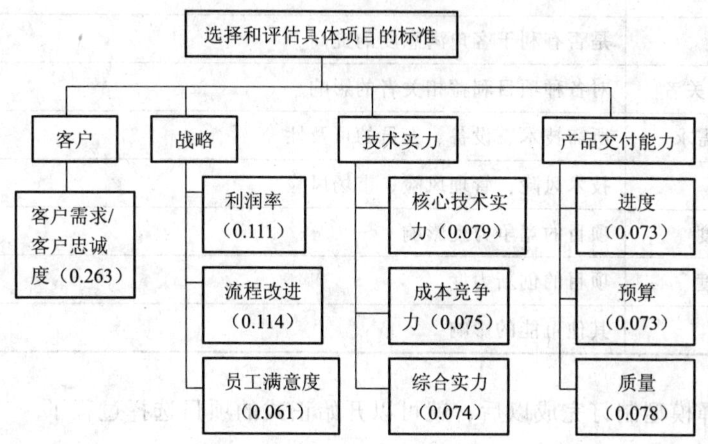

图 4－6　项目选择模型

项目选择标准确定了以后，还要确定各个标准的重要性，即给予每个项目选择标准一定的权重。例如，在上述模型中，利润率占到的权重是 0.111，权重的确定有许多技术方法，比较常用到的是层次分析法。在权重确定以后，还需要项目团队和利益相关者通过讨论共同对项目选择模型进一步修订，制订出衡量具体项目是否达到标准及达标情况的量化标准。这些标准可以参照以前的项目进行合理性和准确性检测。通过检测的量化标准和已经编订的项目选择标准及权重，共同构成一个完整的项目选择模型。一个好的项目选择模型可以为组织带来如下益处：优化组织资源配置、平衡组织内部的风险和机会、使高层管理者能更有效地关注战略层面上的重要项目、为组织提供可控的持续发展动力。

表 4－1 列出了项目选择的一些参考标准，这些标准及其权重对于不同的组织都可能是不同的。

表 4－1　项目选择参考标准

选择目录	标　准
组织上的考虑	战略上的重要性；市场需求和份额；对组织利益的贡献；与其他项目的联系；对组织能力的要求

续表 4-1

选择目录	标　准
成本利益分析	项目利益回收率；成本回收期；年收益率；机会成本对组织业务发展的支持；其他利益
客户	是否有利于客户满意度的提高
项目利益相关者	对各种项目利益相关者的影响
技术上的需求	所需技术、设备、人员的可及性
风险	技术风险；管理风险；市场风险
竞争力度	项目的竞争力度影响
创新力度	项目的创新力度
其他	其他可能的影响

项目选择模型制订完成以后，就可以开始正式的项目选择过程了。

二、项目选择过程

项目选择过程是指项目组织按照自己的意图和目的，在调查、分析、研究的基础上对项目投资方向、规模、结构以及风险等方面进行技术经济分析，判断投资项目是否必要和可行的一个过程。项目选择过程是一个一致、客观的对项目本身和所处的环境进行评价和分析的过程。规范的项目管理流程开始于一个规范科学的项目选择过程。

一个以项目为主体的组织中，作为候选的项目所需要的资源总是比组织所提供的资源多，不同的项目为有限的资源而竞争，组织必须考虑哪些项目应该获得资源利用上的优先权。没有一个系统有效的项目选择过程，就难以保证项目的实施符合组织战略，也无法保证有效利用组织资源，从而可能降低组织内部效率。因此，完备的项目选择过程是组织运行项目促进发展的前提和保障。

一个标准的项目选择过程应该包括以下五个阶段，这些阶段可以严格的按规定实施，也可以按其要领非正式实行。

（一）项目构思阶段

这个阶段的主要任务是从项目构思开始，收集有关信息，为项目的初步形成做准备，主要围绕下列四个问题：

（1）需要做什么样的东西？

（2）做这个东西的依据是什么？

（3）为谁而做？

（4）这个项目大概的费用和所需的时间是多少？

（二）可行性研究阶段

在分析了上述四个问题以后，项目团队开始进入第一个正式的工作程序——对项目进行可行性研究。项目的可行性研究是在投资前对拟议中的投资项目进行技术可行性、经济合理性、社会公认性和生态适应性等方面的分析和综合评价，选出整体效益尽可能满意的投资项目或方案的科学决策方法。它包括以下五个主要步骤：

1. 对项目做大致描述

描述内容包括：项目背景，包括项目面临的机遇和要克服的问题，项目和组织战略的关系；项目的可交付成果描述；项目目标策略；预计完成时间和预算；项目资源要求；项目风险；项目质量考核标准等。

2. 具体描述成立该项目的原因和需求

描述内容包括：经济原因，比如目标利润、盈亏点；非经济原因，比如促进文化建设，给公司带来哪些机会；市场需求和项目利益相关者分析。

3. 项目团队的组成

具体包括：明确项目经理和团队成员的权利、义务；预计工作时间；需要的技术有哪些；团队绩效考核标准等。

4. 编写可行性研究报告

从经济、技术、生产、法律等各方面进行具体分析，确定不利和有利因素，讨论项目是否可行，估计项目成功概率、经济效益、社会效益、风险程度等等。

5. 书写项目建议书

综合以上分析，对拟建的项目作出总体描述。

在各种具体的分析中，经济评价是可行性研究的核心，通常的经济评价是从以下角度作出的：

（1）投资回收期：评价项目能否在规定期限内收回投资，回收速度；

（2）净现值（NPV）：评价项目是否能够获得预期的投资收益率，经济利润是多少；

（3）内部收益率（IRR）：评估项目收益率与基准收益率关系；

（4）借款偿还期指标：评价项目是否能在规定期限内按要求偿还所借贷款和利息。

项目评估矩阵是用于评估项目收益和风险关系的一种简单方法，如图4－7所示。

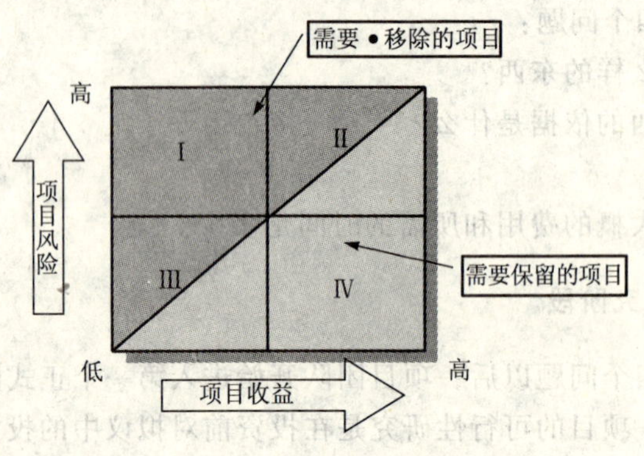

图 4－7 项目评估矩阵

项目评估矩阵从项目收益和项目风险两个维度对项目进行评估，通过将项目风险因素和收益因素分别给予一定的权重进行加权平均，可以在坐标上找到相应的项目得分对应点。根据项目追求高收益，降低风险的原则，可以看出处于左上区域的项目将被移出组合，而处于右下区域的项目则需要被保留。

（三）自我评估阶段

项目团队成员对照项目评估审查机构公布的评判标准进行自查，对项目的基本要素和合理性进行初步自我审核和评估。基本要素包括：信息的完整性和格式，是否符合组织基本要求，项目报告的可读性。自查后，项目团队应该向项目评估审查机构提交他们认为合格的项目报告。

（四）专家评估阶段

这个阶段是项目选择过程中最重要的阶段，项目团队提交项目建议书后，一般由专门的项目管理机构根据固定的评估程序和标准对项目建议书进行讨论和审核，对合格项目予以批准。

前面介绍的项目选择模型在这一阶段也有重要的应用，项目评审部门在确定项目选择模型以后，还应该做到即时把项目决策模型在组织内部进行公布，使项目团队可以即时根据决策模型的标准进行自测；帮助项目团队起草项目建议书。

在组建项目评审部门时，不仅要确保评审人员来自组织内各相关部门，还要确定评审人员的责任和权利，一般来说，评审部门拥有以下权利和职责：

（1）根据评估标准评价项目建议书；

（2）对项目建议书提出意见；

(3) 公布评估结果，保证评估过程公正性；

(4) 平衡组织内项目组合；

(5) 对评审后的项目进行后续性的跟踪和评估；

(6) 制订评估标准并确保该标准不断更新以满足组织发展需要。

(五) 排序优化阶段

这个阶段主要是由评审人员对于评审合格的项目按照项目建议书得分的多少进行排序。在多项目情况下，评审委员会根据项目建议书得分的多少由上至下分配资源。项目评审委员会批准项目后，项目经理被正式任命，项目团队开始在公司的项目管理数据库中注册项目的相关资料，具体包括：项目编号、项目支持者、记录项目参与者信息、备案项目资料等。

第三节　项目组合管理

项目组合管理的概念源于金融领域，哈里·马科维茨（Harry Markowitz）于1952年创立了现代资产组合理论（MPT — Modern Portfolio Theory），这个理论的核心是解释组合投资的机制与效应，指出分散投资对象能在一定程度上规避风险，“不要将所有的鸡蛋放在一个篮子里”是这一思想的现实表现。1981年，沃伦·麦克法兰（F. WARREN MCFARLAN）教授首次将这一理论运用到IT项目的选择和管理中，通过项目组合的运作方式实现了风险一定情况下的收益最大化。20世纪90年代以来，越来越多的组织面临着在同一时间内管理许多项目或项目群的情况，每个组织都希望所进行的项目能够支持组织战略目标并取得最大的投资回报。作为项目管理领域未来发展趋势之一的项目组合管理，由于能使组织改善战略投资，提高项目商业价值，已经得到越来越多组织的重视。有关机构预测，今后采用组合管理技术对项目和资产进行管理以及对资源进行计划的组织会越来越多。

一、项目组合管理概述

(一) 项目组合管理的定义

项目组合管理（PPM，Project Portfolio Management）是对多个相关且并行项目的管理模式，它是有助于实现项目与企业战略相结合的有效理论和工具。也有学者将企业项目组合管理定义为利用同一个项目管理系统，按照设定的统一标准选择符合组织战略发展需要的项目，并在项目执行过程中对所有项目的成本、进度、风险、收益等要素进行严格动态监控，有效分配组织有限资源，以保证项目最大收益。

美国项目管理协会 PMI 对项目组合管理的定义为：在可利用的资源和企业战略计划的指导下，进行多个项目或项目群投资的选择和支持。项目组合管理是通过项目评价选择、多项目组合优化，确保项目符合企业的战略目标，从而实现企业收益最大化。

传统的项目管理强调“如何做项目”，是一种自下而上的管理方式，关注项目底层数据的收集，注重细节与技术，致力于项目自身目标的实现；并且主要由项目经理针对项目内部采取自下而上的管理方式，即数据从项目管理的底层开始收集，传送至高层经过分析后对项目进行管理和控制。

而项目组合管理则强调“做什么项目”，是一种自上而下的管理方式，更关注如何落实企业战略，通过合理配置企业资源到符合企业战略的项目组合进行综合有效管理，来提高项目组合价值，实现企业战略目标；它以组织以及战略层面的管理活动为主，是进行组织决策的过程；项目组合管理采取自上而下的管理方式，即先确定企业的战略目标，优先选择符合企业战略目标的项目，在企业的资金和资源能力范围有效执行项目。

从以上分析可以看出，项目组合管理较之传统的项目管理要求更高的综合性和技术性。近年来项目组合管理技术发展迅速，国外一些项目组合管理软件厂商针对项目组合管理过程和方法，开发了项目组合管理工具软件，如 Primavera 公司推出的 P3e/c 项目管理软件、Artemis 公司推出的 Artemis7 项目组合管理软件、微软公司的 Project Server 软件等等。项目组合管理软件在国内外企业中的广泛应用，大大推动了项目组合管理的实践和发展。据 META Group 估计，目前，全球有超过一半的 CIO 采用组合管理技术和工具进行项目和资产的管理以及预算的计划和跟踪。

（二）项目组合管理的目的

企业实施项目组合管理通常希望实现以下目的：

1. 实现战略一致

所有的项目都应该在组织战略目标指导下进行。项目要支持战略，就一定要确保最终项目组合能真正反映组织的战略，即项目的资源投入、最终可交付成果都应该直接围绕组织的战略目标。

2. 引入连贯统一的项目评估选择机制

对项目的特性以及成本、原则、风险等项目要素按照统一的评定标准进行优先级别评定，选择符合组织战略目标的项目，以此提高项目选择的客观性和科学性。

3. 优化项目成果

根据投资组合的策略和投资组合业务目标的绩效标准，选择合适的项目进行投资，确保在组织资源约束的情况下优化项目成果。

4. 平衡所有组织项目

组织发展到一定阶段就会产生不同的项目，只有实行组合管理，才能有效平衡长期和短期、高风险和低风险以及其他性质的项目。

5. 实现项目资源价值最大化

选择项目使得组织可以根据战略目标调整投入的资源、满足更多的需求，实现项目价值或商业价值总和的最大化。

6. 确保项目有效执行

保证在企业资金和资源能力范围内有效执行项目，并及时发现与企业目标有所偏差或超越企业执行和控制能力的项目。

7. 监控项目实施

项目组合管理从以下两个方面实现对项目的有效控制：

（1）提高项目管理透明度。在基于个体项目管理的体系下，对项目的管理只依靠下层管理者的数据报告来进行决策；实施项目组合管理后，决策层可以清楚了解到组合内所有项目的状况，加强对项目的控制。

（2）统一项目管理的流程。项目组合管理强调在同一组织内同类型的项目管理采取同样的管理流程，这样可以使项目管理流程进一步得到优化，有利于项目实施过程的控制。

（三）项目组合管理与传统项目管理的关系

项目管理的研究往往是从单个项目管理入手的，但是，项目组合已经成为企业战略发展的关键，而20世纪90年代以后至今，项目管理的研究也集中于多项目整体管理。项目整体管理知识领域包括识别、确定、结合、统一与协调各项目管理过程组内不同过程与项目管理活动所需进行的各种过程和活动。整体管理要从多种选择中决定应集中资源和努力之处，预计潜在问题并加以处理，避免日后恶化，并为项目的整体利益而协调工作。整体管理还必须努力在各个相互冲突的目标与方案之间权衡取舍。

项目的整体管理（或称项目群管理）与单个项目的管理相互联系又各具特点。项目整体管理侧重于组织战略的实现，通过对项目孤立性、模糊性的改善以及对组织发展和最终产品的统筹获得最大利益；而项目管理则注重计划和执行，并提交最终产品。两者的主要区别见表4-2。

表4-2　项目群管理与项目管理的对比

项目群管理	项目管理
是一种组织框架 基于组织的战略层次，与组织战略目标一致	是一个交付特定产品的过程 更体现战术性，与项目目标一致
对复合的、相互关联的特定产品进行管理 专注于实现战略或满足组织需求	对单一的、具体的特定产品（移交物）管理 专注于特定产品的控制和交付
风险跨各个项目，并与商业和技术成功概率相关	风险包含在单一项目内，并只涉及技术成功概率
保证工作成果不偏离商业立场 从战略和技术层面管理变化	保证工作在必须的标准和预算内进行，并及时提交预期的成果 从技术层面管理变化
在所有时间内职能交叉 时间域可能是不明确的 项目群管理者处理大量管理者的相互作用	可能部分的职能交叉 有比较明确的时间跨度计划 项目管理者只对项目成功负责
项目群报告通过跟踪竞争者的相关过程更好地阐述战略表现。 需要更广泛的管理和商业技能及经验	项目的报告专注于执行而不是计划和特定目标。 需要项目管理和技术方面的技能

二、项目组合管理流程

概括来说，广义的项目组合管理的过程可以分为如下五个步骤：

1. 设定战略目标

这一步主要通过以下方式实行：

(1) 通过开放、非正式的讨论明确公司战略和面临的问题；

(2) 采取头脑风暴的形式设定具体目标；

(3) 高层会议讨论和确定战略目标；

(4) 将目标定案并发布给与会者和相关干系人。

2. 获取详细的项目清单

(1) 根据初步判断，获取符合战略目标的所有项目，并编制项目清单；

（2）根据在建项目的状态，考虑是否将其纳入到项目清单中。

3. 对项目组合的调整，去除不适合的项目

（1）重复的项目。两个或多个项目的工作都是为了一个相同的成果，并且通过一个项目的运作能更好地利用资源获得收益，则需删除多余的项目；

（2）项目不适应企业远景。一些项目可能属于企业或某部门的工作范围，但是其与自身的发展远景不相适应，则需要删除这些项目；

4. 对项目进行评估，确定项目组合

（1）对每个项目进行评估，以最终确定项目组合的具体内容；

（2）评估项目的商业价值和项目预算，确定项目的行动级别；

5. 项目组合管理

（1）建立项目组合管理委员会，由企业高层组成；

（2）定时反馈项目组合情况以及各项目运作情况；

（3）对新项目进行审批和评估，根据企业战略目标调整项目组合情况。

具体来说，项目组合管理流程可以分为两个基本部分，或者说两个阶段，它们互相联系，每一部分都有着各自具体的目标和实施活动。

（一）第一阶段：选择备选项目并进行排序

1. 收集项目信息

进行项目管理首先要收集组织内全部的项目信息，把这些项目的信息放在统一的数据库内进行管理。收集的项目信息主要应该包括：项目名称、起始时间、估计成本、商业目标、投资回报率和相关的商业回报。

收集了这些相关信息以后，可以把这些项目信息放在一张主日程表上，然后对所有这些项目的资源需求量进行估计，考虑其兼容性，将各项项目统筹安排，使项目组合内各项目可以统一管理。

2. 评估备选项目

在建立组合流程的过程中，高层管理者和组合管理人员列出每年计划项目，对其项目建议书和商业论证进行评估。主要评估项目成本、回报率、商业收益、风险。

3. 按项目价值及收益进行排序

为了在合理的时间内有效执行数量众多的项目，需要为每个项目赋予不同的优先权。在进行此项工作时一般要注意：将价值和收益进行排序；估计获得这些收益所要承担的风险；盘点组织可利用资源及分类情况；确定可接受且最优的项目数量。

为项目排序时要考虑的一个基本因素是项目的投资回报率（ROI），但是，仅仅根据投资回报率来排序是不够的，还要考虑其他限制条件，例如：与组织战略一致

性；平衡已有项目和新项目之间关系；平衡资源在不同类型项目间的分配；在预算范围内开展项目；成功完成某项目的概率；辅助收益；潜在风险等。

在排序完成，按照各项指标综合评分，列出项目清单以后，可以通过项目组合管理漏斗逐渐筛选出符合企业发展的项目进行分类组合。项目管理漏斗流程如图4－8所示：

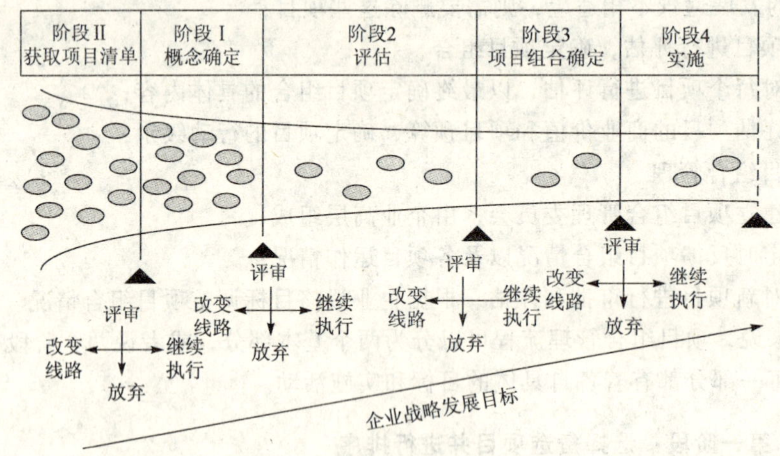

图4－8　项目管理漏斗流程

（二）第二阶段：项目组合维护管理

项目组合的维护是建立在对项目进行评估提供的信息基础上的，应用这种信息对项目组合的执行状况和绩效状况进行评价，执行状况良好、评价合格的项目可以继续使用组织资源，而已经不符合项目组合标准的项目应该及时纠正或终止。项目评估主要包括两个步骤：首先是对单个项目的绩效进行评估，其次是对项目组合的绩效作出评判。

1. 评估单项目绩效

评估单项目绩效常用的方法包括关键路径法、里程碑图法，以及挣值法。其中比较常用的方法是挣值法，因为这种方法还可以提供关于项目进度的评价。挣值管理是一个不断评估项目时间和成本绩效的过程。它通过对比实际完成的价值与计划完成的价值得到工期变量数据，通过比较完成一定工作量的实际成本与预算成本而得到成本变量数据，从而提供一种能够对工期拖延和成本超支尽早预警的系统。

在单个项目管理中，可以根据这些方法提供的评价结果，将项目的执行状态设定为绿色、黄色和红色三种等级。绿色代表项目执行状态良好，黄色代表项目执行状态应该予以注意，而红色则表示应该马上对项目采取相应的补救措施或终止项目的进行。

在进行这种初步的评估时，还要关注组织外部环境的相应变化，包括市场机会是否仍然存在，成功的概率是否变化，技术是否改变等等。

2. 评估项目组合绩效

在对项目组合绩效进行管理的过程中，不同类型项目在项目组合中的平衡是一个关键问题。在项目组合管理中实现平衡包含两层含义，即项目性质之间的平衡和资源配置之间的平衡。在组合管理中，可以使用气泡图和资源容量计算表来实现项目性质和资源配置上的平衡。

（1）风险/收益气泡图。气泡图（又称组合图、四象限图示法）是一种应用较广泛的可视化图标。项目组合管理的气泡图是将项目定位在一个二维平面上，在每一维度下项目未来的绩效、优势和弱点都被假定是已知的，气泡图根据这些参数来分配资源。具体维度参数的选择没有一致的标准，需要根据组织长期和短期的战略来确定。在国际项目管理实践中，目前，应用最多的气泡图是风险/收益图。图中两个坐标轴分别代表公司的收益和成功的概率。方法是用定性的方法来表示横轴，来估计项目收益值，范围从“低”到“高”。纵轴表示项目总体成功的可能性。图 4－9 是气泡图的一个样本：

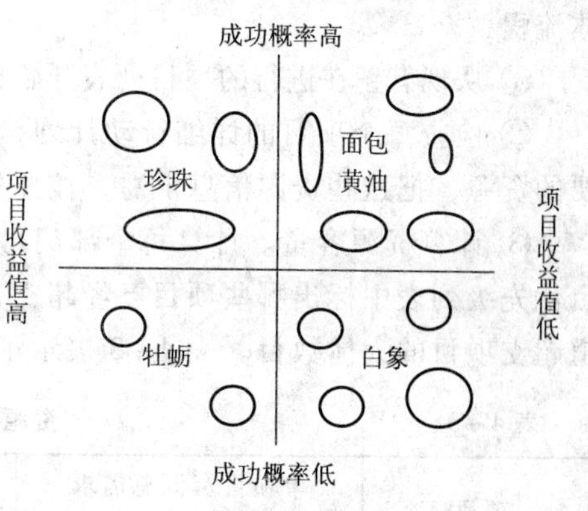

图 4－9　气泡图

在这个风险/收益气泡图中，每个气泡的大小代表了每个项目每年的资源消耗量。在彩色图中，还可以通过气泡的颜色表示项目的性质、分类等。气泡图四个象限代表的含义是：

① 珍珠项目群（第二象限）。可以看出处于这个象限内的项目享有较高的收益率和较高的成功概率。所以，这些项目是企业的重头产品或服务项目，即很有可能成功的项目。

② 牡蛎项目群（第三象限）。这是一些收益较大但是成功可能性极小的项目，通常包含一些创新项目，以及为组织以后的战略发展铺平道路的项目。国外的组织把类似低成功率、高回报的项目起名为牡蛎项目。从气泡的大小可以看出一般此类项目在组织中很难获得很多的资源。

③ 面包黄油项目群（第一象限）。这些是组织内比较普通的项目，即成功可能性很高，但是回报较低。主要包括一些成熟的项目和重复性较高的项目。大多数公司都有很多这种项目，而这些项目的收益也是构成企业基本利润的重要来源，可以看出，这些项目的进行还是占用组织资源的很大比重的。

④ 白象项目群（第四象限）。这都是些低风险低收益的项目。每个组织都不希望有过多类似的项目。但是不可避免的总会有这种项目出现，并占用企业很多资源，对于这类项目应该即时纠正或停止。

从上面的分析中不难看出，项目组合管理的关键在于如何整合组织资源，从而为组织战略发展提供支持。通过风险/收益气泡图，可以帮助组织高层管理者形象地从宏观层面去管理和配置资源。每个企业都可以根据自身的情况来决定什么样的平衡组合符合他们的战略发展需要。例如，一个希望快速成长的企业应该注重增加珍珠项目和牡蛎项目数量，而适当减少面包黄油项目，并尽量避免白象项目。

（2）资源容量计算表。除了维护项目性质间的平衡，项目组合管理的另一个目的是确保可执行项目的资源要求与可利用资源之间的平衡。很多组织面临的一个问题是项目多而资源少，导致项目之间形成了资源竞争。资源容量分析方法有助于解决项目过多的问题。资源容量分析法主要是通过量化项目资源需求，并对可利用资源进行对比，从而决定组织应该启动哪些项目。下面是一个如何确定现有项目资源需求的具体流程：

① 从现有正在进行的项目列表开始，按最好到最差排序，建立一个项目登记列表；

② 检查每个项目的详细行动计划，针对项目工作分解结构下每个工作包中所需要的资源，把这些资源信息汇总，按原材料、管理成本或其他归类；

③ 计算资源容量。计算每个部门可利用的总资源数，然后根据此总资源数在项目优先级列表中标出哪些项目已经超支，哪些项目还需要更多的资源，这样就可以知道超支项目的大体数目。表 4－3 展示了一个具体的资源容量计算表：

表 4－3　　资源容量计算表

项目	单项目资源总需求（1－6 列）	原材料需求		管理成本需求		其他需求	
		单项目	累计	单项目	累计	单项目	累计
A	170	50	50	40	40	80	80
B	200	80	130	50	90	70	150
C	130	40	170	50	140	40	190
D	260	80	250	120	260	60	250
E	250	100	350	80	340	70	320
F	200	90	440	40	380	70	390
总资源需求	1 210		440		380		390
可利用资源	980		350		300		330
差额	－230		－90		－80		－60

从表 4 – 3 中可以看出，项目 A 是最优先考虑的项目，而项目 F 是最后才会考虑的项目。企业现有六个项目对于资源的总需求是 1 212，这已经超过了实际可利用资源 980，按照这种现有资源，企业是无法同时开展这六个项目的。按照项目选择的优先次序，项目 F 应该马上停止。而停止 F 项目以后，项目 E 的管理成本需求仍然受到限制——实施 E 需要 340 个单位的管理成本，这已经超过了企业的可利用资源 300，在这种情况下，企业可以考虑提高管理效率或者采用其他办法弥补在管理成本上的资源不足问题。

三、项目组合管理在我国的发展

我国项目组合管理相对落后，企业项目组合意识不强，随着我国经济的发展，以及世界经济一体化的进程，加上我国企业走出国门，参与世界市场竞争的需要，在我国企业中推行项目组合管理时面临的困难包括：

（1）目前我国很多企业的项目管理水平还停留在战术水平，项目在管理过程中缺乏有效的战略指导，无法保证项目的实施有效地支持企业战略的发展。

（2）企业对项目实行管理还是以单一项目为主体，没有将企业内部项目视为一个整体来管理，项目间资源配置整合性较差，无法在企业层面上优化资源配置。

（3）只注重眼前经济利益，而对未来长远的经济利益缺乏战略性考虑，过于注重现有产品和流程的维持项目及一些短期发展项目，对重大创新和全新产品的开发等有利于战略发展和培养企业核心竞争力的项目重视不够。

（4）缺乏项目评估机制，无法有效准确地确定项目优先次序。

第四节　企业发展不同阶段的项目组合

一、企业生命周期理论概述

企业寿命问题是近年来国内企业界关注的热门话题之一。从全球范围来看，企业平均寿命并不长，而对于经济转型背景下涌现出的大批中国民营企业，其平均寿命似乎更为短促。国外研究揭示，在欧洲、日本，公司的平均寿命为 12.5 年；美国企业的平均寿命要更短。还有调查表明：1970 年跻身美国《财富》杂志“全球 500 强”的跨国公司，到了 1982 年，只剩下了 2/3 左右，其余 1/3 的企业要么销声匿迹，要么变小了。对于中国民营企业的调查揭示：上世纪 90 年代民营企业的平均寿命仅为

3~5年，60%以上的企业在创办后不到5年便归于破产。但是另一方面，世界上也的确有一些长寿公司。在所有长寿公司中，为企业管理界所首推的，当数斯拖拉公司(Stora)，其历史可追溯到1288年。在1998年与恩索公司（Enso）合并之前，这家企业独立经营了700年时间（1998年并购恩索，组成斯拖拉—恩索集团)。其次要数日本住友商事（Sumitomo)，若从其在明治维新前作为幕番理财机构算起（1590年)，已经有4个多世纪的历史了。其他的还有如劳力士公司（1785年)、杜邦公司（1802年)、宝洁（1837年)、麦当劳（1845年)、格雷斯（1854年)、奔驰（1870年)、AT&T（1885年)、强生（1886年)、希尔斯（1886年)、可口可乐（1886年)、壳牌(1890年)、吉利（1901年)、通用汽车（1902年)、福特（1903年）等等企业，迄今也都已有百多年的历史了。问题在于：企业是不是与自然界的生物一样也具有活的生命特征？企业是否也存在某种从产生到死亡的周期性规律？如果答案是肯定的，那么在企业生命演进过程中又呈现出怎样的阶段性呢？是什么因素和力量决定着企业从创立、成长到衰亡的全部过程？如何延长企业寿命并使其走向持续成长？……诸如此类的问题，成了近些年国内外企业研究的主要论题，围绕这些论题的研究形成了一个繁杂的理论，即企业生命周期理论。

（一）企业生命周期理论的产生

对企业生死现象的观察，首先可以追溯到卡尔·马克思那里。在《资本论》中，马克思以古典政治经济学的劳动价值论为基础，创造性地区分了“个别劳动时间”与“社会必要劳动时间”，由此提出了一个重要命题，即商品价值是由生产该种商品所耗费的“社会必要劳动时间”决定的。这个命题自然会引出生产者（企业）被淘汰出局的因果推论：如果一个生产者（企业）生产特定产品的“个别劳动时间”长期高于社会必要劳动时间，其产品的“使用价值”就难以得到社会承认，价值就无法实现，价值补偿链随之中断，无法进行再生产，因而最终会被淘汰。这个推论可以视为对企业生死因素的基础性分析。

微观经济学创始人阿尔弗雷德·马歇尔（Marshall，A.，1890）则是系统观察与研究企业的第一位经济学家。在马歇尔看来，一国企业构成一个巨大的系统，犹如一片巨大的森林，大大小小的企业则如森林中参差不齐的树木，都有生存与成长的机会。与森林中的树木生态竞争系统一样，在一个竞争环境中，各个企业都要面临凋零与枯萎乃至死亡的风险。与森林中新生的树木面临原有树木浓荫的遮挡一样，新兴企业要成长壮大，就得不断在竞争中获得空间。然而随着其生长壮大，也会逐渐失去生命力，竞争力下降，面临被淘汰的危险。但与森林一样，整个企业系统正是在其内部企业间的竞争中得以不断更新、保持勃勃生机的。马歇尔对企业系统的深邃洞察及其巧妙比喻，经后世企业研究者提炼，定义为“企业森林原理”。

1965 年美国学者 J. W. 戈登尼尔以“如何防止组织的停滞与衰老”为论题，系统地探讨了社会组织的生命力与生命周期问题，对组织生命力与一般生物界生命体的生命力进行严格界定与区分。提出了两个重要假定：一是人们可以预测自然生命体的生命周期，但无法预期一个社会组织的生命周期；另一个是，一个组织在经历了停滞后仍有可能恢复生机。由此得出结论：一个组织可以持续不断地实现自我更新。一般认为，戈登尼尔的研究将企业生命问题由经济学领域移入了管理学领域。与经济学家们不同，管理学家们在很大程度上将企业看成一个“白匣子”而非“黑匣子”，重在探讨这个匣子内部的结构与特征，因此，揭示企业的生命力问题自然成了其主要使命之一 。

1972 年，美国哈佛大学教授拉芮·格雷纳（Greiner，Larry E.，1972）在《组织成长的演变和变革》一文中第一次提出了企业生命周期概念，并围绕这一概念进行了较为广泛的探讨，最终提出了一个长期为经济学家与管理学家关注的论题，即企业生命周期问题，被视为这一理论的开端。

（二）企业生命周期理论的主要分支

企业生命周期理论经过多年的发展，逐渐形成了四大主要理论分支，即：企业生命周期仿生进化论，企业生命周期归因论，企业生命周期对策论以及企业生命周期阶段论。其中企业生命周期阶段论的影响最大。

现代生物学的相关理论揭示，自然生命系统具有三个基本特征，分别为新陈代谢性、自我复制性与突变性。企业仿生论者认为，企业也具有一般自然生物的这三个生命特征。具体来说，企业也会不断地进行新陈代谢，即不断从外界获得资源，而其内部经营机制将人、财、物、技术、信息等资源结合起来，经过各种循环过程，最终消化吸收为企业内部要素。其次，企业也有自我复制机制。企业的生产与再生产本身就是个不断自我复制的过程。在这个过程中，其技术水平、人员素质得以提高，其规模得以扩展。扩展后的企业既带有原企业的烙印，又形成新的再生与复制功能。再次，企业也有突变性。经济政策的变化、技术跳跃的发生、原材料供应渠道的变化、技术创新的成功、员工思想的转变、竞争态势的变化、用户需求的改变等等，都可能使企业的经营状况发生质变。

归因论试图通过揭示决定企业生命周期的具体因素，找出改善和延长生命周期的“处方”，带有很强的实用主义色彩。该理论认为，产品生命周期在一定程度上受制于技术生命周期，而企业自身的生命周期则在很大程度上表现为产品生命周期的延伸。然而，如若一个企业在成长初期就被并购了，其产品生命可以延续但企业生命归于终结。

企业生命周期对策论以竞争对手为参照物，从系统动力学的角度剖析企业如何获得成长和发展的优势。例如，彼得·圣吉（1990 年）认为，企业要获得持久的优势，必须建立比竞争对手学习得更快的“学习型组织”。

企业生命周期阶段理论把企业的成长和发展视为一个具有若干阶段的连续过程。阶段论影响最大，吸引了大批学者的注意力，也因此产生了许多彼此有别的阶段论。各种理论区别主要表现在对企业成长阶段的划分上，从最少的三阶段到最长的七阶段，划分标准五花八门，应有尽有。影响比较大的理论包括爱迪思（Adizes）阶段论和米勒—佛瑞森（Miller-Friesen）理论。爱迪思将企业生命周期分为三个阶段十个时段，三个阶段分别为“成长阶段”、“再生与成熟阶段”以及“老化阶段”。其中，成长阶段包括了孕育期、婴儿期、学步期三个时段；再生与成熟阶段包括青春期、盛年期、稳定期；老化阶段则包括了“贵族期”、“官僚化早期”、“官僚期”、“死亡期”四个时段。Miller 和 Friesen（1980）提出的企业生命周期的阶段顺序为：创业、成长、成熟、衰退/再生，这一划分后来被其他学者作为企业发展不同阶段利益相关者管理战略分析的基础。

二、项目组合与企业发展阶段的配合

20 世纪 50 年代以后，由于全球经营环境的变化，英美等国奉行“股东至上”公司治理模式的企业越来越面临企业伦理、社会责任、环境压力等问题的挑战，同时“股东至上主义”的公司治理模式使经理人员始终处于严重的短期目标压力之下，无暇顾及公司的长远发展，最终反而损害了股东的利益。在此背景下，利益相关者理论逐步发展起来，影响力也逐渐扩大。与传统的股东至上主义的主要区别在于该理论认为任何一个企业的发展都离不开各种利益相关者的投入和参与，所有利益相关者都对企业投入了专用性资产，或是分担了一定的企业经营风险，或是为企业的经营活动付出了代价，企业的经营决策必须考虑他们的利益，并给予相应的报酬和补偿，企业追求的是利益相关者的整体利益最大化。

学者克莱克森（Clarkson）指出（1995），主要的利益相关者群体包括股东、投资者、雇员、顾客和供应商以及公众利益相关者群体——政府和社区，后来，有学者又添加了贸易协会和环境组织。1979 年卡罗（Carrol）提出，企业在承担社会责任时可以使用四种战略来处理其经济、法律、道德和其他责任，分别是对抗型战略、防御型战略、适应型战略和预见型战略。Clarkson（1988）把 Carrol 的模型用于利益相关者管理，认为对不同的利益相关者群体企业应采用不同的管理战略，四种战略的具体含义见表4－4：

表4－4　　四种利益相关者管理战略

战略类型	定位或策略	绩　效
预见型	预测责任且负担责任	比要求做的多
适应型	接受责任但希望获得让步	仅做到所要求的
防御型	接受责任但拒绝承担	尽量少履行
对抗型	否认责任	比要求做的少

项目管理中衡量项目成功与否的核心标准之一是项目的进行是否有利于实现利益相关者利益的最大化。Jawahar 和 Mclaughlin（2001）根据 Miller 和 Friesen（1980）提出的企业生命周期阶段——创业、成长、成熟、衰退/再生，并基于资源依赖理论和期望理论，对 Clarkson（1988）的利益相关者管理模型加以发展，提出了基于企业生命周期的利益相关者管理战略，认为企业不但对不同的利益相关者应采取不同的管理战略，而且对相同的利益相关者在不同的生命周期阶段也应采取不同的管理战略。归纳如表4－5。

表4－5　　企业不同生命周期阶段的利益相关者管理战略

利益相关者战略管理 / 生命周期阶段 / 利益相关者	创业阶段	成长阶段	成熟阶段	衰落/再生阶段
股东	预见型	适应型或预见型	适应型	预见型
债权人	预见型	预见型	适应型	预见型
顾客	预见型	适应型	预见型	预见型
员工	适应型	预见型	预见型	适应型
供应商	适应型	预见型	预见型	适应型
政府	防御型	适应型	预见型	防御型
社区	防御型	适应型	预见型	防御型
环境组织	对抗型	适应型	预见型	对抗型
贸易协会	对抗型	预见型	预见型	对抗型

基于这种分析，作为企业战略载体的项目组合的选择和优化也应该与企业发展的

不同阶段相互配合，不同阶段实行不同的组合策略，巩固企业发展。

（一）创业阶段的战略特征与项目配合

在创业阶段，企业面临生存危机，制订和实施商业计划、获得最初资金和进入市场是企业面临的主要问题。1992 年，Dodge 和 Robbins 研究了 364 家公司的数据后指出，在创业阶段关键需求是可能威胁组织生存的需求：创业资金、现金流和顾客的认可。

期望理论认为，当企业没有生存危机时，它将追求无风险的战略，积极处理所有的利益相关者问题；当企业面临生存危机时，它将追求有风险的战略，只满足部分关键利益相关者的需求，而回避对其他非关键利益相关者的责任。所以，在创业阶段，决策者可能选择有风险的战略：积极地处理某些利益相关者的问题和利益，同时，防御或否定对其他利益相关者的责任。

根据资源依赖理论，那些控制企业创业阶段关键资源的利益相关者的问题应得到积极处理，而其他利益相关者的问题就无需得到如此的对待。股东和债权人可能是大部分创业资金的主要提供者，顾客是收入的主要来源。因此，在创业阶段，股东、债权人和顾客是对企业生存影响最大的利益相关者。基于资源依赖理论，企业在对待股东、债权人和顾客及处理他们的问题时应采用预见型战略。为了充分吸引有经验的申请者加入创业阶段的企业，至少需要有竞争性的报酬并保证将来的报酬与公司的利润紧密联系；为了确保及时获得合格的原材料并获得较低的价格，管理者还会力图与供应商谈判以签订柔性契约，尽管员工和供应商对企业的生存也很重要，但由于大量的资源已用于处理股东、债权人和顾客群体，所以，对待员工和供应商只能采用适应型战略。除非创业所需的关键需求（如许可证、决定性的信息等）能从剩下的利益相关者（如政府）那里获得，否则企业将追求有风险的战略处理剩下的利益相关者。

同样，创业阶段的公司可能只会运用防御型战略对待政府和社区群体，仅满足其最少的要求来避免赔偿、法律制裁或其他制约；并使用对抗型战略对待贸易协会和环境组织，这些利益相关者会被忽略，除非贸易协会和环境组织有某种有价值的东西提供给企业。

与企业创业阶段的特点和上述战略安排相适应，企业选择的项目组合也应该主要针对上述关键利益相关者，选择最有利于实现其利益的项目进行组合以尽快地巩固企业的生存地位。这类项目可能包括能够快速占领市场的产品的开发和推广，或者有助于树立企业形象的项目等。

（二）成长阶段的战略特征与项目配合

在成长阶段，企业已获得了一定程度的成功，威胁生存的主要问题已大部分得到解决，企业正在积极寻找扩张机会。Dodge 和 Robbins（1992）的研究指出此阶段“需要面对的典型问题是销售的稳定增长，生产和产品（或服务）的可靠性，维持现金流和规范组织结构”。在成长阶段，有可能进行重大的新投资，需要大量的雇员，与顾客和社区的联系也得到了扩张。尽管这些需求很重要，但它们不可能威胁企业的生存。Hrebiniak 和 Joyce（1985）研究发现，处于成长阶段的企业环境既无威胁也无限制。

由于缺少关键需求和最初的成功，成长阶段的企业可能采取无风险战略，即采用预见型或适应型战略处理所有的利益相关者问题，并依次可能会选择比较平稳，风险较小，有利于企业稳步发展的项目进行组合，巩固企业的发展基础。依据资源依赖理论，企业选择预见型战略还是适应型战略取决于根据利益相关者满足企业需求的能力而确定的相对重要性。在向快速成长和扩张阶段前进时，公司对股东的关注会减少，所以，对股东可能只采用适应型战略。然而，如果企业是依靠资产净值而不是负债来投资扩张，那么，对股东采用适应型战略的假设就不太适合，此情况下，对股东需用预见型战略。债权人很可能是成长和扩张资金的主要来源，因此，对债权人需继续采用预见型战略。为了获得高质量的劳动力和产品，企业对雇员和供应商两大利益相关者群体也应该采用积极的态度。通常，在快速增长阶段，需求会超过供给，因此，对待顾客的战略就降为适应型战略。为了了解尽可能多的潜在机会和威胁，企业会采用预见型战略对待贸易协会。为了最小化潜在风险，企业将接受对政府、环境和社区的责任。

（三）成熟阶段的的战略特征与项目配合

成熟阶段是相对平缓的时期。当企业进入成熟阶段，管理者经常把企业看作是成功的、值得尊敬的领导和角色典范，加之企业实力逐渐增强，因此在成熟阶段，企业往往采用无风险战略，对待大部分利益相关者如社区、贸易协会、政府、环境组织和供应商都采用预见型战略。但是，由于增长率下降，未来的收入将可能减少，股票价格有可能下跌，所以主动关注股东的问题对延长企业高层管理者的任期是很有必要的。另一方面，因为在成熟阶段通常企业保有足够的现金储存，并且筹集资金相对容易，所以对债权人的关注会减少，对待债权人的战略就可能会从预见型战略转向适应型战略。这个阶段的企业项目组合可能包含一些大型项目，这些项目对于企业资源、项目管理水平以及社会信任程度的要求都比较高，这些项目是向公众展示企业的很好的途径。

（四）衰落/再生阶段的的战略特征与项目配合

当企业从成熟阶段滑坡到衰落或转型阶段时，需要重新评估处理不同利益相关者的战略。在此阶段，对企业传统产品或服务的需求会下降，这将促使企业为了确保生存考虑比如合并、缩小规模和裁员等战略。由于这一阶段对于企业来说很重要，所以，企业往往采用有风险的战略来对待那些对企业生存不太重要的利益相关者。为了努力构建新的市场或重获市场分额，企业对顾客问题将给予主动关注。另外，成熟阶段的过多现金可能已耗尽，为了获得更多的资金，企业对待债权人和股东也会采用预见型战略。为了努力削减成本、稳定股价，企业可能接受和执行极端的削减成本措施，包括缩小规模、外购或减少业务的多样性。很可能减少对雇员和供应商的关注，对它们采取适应型战略，如同创业阶段一样，除非政府、社区、贸易协会和环境组织有利于企业生存，否则企业会采用防御型战略来对待政府和社区且忽略贸易协会和环境组织。这一阶段的项目组合是决定企业是否能够起死回生进入下一个发展周期的关键，在这个阶段企业应该已经积累了足够的项目管理经验以及市场信息，除了选择一些补救性项目以解决企业现存问题，比如成本削减项目、设备更新项目等，还可以在这一阶段选择一些创新项目，如新产品研发推广，重新树立企业形象等，以引领企业从过去中走出来，开始新的市场角逐。

虽然为了研究的需要往往人为地把企业生命周期划分为各个阶段，但是，企业研究的目的却是在于如何指导企业持续发展，形成良性循环。研究企业如何永续发展对于中国的企业、特别是民营企业有重要的指导意义，中国现在不乏优秀的企业优秀的产品，但真正能在经济发展的浪潮中永葆活力的的确不多；即使那些“老字号”企业，虽然有着优良的传统、过硬的产品，却往往陷于腐朽的泥沼，缺乏活力，难以走向世界，进一步发展壮大。明确企业发展的远景战略，针对不同的企业发展状况，运用科学的方法，选择适当的项目进行组合，形成企业发展的基本链条，是保证企业连续进步的有效途径，也是中国企业在走出国门，打造真正的“百年老店”、“世界品牌”时所必须要学习的东西。

三、案例解析：格兰仕基于产品生命周期的竞争战略分析

（一）当前我国家电行业格局及格兰仕概况

当前，我国家电产品品牌整合、洗牌、淘汰速度加快，并将进一步集中。主流家电企业产品多、相似性大、同质化程度高，因此，未来竞争主要是品牌之争而非产品之战。产业生态圈初见规模，产业链互动互联，协同一体。目前胶东半岛、泛长江三角洲、广东珠江三角洲家电生态圈销售额占中国 80%，

Galanz 格兰仕

并依次形成了生态梯级层次的辐射效应和价值让渡系统。竞争以价格战为主，价值战尚未完全形成，故行业亏损严重。国外技术成熟，技术更新换代快、行业进入壁垒低，跨国公司全线进入。GE、西门子、惠而浦、LG、三星、松下、索尼、飞利浦等已在国内开始分割蛋糕。未来中国有望成为全球最大的家电制造基地，而且由重视产品技术的硬性竞争，转为生产模式等的柔性定制的软性竞争。

广东格兰仕集团公司是一家全球最大的规模化、专业化微波炉生产企业。格兰仕公司前身是一家生产羽绒制品的厂家，1993 年开始投产微波炉，短短几年间，已成为世界微波炉行业的龙头企业。格兰仕集团目前已建成 1 200 万台的微波炉生产基地，形成了全球最大的微波炉生产企业。格兰仕连续数年蝉联全国微波炉市场销量及占有率第一的双项桂冠，市场份额节节上升，从 1995 年的 25.1% 到 2000 年 6 月已达 74.13%，格兰仕微波炉在欧洲市场已占据 35% 的份额，南美市场占 30%，全球市场占有率约 30%。格兰仕微波炉的出口成交量占到了整个行业出口总量的 85% 以上。1996 年底，格兰仕的无形资产就已高达 38.1 亿元，随着这几年格兰仕在微波炉市场上所取得的巨大成功，经国家权威机构评估，格兰仕到 2000 年的无形资产已高达 101 亿元。格兰仕在行业中的绝对领先地位使其逐渐垄断了整个微波炉市场，格兰仕惊人的发展轨迹，被经济学专家称之为“格兰仕现象”、“格兰仕模式”。

（二）格兰仕竞争战略分析

1. 始终坚持总成本领先战略

总成本领先是企业培育核心竞争能力常用的重要战略之一，它要求企业在追求规模经济、专利技术、原材料的优惠待遇或其他因素方面占有优势。当总成本领先的企业价格相当于或低于其竞争对手时，它的低成本地位就会转化为高收益。在格兰仕的成长历程中，格兰仕一直坚持总成本领先战略，其表现形式便是降价，即以价格战作为实施其低成本领先战略的基本利器。格兰仕坚持总成本领先战略的主要基础源于其规模优势。在研发、制造和销售的产业价值链条中，中国企业主要在中间的制造环节占有优势，呈“橄榄”型，即具备生产、制造的成本优势；而国外企业则在两头的研发和销售环节占有优势，呈“哑铃”型，即主要是在附加价值高的研发和销售中优势占尽。国内企业短期内难于实现由“橄榄”型向“哑铃”型模式的转变。格兰仕根据比较优势原理，紧紧抓住制造环节，明智地选择“橄榄”型模式，充分利用当前中国的制造成本优势，整合国际资源，定位于国际价值链的生产车间，通过自己的“橄榄”型模式与国外企业的“哑铃”型模式对接。1993 年，格兰仕的微波炉生产能力只有 1 万台，1996 年通过 OEM（Original Equipment Manufacturing，贴牌生产）形式把许多海外知名厂商的先进生产线搬到了国内，生产规模迅速扩大，达到 100 万台。1997 年，格兰仕通过战略集中，进一步扩大产能，生产能力达到 200 万台。2001 格兰仕的生产能力更是达到 1 500 万台。

在具备了相当的规模优势后，格兰仕便具备了价格战的条件。格兰仕算了这样一笔账：引进的生产线在欧、美企业的每周开工时间一般为 24 ~ 30 小时，而在格兰仕，工人三班倒，每周开工时间可以达到 156 小时，产能利用率达到 90% 以上。仅仅通过这样一项，单位产品的固定生产成本就下降了 5 ~ 8 倍。依靠这种成本优势，格兰仕连续几次大降价，有的降幅达 30% ~40%，涉及产品多、层次性强，由低档到高档机群，且时间持续长，规模较大。同时，在降价的整个过程中有序地运用了一些策略和方法。通过不断大幅降价，使格兰仕的市场占有率不断提高，从而获得微波炉的霸主地位。格兰仕历次降价内容、降价幅度及达到的效果见表 4 – 6。

表 4 – 6　　格仕兰历次降价内容、降幅及效果

时间（年/月）	特征	降幅（%）	总体占有率上升（%）	降价型号占有率上升（%）
1996/8	非烧烤型	24.6	14.2	—
1997/7 – 8	17 立升型号	40.6	12.6	15.7
1997/10 – 11	5 大机型	32.3	11.6	29.1
1998/7	17 立升型号	24.3	9.4	31
2000/6	五朵金花	33.6	17.6	41
2000/10	黑金刚	40	—	—
2001/4	推出 300 元以下微波炉	—	—	—
2002/1	数码温控王	—	—	—

资料来源：http://www.emkt.com.cn/article/84/8429-5.html，有选择。

格兰仕集团在总成本领先的战略思想指导下，通过运用降价这一利器，借助规模经济效益实现其目标。大幅的降价，刺激了更多的顾客购买，通过销售量的增加，市场占有率的逐步提升，竞争对手市场份额的萎缩，使格兰仕利润总量扩大，市场充分渗透，从而赢得竞争优势。

2. 挑战入侵和防御阻击战略与产品生命周期相匹配

每个企业都容易受到竞争者进攻，进攻来自两类竞争者：本产业的新进入者和试图改变自己地位的原有竞争者。竞争战略具有动态性的特点，即企业的竞争战略要随着企业角色地位的转变而变化，与企业的生命周期相适应。

（1）挑战入侵。

格兰仕公司前身是一家生产羽绒制品的厂家。1991 年，格兰仕最高决策层普遍认为，羽绒服装及其他制品的出口前景不佳，并达成共识：从现行业转移到一个成长性更好的行业。经过市场调查，初步选定家电业为新的经营领域，由于大家电的竞争较为激烈，因此，格兰仕进一步选定小家电为主攻方向，最后确定微波炉为进入小家电行业的主导产品。那时，国内微波炉市场刚开始发展，处在产品生命周期的导入阶段，具有诱人的发展前景。当时，微波炉生产企业只有 4 家，其市场几乎被外国产品所垄断。进入新行业的诱因源于行业的前景和丰厚的利润，同时会遭遇行业在位者的阻击，遇到行业的进入壁垒。1991 年格兰仕进入微波炉市场时处于挑战者的角色，实力薄弱，无法与既有品牌直接抗衡。为集中资源，格兰仕果断采取联盟战略和集中策略，适应其挑战者角色的需要：1992 年，格兰仕与日本东芝进行技术合作，引入其先进的自动生产线；1995 年，格兰仕果断放弃已具规模的轻纺产品系列，集中力量专心经营微波炉。格兰仕集团不仅将轻纺行业十多年的经营积累以及撤出的收益全部投入到微波炉的生产与销售上，而且将微波炉产品本身的收益也全部投入，从而使格兰仕集团的微波炉产销量以惊人的速度增长，进而形成了规模效应。

格兰仕微波炉从 1993 年的试产 1 万台到 1999 年 1 200 万台，再到 2001 年的 1 500 万台的超大规模产能，已完成了格兰仕在行业内由行业挑战者向行业领导者角色的转变。至 2001 年，格兰仕已经连续 7 年蝉联中国微波炉市场销售量及市场占有率双项第一。格兰仕在行业中的绝对领先地位使其逐渐垄断了全球的微波炉市场，成为行业的领导者。

（2）防御阻击。

在格兰仕角色转变为行业的领导者后，其竞争战略由挑战入侵转为防御阻击。配合防御阻击战略的主要战术手段有：① 提高结构性障碍。包括填补产品线缺口、提高消费者的转换成本、防御性地增加规模经济或资本需求等；② 减少进攻诱因。包括降低产品价格、降低企业利润目标等。在提高结构性障碍战术上，首先通过填补产品缺口提高障碍。格兰仕微波炉产品线丰富齐全，含盖从普通型到高档型所有系列，同时，格兰仕与国外的企业做 OEM，在微波炉的产品线方面，格兰仕没有给竞争对手留下任何想象的空白；其次，通过提高转换成本，提高障碍。主要包括免费或低成本培训买主等手段。格兰仕在全国几百家报纸、杂志开播微波炉知识窗、微波炉美食菜谱等栏目。举办全国微波炉烹饪大赛，出版微波炉书籍和微波炉美食 VCD 菜谱光碟，在全国几百家电视台开播微波炉烹饪方法节目。这样不但增加了潜在的顾客，而且使现有的消费者能更好地使用其产品，增加了顾客的满意度。尤为重要的是，这提高了消费者的转换成本；最后，在防御性增加规模经济和减少进攻诱因方面，格兰仕的价格战表现的尤为突出，即：运用降价→销售量增加、生产规模扩大→规模经济、成本下降→进一步将价格下调，形成连锁反应，进行价格封销，构建较高的行业壁垒，使得行业其他潜在加入者丧失信心，从而逐步垄断市场。因此，格兰仕通过降价，成功地为这个行业竖起了一道价格门槛：如果想介入，就必须投巨资去获得规模，但如果投巨资做不到格兰仕的盈利水平，就要承担巨额亏损，即使做到格兰仕的盈利水平，产业的微利和饱和也使对手无利可图。凭此，格兰仕成功地使微波炉变成了鸡肋产业，并成功地使不少竞争对手退出了竞争，使很多想进入的企业望而却步。

（三）结论与启示

格兰仕成为家电行业中微波炉市场的领导者，在于其始终坚持总成本领先的战略指导思想，充分利用当前中国在生产、制造方面的成本优势，形成规模效应。尤为重要的，格兰仕不断地顺应企业在行业中角色及地位的转变，根据产品所处生命周期不同阶段的特点，权变地适时采取与之相匹配的竞争战略、战术，获得企业的核心竞争力。因此，企业的竞争战略是动态的、不断与产品生命周期相匹配的实施过程。

第五节　案例分析

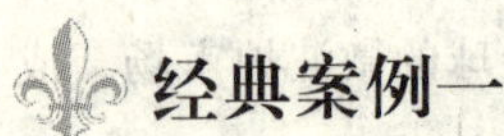

经典案例一

国际著名品牌施华洛世奇的战略项目选择

世界著名水晶品牌施华洛世奇诞生于1895年，创始人丹尼尔1862年出生于波希米亚伊斯山一个小村庄（现在捷克境内），那里一直就是传统的水晶玻璃加工区。作为一个水晶切割小作坊的继承人，丹尼尔从小跟随父亲学习宝石打磨。21岁那年，丹尼尔去维也纳参观了在那里举行的第一届电气博览会，西门子和爱迪生的技术革命给了丹尼尔灵感。经过日夜不停的埋头实验，9年后，他的第一台可完美切割水晶的自动切割机问世。丹尼尔从1908年开始试制人造水晶。

施华洛世奇的传统天鹅水晶标志是施华洛世奇水晶精致优雅精神的象征。施华洛世奇的水晶制品不但格外耀眼夺目，而且永远向人们灌输着一种精致文化，一种无法替代的价值——情趣。

施华洛世奇公司的Swarovski产品动人之处，不仅在于它的制品是多么巧妙地被打磨成数十个切面，使得整个水晶制品看起来格外耀眼夺目，更在于施华洛世奇公司一直通过其产品向人们灌输着一种精致文化。施华洛世奇品牌象征着完美、精致、一丝不苟，它不允许自己任何一颗水晶有任何瑕疵。施华洛世奇的每一件产品都倾注了设计师的心血，它不仅仅是商品，而且是一件艺术品。百年以来，施华洛世奇一直秉承着这一品牌理念不断前进。

如果仅仅拘泥于传统与辉煌，施华洛世奇不可能成为一个超过百年的私人品牌，创新和挑战同样重要，施华洛世奇是私人品牌，在经营理念和模式上有更多的自主性。施华洛世奇公司的创始人丹尼尔·施华洛世奇先生的玄孙，负责品牌管理及企业传讯的董事局成员Markus认为，施华洛世奇应在产品上有所突破，不再局限于单独的水晶产品，而是将其广泛应用于时装、首饰、家居装饰等方面。一个经典的例子是，2003年施华洛世奇推出的“水晶饰布”，将布料和水晶石合而为一，深受业界好评。施华洛世奇诸多产品系列设计精巧，款式别出心裁，不仅包括饰物、动物造型、烛台及其他案头摆设，还包括银水晶、水晶鞋、甚至主体公园等。现时，在世界各地有超过12 000间施华络世奇专门店，单银水晶产品系列就包含逾120种产品设计。归纳起来，施华洛世奇的产品项目主要包括：

1. “水晶饰布”

2003年，施华洛世奇（Swarovski）将水晶与面料结合在一起，研制成柔滑如第二层肌肤的崭新材料——“水晶饰布”（Crystal Fabric）。“水晶饰布”是一块透明的热溶水银底，上面铺有精雕细琢的细小圆形水晶。顾客可将水晶饰布烫压、缝纫或粘贴在天鹅绒、丝、牛仔布、皮革或合成布料上。水晶饰布不但可以表现面料的柔软性和颜色，效果更令人叹为观止。配以施华洛世奇水晶的最新春季色调——水莲红和淡黄水晶，绝对能诱发无穷的设计新构思。全球最富创意的设计师之一维维安·韦斯特伍德与施华洛世奇合作多年，其“流点”外套（Pour Point Jacket）尤其能彰显“水晶饰布”的特殊效果。

2. 水晶鞋

为了满足女士对鞋的欲望，施华洛世奇分别与55位顶尖鞋履设计师共同创设“水晶诱惑系列”。水晶诱惑系列借用六种最常见的诱惑来示范各款水晶鞋，分别是“起舞”、“自由”、“权力”、“贪欲”、“炫耀”和“贪吃”。透过这些演绎手法，耀眼的水晶鞋散发着令人倾醉迷恋的光芒。

3. 成品首饰及配饰领域

1977年，施华洛世奇公司开始涉足成品首饰领域，设计出自己的第一套水晶首饰系列。虽然在成品首饰领域起步较晚，但施华洛世奇水晶首饰很快以设计新颖、品

质高贵而在国际珠宝市场站稳脚跟。1989 年，公司推出以公司创始人命名的高档首饰系列“丹尼尔·施华洛世奇”系列，在巴黎成立设计中心。此后，公司相继在伦敦、米兰、香港等世界时尚之地开设了 10 个创意中心，与时装珠宝界的新锐设计师们紧密合作，公司因此拥有了一批豪华阵容的拥趸：好莱坞巨星中的妮可·基德曼、惠特尼·休斯敦、小甜甜布兰妮等都是施氏水晶首饰的爱好者。后来又推出了施华洛世奇首饰系列，与前者同样经典。

1999 年以来，已经有 6 间创意中心先后在伦敦、迪拜、巴黎、米兰、新德里和圣保罗开设。施华洛世奇与欧洲的时尚设计大师合作推出了价值 3 000 美元的水晶项链或者镶满了碎水晶的手袋来迎合奢侈品市场，新产品在米兰、纽约这些时尚之都风靡一时。2001 年，施华洛世奇在中国上海设立的“潮流及产品应用中心”在港泰广场开幕，同年，在北京及广州设立“潮流及产品应用中心”。该中心成立的目的是为从事生活时尚产品如时装、首饰、建筑照明工艺有关行业的人士提供市场上最新的潮流资讯；而另一方面施华洛世奇亦会为他们在运用其仿水晶配件上给予技术支援。

4. 家居电器

施华洛世奇的创意简直无处不在，就连电视机、电冰箱等也成了它施展才华的地方。

施华洛世奇电视

这款 32 英寸液晶电视标准分辨率为 1 366 ×768 像素，内置 40G 硬盘，这些参数倒不特别，关键之处在于这款电视也采用了水晶镶嵌技术，1 000 多颗施华洛世奇水晶镶嵌在电视上，绝对的耀眼夺目，放在家里那也是豪华的象征。当然这样的电视售价决不会便宜，其标价为 5 000 英镑（约合 76 000 元人民币）。

电冰箱

LG 电子与施华洛世奇联手推出一款超豪华的施华洛奇水晶三开门冰箱，据介绍，镶嵌在这款三开门冰箱上的施华洛奇水晶超过了 4 900 块，分别嵌在把手、装饰条和冰箱标识上。这些优质水晶均是从奥地利直接进口，充分展示了这款三开门冰箱的精美工艺和豪华风格。每台的售价大约 3 940 美元，且只限量生产了 200 台，是专为追求豪华外观设计和一流产品质量的消费者设计的，是 LG 电子推出的设计独特的高端家电产品系列之一。

水晶浴室

2001 年，施华洛世奇为浴室布置提供崭新的设计意念，产品包括可互相配搭的闪烁水晶组件。多姿多彩的“水晶浴室全触感”灵感来自施华洛世奇水晶的璀璨光芒，是纯净与和谐感觉的完美写照。

5. 水晶灯饰

从19世纪末开始，施华洛世奇就带动仿水晶世界的巨大变革。2001年，在娜迪亚·施华洛世奇的创导下，水晶宫毓产品面世。通过设计水晶灯，注重其在工作场所、演播室以及家庭中的奇幻和情感的力量，从新演绎水晶灯。纽约大都会剧院、巴黎凡尔赛宫，甚至是中国人民大会堂的水晶吊灯都是施华洛世奇出品的“STRASS”。2004年11月19日，施华洛世奇水晶宫系列于中国首次闪亮登场，在上海中山东一路18号展示其世界闻名的时尚水晶灯饰。

6. 其他产品

上面着重介绍的是施华洛世奇在日常生活资料中对水晶的极致运用，其实，施华洛世奇的产品应用和创新还远不止这些。例如，当顾客走进售卖户外运动品的商店购买用于打猎和观鸟的望远镜时，望远镜的品牌很可能是“Swarovski Optik”，它源自丹尼尔长子威廉在1935年的创造。施华洛世奇公司还生产水晶研磨仪器、道路用反光标志、高档光学了望仪器等，这些产品在世界和欧洲市场都享有美誉。公司旗下的TYROLIT分公司是世界第三大水晶研磨机供应商。以“SWAREFLEX”为品牌的道路反光产品，用切割玻璃取代传统的塑料，被大量应用于欧洲各国的公路交通系统，以增强隧道及夜间行驶的交通安全。

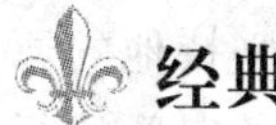

经典案例二

维珍王国

维珍（Virgin）是英国最大的私营企业，旗下有全球200家分公司，总资产超过70亿美元，年销售额逾50亿美元。自1970年创立以来，维珍的名字已经出现在了唱片、零售、软饮料、铁路、航空、电信等200多个领域。维珍的创始人，被称为维珍之父的理查德·布兰森说过这样一段经典的话：如果有谁愿意的话，他可以这样度

过一生：喝着维珍的可乐长大，到维珍唱片大卖场去买维珍电台放过的唱片，去维珍影院看电影，通过 virgin. net 交一个女朋

友，和她坐维珍航空去度假，享受维珍假日无微不至的服务。然后由维珍新娘安排一场梦幻的婚礼。像维珍一样的生活，直至最后拿着维珍的养老保险进坟墓。

1968 年，布兰森凭借其创业的激情和追求自由的梦想毅然辍学，与几个好友编写出版了一本名叫《学生》的杂志，由此开始了他神话般的创业史。1970 年他又在伦敦成立了一家小型邮购公司，取名“维珍”（virgin），是为今日维珍的前身。难得的是布兰森多年来还一直保存着这份创业的激情和梦想，他说过他从事商业的主要原因是自己的乐趣，也许这正是维珍成功的秘密。乐趣让布兰森保持着创业的激情，全身心地投入工作，抓住一次次好的创意，不断地克服困难；乐趣也让布兰森能够坦然面对名誉和金钱，因为他的目的是找乐，而不是权力；乐趣还让维珍一次次进入陌生的领域，并取得成功。

维珍的品牌延伸范围之广令人咋舌，它同时经营彼此毫不相关的领域却能以同样的文化驾御，并经营得有声有色，下面大致描述一下维珍自创立以来的品牌延伸图：

杂志（1968）→邮购（1970）→唱片（1971）→航空运输（1984）→铁路（1998）→软饮料（1999）→电信（2001）→数字音乐（2003）→航空航天（2004）。

但是，仔细研究就会发现，布兰森带领的维珍每一次的品牌延伸并不是个人的异想天开或是一时冲动，而是长期积累、理智决策的结果。特别是从唱片到航空业的飞跃，是经过了 13 年的深厚积累才得以成功。随着其经营版图的扩大，品牌运用越来越广，使每一次新的尝试都更具高风险。

尽管理查德·布兰森肆无忌惮地批判传统的品牌管理观点，尽管他对理论家们的指责嗤之以鼻，但一旦谈到维珍品牌的声誉时，布兰森总是异常的严肃。他说，我们的“维珍”不是一个标语，它是一种终生的关系。我们延伸到那里，只要维珍品牌加在某个事物上，我们就是在作出一种承诺。维珍成功无秘密可言，维珍坚持他的原则，并且信守他的承诺。维珍的管理人员们听的最多的话就是每次维珍准备向新的行业延伸的时候布兰森说的话：“我们正不断扩张，我们的品牌运用越来越广。不过我们随时都得小心翼翼，因为我们知道，只有符合我们所订的非常严格的介入标准的产品和服务，我们才能运用我们的品牌。”布兰森的五条标准是：

（1）它必须有最佳的品质；

（2）它必须有创意；

（3）它必须有较高的金钱价值；

（4）它必须对其他选择具有挑战性；

（5）它必须能增添一种趣味或顽皮感。

只要能够至少满足这五项标准中的四项，维珍就会认真考虑如何介入这个行业。而不论他是否与其现在所经营的产业有无相关之处。布兰森说：只要你有一个好品牌，无论面对什么行业你都可以运用同样的规则。

那么，维珍的品牌战略到底是什么呢？维珍的品牌核心可以归纳为三个字——反传统。其实，布兰森并没有人们想象的那样疯狂，而是一位颇为理智清醒的管理者和营销人。他有意选定表面风平浪静，而消费者并没有获得满意服务的行业为进军目标。“与那些财大气粗且惰性十足的品牌相竞争，很容易做到让顾客感到在我们这儿消费是物有所值。”正如维珍大西洋航空和维珍公司在澳大利亚创办的在飞机上不提供餐饮服务，而实行低廉的票价。而维珍移动电信公司在进入美国市场时，是首家提供预付费（Pre-Pay）业务的移动通信运营商。布兰森作为企业家和商人的最大天赋就在于他注重从消费者的角度考虑问题，而那些不循规蹈矩的消费者就是他的目标。维珍的品牌个性以独特著称，总的来说，可以归结为四点：

第一，不受拘束。崇尚自由是 Virgin 的核心价值观之一，其几乎无所不包的品牌延伸也是这种个性的具体体现。

第二，富有情趣。比如，品牌 logo 是布兰森手写的英文体，张扬又不失俏皮；“小狗论”的定位描述形象生动，情趣盎然。

第三，创新求变。体现在产品创新、服务创新和价值创新、品牌创新、传播创新等诸多方面。Virgin 的创新哲学就是“为顾客做得最早，做得最妙！”

第四，敢于挑战。处于市场次要地位的企业一般有两种战略：一是积极主动进攻，争取市场领先地位；一是安于次要位置，与领先者和平共处。Virgin 毫无疑问是前者，是个充满战斗力且具威胁力的挑战者。每一次成功的进攻都给领导者以巨大的冲击，使他们无法忽视这个强劲的叫板者。

维珍品牌屡屡获得成功除了勇于扮演市场挑战者、超越自己的资产与能力思考并不断向大品牌公开、直接地挑战的勇气外，布莱森还有一段著名的“小狗理论”。他说：“维珍是一只厚着脸皮，体型比不上领头狗的小狗，但它能跑得很快，紧跟大企业的脚后跟抢东西吃。”但可以肯定的是，维珍所抢的绝对是富于挑战性的行业。当然，这种“抢”也需要实力、创意，更需要胆识。而维珍的成绩有目共睹：维珍可乐从可口可乐、百事可乐口中抢到了欧洲 20% 的市场份额；维珍大西洋航空从英国航空老大“英航”手中抢到了“上海——伦敦”直飞航线的独营权；维珍电信从最不开放的电信业抢到移动网络运营权。

21 世纪的品牌经营正面对社会更加多元化，经济更加自由化、全球化，消费者经常更换消费习惯与善变的挑战，品牌魅力的树立逐步受到重视，消费者更加追求以心灵感官来知觉商品，更加重视品牌带给他们的满足感与喜悦感。维珍的经历，值得中国创业人才以及中国企业认真思考。

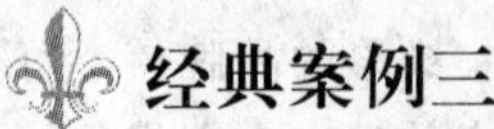

经典案例三

诺基亚：铸造百年辉煌

创建于1865年的诺基亚已经成为移动通信的全球领先者和移动电话的领先供应商，同时也是移动、固定宽带和IP网络的领先供应商之一。诺基亚股票在全球六个主要证券市场上市，股东遍布世界各地。诺基亚百年来不变的创新精神使这个百年企业永远站在快速发展的通讯业前端，通过不同的产品升级更新保持企业活力。下面仅列示诺基亚近十年来的主要成就：

NOKIA

1992年，诺基亚首部GSM数字手机。

1994年，诺基亚2100系列，首次支持数据、传真和SMS（短信），并首次提供不同色彩的外壳。

1996年，诺基亚9000个人通讯器，首部多功能手机，拥有传真、日历、电子邮件和互联网功能。

1997年，诺基亚3810，首部专为亚洲消费者设计的手机，拥有超大图像显示屏和符合当地风格的用户界面。

1997年，诺基亚蜂窝卡式电话，即PC卡中内置GSM手机，插入笔记本电脑后或在一体化解决方案中，可提供语音和数据通讯。

1997年，诺基亚2180，首部使用诺基亚CDMA芯片的双模CDMA手机。首次支持用户随心换彩壳。

1998年，诺基亚8810，具有小巧银色外壳，引入独具创意的设计风格，并开创全新手机系列。

1999年，诺基亚6185，首部多模/双频CDMA手机。

1999年，诺基亚7110，世界首部WAP手机。

1999年，诺基亚8210，诺基亚首部时尚先锋系列手机。

2000年，诺基亚6210，诺基亚首部通过电池实现蓝牙功能的手机。

2000年，诺基亚6250，诺基亚首部防水、防尘、防震的手机。

2001年，诺基亚9210个人通讯器，首部集成式GSM移动多媒体终端，基于Symbian操作系统，支持JAVA。

2001 年，诺基亚 8310，诺基亚首部 GPRS 及内置调频收音机功能手机。

2001 年，诺基亚 6310，诺基亚首部蓝牙手机。

2001 年，诺基亚 5510，诺基亚首部娱乐手机。

2001 年，诺基亚 5210，诺基亚首部动感活力系列手机。

2001 年，诺基亚 7650，诺基亚首部内置数码相机功能和支持多媒体信息服务（MMS）的图像手机。

2002 年，诺基亚 6650，诺基亚首部 3G 手机，内置能够拍摄图像和视频的相机。

2002 年，诺基亚 6800，诺基亚首部信息型手机，全键盘设计带来便捷的文字输入，并可快速进入若干文本的各种应用。

2003 年，诺基亚 N-GAGE，诺基亚首款游戏终端。

2003 年，诺基亚 6200，世界首部适用于 EDGE 的 3GPP 手机。

2003 年，诺基亚 6108，诺基亚首部手写笔输入手机，面向中文用户的功能包括中英双向辞典和手写识别。

复习思考题

概念题

1. 什么是项目组合，项目的意义有哪些？
2. 什么是项目组和管理？如何进行项目组和管理？
3. 如何进行项目选择？在选择过程中要遵循什么样的准则？
4. 怎样理解不同的企业发展阶段与项目的配合？如何才能做好这样的配合？

第五章　项目融资

√本章摘要

● 项目融资，是指为一个特定经济实体安排的融资，其贷款人在最初考虑安排贷款时，以该经济体的现金流量和收益作为偿还贷款的资金来源，并以该经济实体的资产作为贷款的安全保障。

● 项目融资具有项目导向、无追索或者有限追索方式、资产负债表外融资、利用税务优势、风险分担等特点。项目融资的主要参与者包括主办方、银行方和担保方。

● 项目融资的可行性研究包括项目融资的商业环境研究、项目经济可行性研究和项目的可融资性分析。项目的商业环境及经济的可行性是从项目投资者的角度分析投资者在项目整个生命周期内是否能够达到预期的经济效益。项目的可融资性分析则是在可行性分析的基础上，判断银行对该项目的可接受程度。

● 所谓项目投资结构的设计，是指在项目所在国家的法律、法规、会计、税务等外在客观因素的制约条件下，寻求一种能够最大限度地实现其投资目标的项目资产所有权结构。

● 项目融资是一个多元化的融资，其融资渠道是多样化的，比较有代表性的有：投资者直接安排项目融资模式、投资者通过项目公司安排融资模式、以“设施使用协议”为基础的项目融资模式、以“产品支付”为基础的项目融资模式、以“杠杆租赁”为基础的项目融资模式、BOT项目融资模式和ABS项目融资模式。

√本章关键词

项目融资　无追索权　有限追索权　表外融资　项目公司　可融资性
项目融资的结构　设施使用协议　杠杆租赁　产品支付　BOT　ABS
完工风险

✓学习完本章你需要掌握

- 掌握项目融资的定义与项目融资的特征，了解项目融资的各个主要的参与者及其责任；
- 学习对项目融资进行可行性分析的方法；
- 理解项目融资的结构以及主要的融资渠道；
- 理解项目融资的模式的设计原则，重点掌握项目融资的主要模式及对应特点；
- 了解项目融资中的风险与担保。

第一节 项目融资概述

一、项目融资的定义

公元前1800年，据《汉谟拉比法典》，船主为造船进行筹资所使用的形式是抵押融资，也就是我们所说的船舶抵押合同。贷款由商业贸易产生的收入进行偿还。如果在贷款还清之前，船只在旅途当中毁坏了，那么欠贷款人的剩余债务将一笔勾销。由此可见，用项目的收益偿还债务的贷款方式已有很长的历史，但项目融资作为一种特殊的融资方式，最早应当起源于20世纪40年代美国得克萨斯油田的开发。当时经营规模不大、独立的WILDCATTERS公司由于缺乏资金，结果出现了以产品支付融资的形式，即银行对钻探开发费用给予贷款，要以未来的石油产品对还款加以担保。到50年代末，美国的许多小银行都对石油和煤气开发发行贷款。虽然当时融资量不大，但已具有项目融资的基本特征。60年代中期有限追索项目贷款在英国北海油田开发中得到采用，项目融资开始受到人们的广泛重视，并成为大型工程项目筹措资金的一种新形式。

项目融资是一种内容涵盖面较为宽泛的融资方式，目前还没有公认的定义。有人说，有多少项目就有多少种融资方式。以下介绍几种项目融资的定义：

(1) 世界银行的定义：项目融资是“资本投资开发设施，能够提供商品和服务的项目”。

(2) 国家计委1997年4月16日发布的《境外进行项目融资管理暂行办法》将项目融资定义为：仅以项目自身预期收入和资产对外承担债务偿还责任的融资方式。

(3) FASB（美国财会标准手册）所下的定义是：“项目融资是指对需要大规模资金的项目而采取的金融活动。借款人原则上将项目本身拥有的资金及其收益作为还款资金来源，而且将其项目资产作为抵押条件来处理。”

（4）Wynant的定义是：对大的经济机会融资，使主办人及其公司资产与其他目的的债务分离开，项目的借款由资产给予特别担保，由项目现金流偿还，也可能得到发起公司和第三方的支持。其基本特点是：① 项目独立于主办方实体；② 贷款希望通过项目的现金流给予偿还，并且偿还计划和期望现金流相配合使项目独立于项目主办方的其他运作；③ 项目的风险可能部分或全部地转移给第三方（购买方、政府或贷款方）。

综上所述，我们可以总结出项目融资的定义：所谓项目融资，是指为一个特定经济实体安排的融资，其贷款人在最初考虑安排贷款时，以该经济体的现金流量和收益作为偿还贷款的资金来源，并以该经济实体的资产作为贷款的安全保障。

为了更好地理解项目融资的定义，我们必须明确项目融资和传统的公司融资的区别。其一，公司融资的评估焦点是公司现在的信用等级和资产状况及有关单位提供的担保，而项目融资的评估焦点是依靠项目公司的资产状况及该项目完工后所创造的经济收益；其二，传统方法一般是评估公司的信用风险以此确定公司总的偿还能力，而项目融资的风险分析主要表现在对项目的活力和风险的评估上；其三，传统的公司本身是一个负有偿还责任的债务人，而在项目融资中，项目是主要债务人，项目发起人的担保具有从属性质；其四，传统融资主要承担公司信用风险，而项目融资的贷款方承担某些技术风险，风险性较大；其五，传统的公司融资文件格式相当规范一致，而项目融资则显得更加灵活。

二、项目融资的特点

（一）项目导向

项目融资主要是依赖项目的现金流量和资产而不是依赖于项目的投资者或发起人的资信来安排融资。贷款银行在项目融资中的注意力主要放在项目在贷款期内能够产生多少现金流量用于还款，贷款的数量、融资成本的高低以及融资结构的设计都是与项目的预期现金流量的资产价值直接联系在一起的。投资者可选用项目来安排很难借到的资金，通过组织项目融资来实现很难得到的担保条件。因而，项目融资与传统融资方式相比较一般可以获得较高的贷款比例，根据项目经济效益的状况可以为项目提供60% ~75%的资本需求量，在某些项目中甚至可以做到100%的融资。

（二）无追索或有限追索方式

无追索融资方式是指贷款人对项目发起人无任何追索权，只能依靠项目所产生的收益作为还本付息的唯一来源。也就是说项目发起人除了正常承诺提供的资本金外，不需要对项目贷款人提供任何其他支持。无追索权的项目融资需要对项目进行严格的论证，使项目贷款人理解并接受项目运行中的各种风险。因此，从某种程度上说，无追索权的项目融资是一种低效的、昂贵的融资方式，在现代项目融资实务中较少使用。

有限追索融资要求项目发起人在项目的出资额以外，承担有限的承诺。这种融资模式是贷款方为减少贷款风险，除以贷款项目收益作为还本付息的财源外，还要求项目公司以外的第三方提供各种担保，包括发起人、政府和产品的未来购买者，一旦项目不能完工或失败，项目本身收益不足以清偿债务，贷款人有权向各担保人追偿，但各担保人对项目债务所负的责任，仅以他们各自所提供的担保金额或按有关协议所承担的义务为限。

（三）不同于传统的融资方式

传统的融资方式是贷款人把资金贷给借方，然后借款方用借来的资金投资兴建某一项目，偿还贷款的义务由借款方承担。贷款方所看重的是借款方的信用，而不是他所经营的项目的成效，如果项目失败，借款方可用别的资产来还债。而项目融资方式则是由工程项目的主办方或单位专门为新项目筹资成立一家新公司，由贷款方把资金直接贷给工程项目公司，偿还贷款的义务由新工程项目公司来承担，贷款人的贷款将从项目建成后所得收益中得到偿还。贷款方所看重的是新项目的经济性及其收益。

项目融资比传统的以企业资信为基础的企业、公司融资有着极大的优势，有助于投资者解决公司融资无法实现的目标和要求：

(1) 项目融资可为超过项目投资者自身筹资能力的大型项目提供融资。传统的公司融资方式容易连带公司其他资产，而项目融资利用项目本身的资产价值和现金流量安排有限追索贷款，使得大型项目安排资金成为可能。

(2) 政府只需提供项目专营特许、市场保障等优惠条件即可，这样既不增加国债，又可得到所需资金。

(3) 跨国公司将项目融资风险与公司其他业务在一定程度上分离，以规避项目风险和国家风险。

(4) 实现公司的目标收益率。项目融资可以将与项目有关的各个方面的利益有机的结合起来，以提供直接担保和间接担保方式，增强项目的经济强度，提高项目融资能力，减少项目的股本投入，进而提高项目股本资金的投资收益率。

（四）资产负债表表外融资

项目融资的款项并不反映在项目实际借款方公司负债表中，最多以某种说明的形式反映在发起人公司的资产负债表的注释中。因为，根据融资风险分担原则，贷款方对借款方的追索主要是依据项目资产及所产生的现金流上。由于融资不需要进入借款人的资产负债表中，主办公司能以有限的财力通过债务杠杆从事超越自身财务能力的投资和融资。表外融资的好处是，使企业的资产负债比不超过银行所接受的安全警戒线，有利于公司的发展。

（五）利用税务优势

充分利用税务优势降低融资成本，提高项目的综合收益和偿债能力也是国际项目融资的一个重要特点。充分利用税务优势是指在项目所在国法律允许的范围内，通过精心设计的投资结构模式，将所在国政府对投资的税务鼓励政策在项目参与各方中最大限度地加以分配和利用，以此为杠杆来降低融资成本，减轻项目高负债期内的现金流量压力，提高项目的偿债能力和综合收益率。对于大型的工业项目，特别是对于在原材料和能源领域的直接投资，税务结构设计在投资、融资决策上尤为明显。对于一些特殊的项目来说，税务安排妥当与否，甚至可以决定该项目的成败。

（六）风险分担

风险分担的原则是通过一系列的协议将项目风险分配给最有能力降低或控制风险的参与方。由于融资数额巨大、风险性高和融资渠道复杂多样，项目融资必须充分发挥“收益分享风险分担”的原则，即需要公平、公正地在参与方中分散项目风险。在项目融资中，突出的一点是担保和承诺，通过项目所有参与方各自的担保来达到分散风险的目的。

三、项目融资的参与者

一个新建的项目需要很多参与方。下面关于项目参与方的讨论将参与方分为三类：项目建设方，银行方和担保方。

（一）主办方

项目建设方主要有项目发起人、项目公司及借款者。

1. 项目发起人

项目发起人是项目的实际投资者或主办人。项目发起人的责任是提出项目，取得经营项目所必要的许可协议并将各当事人联系在一起，即组织督导项目计划的落实。他们通过项目的投资活动和经营活动，实现投资项目的综合目标要求。在有限追索的项目融资中，项目发起人除了拥有项目公司的全部或部分股权外，还需要以直接担保或间接担保的形式为项目公司提供一定的信用支持。

项目发起人可以是自然人，可以是单独一家公司，也可以是由多个投资者组成的联合体。同时，发起人既可以是东道国境内的企业，也可以是境外的企业或投资者。一般来说，发起人至少包括一家境内企业会有利于项目的获准与实施，降低项目的政治风险；而对于大型工程项目，一般会吸收实力雄厚的、有影响力的大型跨国公司参加，这会有利于贷款的取得，尤其是国际银行贷款的取得。另外，发起人往往在当前项目的实施和运营方面具有经验。例如，电厂项目的发起人经常是一个独立的发电供应商或电力公司；公路项目的业主发起人可能是一个收费公路的运营商或在建设和运营收费公路方面具有经验的建筑公司。在这两个例子里，项目发起人必须向人们展示出它拥有与拟建项目相关的建设和运营方面的经验。良好的项目发起人有助于项目目标的集中，是项目成功交付的一个关键因素。

2. 项目公司

项目公司是指直接参与项目投资和项目管理，直接承担项目债务责任和项目风险的法律实体；为了项目建设和项目运营的需要，而由项目的实际投资方组建的独立经营的法律实体。它可以是这样的一个单位：一个公司、合伙制结构、有限合伙制结构、合资企业或以上实体的综合。项目的实际投资者是项目公司的股东，其仅以投入到项目公司中的股份为限对项目进行控制，并承担有限的偿债责任。项目公司以项目本身的资产和未来现金流作为偿还债务的保证，这有利于将项目融资的债务风险和经营风险大部分限制在项目公司内，对偿还贷款承担直接责任；而且，对于多国公司参加的项目来说便于管理。此外，有些项目公司仅是为项目的融资而成立，并不参与项目的建设和运营，仅发挥到一个资产运营公司的作用。例如，菲律宾 Pagbilao 电力项目中的 Pagbilao 发电有限公司是项目公司，但电厂的运营和售电等均由电厂经营者负责。

3. 借款者

借款通常是项目公司，但也可能是项目的承建公司、经营公司、原材料供应商等。借款者与项目公司的关系受项目实施和融资结构等诸多因素，如税收制度、外汇制度、担保制度和法律诉讼等的影响。但有些项目的借款者不只一个，而是由每个参与者独立借款参与到项目中来，项目的承建公司、经营公司、原材料供应商、设备制造商或产品购买方等都可能成为独立的借款方。这种情况下，通常设立一个特别目的项目公司—SPV（Special Purpose Vehicle）来进行项目融资。

同时，国际上一些银行和金融机构，对国有企业融资设置一定的障碍，如不向国有企业贷款和提供担保等。为避开这一融资障碍，通常设立专门的机构，如委托借款公司 TBV（Trustee Borrowing Vehicle）。TBV 的运作方式过程如图 5－1 所示。

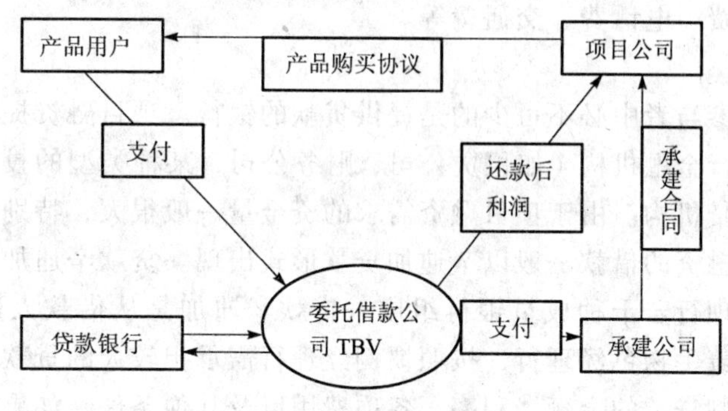

图 5－1　TBV 运作流程

（二）银行方

涉及的银行主要有财务顾问和贷款银行。

1. 财务顾问行

项目的实际投资者往往聘请金融公司、投资银行、财务公司或商业银行中的融资部门为其策划和操作，在金融市场筹集资金，这些金融公司投资银行、财务公司或商业银行中的融资部门就是项目公司的财务顾问。在项目融资的过程中引入财务顾问是由项目融资本身的特殊性所决定的。项目的成败对贷款人能否收回其贷款具有决定性的意义，而项目成败的关键是项目公司在投资项目的分析论证中要有准确完备的信息来源和渠道，要进行精心周密的调研分析和有效的组织，全面了解和分析投资项目的建设程序，如果遇见问题应采取响应的对策。这些专业性、技术性极强的工作，通常都由专业的财务顾问担任，财务顾问的介入，可以为项目进行严格分析、制订科学的融资方案，并有效防止银行的风险。

因此，财务顾问必须熟悉国际、国内金融市场的运行规则，并且了解项目所在地的情况，依据当地的政治、法律和市场环境等对项目本身以及项目所属工业部门的技术发展趋势、成本结构、投资费用有清楚的认识和分析，掌握当前金融市场的动向，熟悉各种融资方法和手段，为项目融资结构提出参考意见，并且具有向贷款人推销项目所需的专业知识。财务顾问可为项目公司向外界推荐项目，还可使项目公司减少风险和降低成本。

当然，聘请财务顾问需要支付报酬。按照国际惯例，财务顾问费用分为如下三部分：① 聘用费，一般按实际工作量收取；② 项目成功费或融资安排费，按项目规模的一定百分比收取，通常是项目越大，百分比越低，但其绝对额可能更高；③ 实际支出，包括差旅费、电话费、交通费等。

2. 贷款银行

项目融资的参与者中必不可少的是提供贷款的银行。项目融资提供贷款者主要有商业银行、非银行金融机构（如租赁公司、财务公司、某种类型的投资基金等）及一些国家的出口信贷机构。由于项目融资需求的资金量一般很大，特别是基础设施建设项目，此时项目融资的借款一般以辛迪加贷款形式出现。贷款辛迪加由牵头行、参与行、经理行、代理行若干种成员银行组成。贷款辛迪加是从借款人选定牵头行开始的，牵头行立即着手物色经理行，按照惯例经理行需承担较大的贷款份额。同时，牵头行与借款人谈判贷款的金额、利率、各项费用以及其他条件。如果双方对贷款条件达成初步协议，牵头经理行开始准备一份筹资备忘录，主要是向市场说明借款人的有关情况，包括借款人经营状况、财务状况和有关资信，同时向市场说明拟议中的贷款详情。随后牵头经理行根据掌握的以往参加贷款辛迪加的银行的详细资料，发出邀请信联系参与行来组成银团，这通常需要 15 天到 3 个月。组成银团后，牵头经理行就可以同借款人谈判商定贷款协议的具体条款并签订贷款协议。牵头行的管理费用一般按贷款量的百分比计算，加上正常的利息，如使用独立顾问，管理费用会更高。

代理行是贷款银团的代理人，负责监督管理贷款的具体事项，包括同借款人的日常联系，通知各银行按规定贷款，负责计算和收取应偿还的利息和本金，并按各贷款银行提供的数额进行分配等。代理银行可由牵头银行兼任，或由经理银行指定一家银行担任。

（三）担保方

担保方一般包括技术专家、律师和税务顾问、国际金融机构、所在国政府、保险公司等。

1. 技术专家

专家是被项目发起人或财务顾问选中的具有国际声望的技术专家，专家将负责准备或至少检查项目的可行性报告。采用项目融资方式筹集资金的项目通常工程量大并且技术复杂，因而在项目的设计和施工中有大量的技术问题，需要各方面的专家提供咨询意见。项目主办人、贷款银行和财务顾问等都要聘请一些专家，帮助他们进行可行性研究，对项目进行管理、监督和验收。专家一般参加对项目的监控，特别是当项目发起人和贷款人对项目文件规定的竣工测试有争议时，专家可作为仲裁人。

2. 律师和税务顾问

项目融资涉及的参与者众多，融资关系复杂，通常在项目一开始，就需要相应的律师介入。其职责包括制订相关的合同，协调各方关系，并且诠释项目所在国的法律等。按照律师的建议，项目发起人将把项目所在国法规、税收等体系作为项目初步可行性评估的一个部分。如果项目资产将被作为担保品，所有有关国家（包括贷款人、借款人和项目发起人的国家以及项目所在国）的当地律师的意见是贷款的先决条件。贷款人的法律顾问通常负责协调律师的意见。一般的做法是在项目的早期就征求律师的意见，从而保证形式正确的融资方案，落实担保品的安排，并且保证期望的税收利益或其他好处能够实现。项目的实际投资者、贷款者和他们的法律顾问不应认为在一个国家发展起来的并经过检验的所有制、税收或融资方式将一定合适于任何其他国家。所在国的法律制度很可能不如参与方熟悉的法律制度那么先进，或者，所在国的法律制度从政治、经济、文化或甚至宗教信仰方面可能完全不同。这里，与那些不熟悉西方法律概念和体系的人相比，著名的国际法律公司能够发现问题，并运用更灵活的解决方式和渠道。

3. 国际金融机构

大多数发展中国家的项目是由世界银行及其活跃在私人企业界的商业贷款分支机构，即国际金融公司或区域发展银行（如亚洲开发银行）共同提供融资的，这些国际金融机构对项目融资有它们自己的政策和标准，这对项目结构具有十分重要的影响。

国际金融机构的参与对项目融资来说，具有以下三方面的优点：

（1）可降低项目融资成本，世界银行通常为发展中国家的项目提供长期低息的优惠贷款；

（2）由于国际金融机构的参与，使得其他项目参与各方减轻对项目所在国政治风险的担心；

（3）世界银行的贷款通常不要求担保。

4. 所在国政府

项目所在国政府有时在项目融资中可以起到关键的作用。这些作用主要表现在微观和宏观两个层面：微观方面，有关政府机构可以为项目的开发提供土地、良好的基础设施、长期稳定的能源供应、某种形式的经营特许权，减少项目的建设风险和经营风险；同时，有关政府机构可以为项目提供条件优惠的出口信贷和其他类型的贷款或贷款担保，这种贷款或贷款担保可以作为一种准股本资金进入项目，促进项目融资的完成。宏观方面，有关政府机关可以为项目建设提供一种良好的投资环境，例如，政府可通过制订相关的税收政策、外汇政策等为项目融资提供优惠待遇。

5. 保险公司

项目融资的巨大资金数额以及未来难以预料的许多风险，使得保险公司成为项目融资中必不可少的参与者。项目融资中保险公司的职能是收取保费，并为项目分担风险。项目的巨大规模和遭受各种各样损失的可能性，使得必要的保险成为项目融资的一个重要方面。

第二节 项目融资可行性研究

项目融资的可行性研究包括项目融资的商业环境研究、项目经济可行性研究和项目的可融资性分析。项目的商业环境及经济的可行性是从项目投资者的角度分析投资者在项目整个生命周期内是否能够达到预期的经济效益。项目的可融资性分析则是在可行性分析的基础上，判断银行对该项目的可接受程度，只有银行愿意参与到项目中来，项目融资才能成功。

一、项目融资的商业环境研究

东道国的宏观经济环境对于项目融资的成败与否起着至关重要的作用。比如，它必须保持足够的稳定，以吸引长期的项目投资者和提供项目长期贷款的金融机构。稳定性是项目融资的重要构成要素。如果一国拥有稳定的汇率和通货膨胀及可预见的政治环境，则项目融资操作就会容易得多，也很容易取得成功。而且，地方官员和国有贷款人必须能清楚地理解和支持外国投资者、外国贷款人、东道国政府及参与项目的世界银行各自的作用及职责。简而言之，一国必须形成一种有利于项目融资开展的社会导向，同时法律和法规的建设必须反映这种对项目融资的理解和支持。对于东道国商业环境的研究主要是考察一国的政治、法律和法规、经济条件等情况。

（一）东道国政治环境的考察

政治环境是指东道国的政治体制、对重大国际问题的政治立场、政局的稳定性和政策法规的连续性等因素。在国际项目融资中可能导致项目的政治风险的最基本的影响因素包括一国政治稳定性的程度、政府对待外国投资的态度、政府经济稳定性的程度以及东道国的经济规划等。

政治稳定性是影响国际项目融资成功与否的一个关键要素。在对项目进行大量的资金投入之前，项目的投资者、开发商和金融机构必须考察并判断东道国政治环境的稳定性，以增强融资者和投资者的信心。东道国政局稳定性的考察首先是东道国政权变更的频繁程度和更迭的形式。政权更迭频繁但比较平稳而且政策连续性较强，对国际项目融资不会有很大的影响；但是，如果政权更替频繁而且突然，项目融资者和投资者会对开展融资活动失去信心。东道国政局不稳的第二个因素是政治冲突。轻微的影响将导致政府对外来投资的态度和政策上的变化；势态严重时，常常造成对管理人员的人身伤害和项目财产的破坏。

政治的可预见性是国际融资成功的另一重要构成要素，是建立在一定的政治和经济机制基础之上的。比如，在缺乏发展资本的发展中国家，要想成功地通过项目融资方式建设基础设施，就必须要求东道国存在这样一种政治机制，即政府明确承认私人投资者在基础设施项目的开发、建设、经营和所有权等方面的适当作用。同时，正式的项目融资法律和法规和相关的管理机构的建设等都必须及时地反映上述政府决定。此外，当地投资者和社会大众必须支持这样的政府决定和改革，否则，很可能导致他们对有关政策的抵触。比如，许多经济转型国家对于消费者、农业生产者和工业生产者支付的能源价格给予补贴，以维持较低的电力价格，因此，有关促进电力发展私有化的决定就可能会遇到很大阻力。社会大众对于这项改革的支持与否对于私有电力开发项目的可行性影响就很大。除非政府支持能抵补价差，否则，私人投资会寻找另外的发展项目。

由于发展中国家和经济转型国家处于不断改革的过程中，其政治的可预见性较低，需要在不同的当事人之间进行复杂的风险分配，以及投资者要求为承担过高的风险而争取一个较高的固定投资回报率，所以，在发展中国家进行项目融资的成本相对较高。

（二）东道国法律和法规建设的考察

除了可预见的稳定的政治环境之外，成功项目融资的操作还需要建立一套相应的法律框架。这些法律框架至少应包括以下内容：适合项目融资的基本法律条款，及时的和可预见的领取许可证的规定，合同的法律效力规定，公正的高效的纠纷处理规定等。一般地，在项目融资中考察东道国法律和法规建设情况时，着重考察以下几方面的问题：

（1）政府部门在项目融资中的作用和职责；

（2）项目投资者取得许可证或特许经营权的保证；

（3）有关价格的法规和管理；

（4）一般企业管理的规定；

（5）对外商投资企业的干预和控制法规；

（6）对所有者红利支付的限制；

（7）电力购买者的权利和义务，如电力法等；

(8) 劳动法规和管理；

(9) 与房地产投资有关的法规，如用房地产入股的有关规定；

(10) 环境与安全法规和管理；

(11) 合同的执行和拒绝，如合同法的有关规定；

(12) 争端处理的规定；

(13) 税法的规定等。

以上这些基本的法律和法规必须具体清晰且具有可操作性。否则，如果法律和法规条款的说明过于模糊，对项目融资来说就存在很高的政治风险。

(三) 东道国经济条件的考察

东道国的经济条件必须能够支持项目融资的发展。这些影响项目融资的重要经济条件主要包括以下内容：

1. 价格水平

一国价格水平对于项目产品的市场风险将产生重要影响。比如，在电力项目融资中，如果国内电力价格过低，就会影响项目公司生产现金流量的能力。这就是在发展中国家，为什么电力项目融资中往往由政府部门作为最大的电力产品买主的原因。

2. 国内资本市场和国内信用等级

国内资本市场的发展程度是影响项目融资发展前景的一个重要方面。比如，在发展中国家，由于国内资本的缺乏，使其对于外国投资和外国债务非常需要，以满足其经济发展之所需，而国内投资者的信用等级会影响到项目融资的成本及规模，所以，这些也是考察一国经济条件的重要因素之一。

3. 国内利率水平

如果国内利率水平已经市场化，则国内投资者就容易理解和接受项目融资的利率及偿还条款，这对于项目融资谈判有一定影响。更为重要的是，在项目融资实务中，总是会发生大量的当地费用，这就需要一定比例的当地融资。这样，一国利率水平就能在一定程度上影响项目融资的成本了。

4. 政府在控制和管理这些经济条件时的作用

与其他政治环境分析一样，以上这些经济条件的稳定性和可预见性也会受到政府部门的影响和控制。

二、项目的经济可行性研究

项目经济可行性研究应从项目和国家两个角度出发，分析、评价项目的财务可行性与国民经济效益。

（一）财务可行性分析

财务可行性分析主要是对项目获得能力及发展前景的定量分析。财务分析的具体步骤是：首先对项目的投资成本，项目建设期内投资支出及其来源、销售收入、税金和产品成本、利润、贷款的还本付息等主要方面进行预测，得出项目现金流量表；再以预测出的现金流量为依据，以资本预算方法进行抉择，从而选择能增值的投资项目，说明该项目在财务效益上是可行的。项目财务分析具体体现在项目融资实务中，可以盈利能力和债务清偿能力两方面进行。

1. 项目盈利能力的分析指标

（1）投资利润率。

投资利润率是项目的年税后利润总额与总投资之比。计算公式为：

$$E = R/I$$

式中：E——投资利润率；

I——建设项目的总投资；

R——年税后利润总额。

计算出的投资利润率要与规定的行业标准投资利润率或行业的平均投资利润率进行比较，若大于或等于标准投资利润率或行业平均投资利润率，则认为项目是可以考虑接受的。

（2）投资利税率。

投资利税率是项目的年利税总额与项目总投资之比。计算公式为：

$$E = (R + T)/I$$

式中：T——项目年税金。

其判断标准与投资利润率相同。

（3）静态投资回收期。

静态投资回收期是指在不考虑货币时间价值因素的条件下，用年净收益回收全部投资所需用的时间，一般用年表示。其表达式为：

$$I = \sum_{t=1}^{T_p} NB_t$$

式中：I——项目总投资；

NB_t——项目第 t 年净收益；

T_p——静态投资回收期。

计算出的投资回收期要与行业规定的标准投资回收期或行业平均投资回收期进行比较，如果小于或等于标准投资回收期或行业平均投资回收期，则认为项目是可以考虑接受的。

(4) 净现值。

净现值是指在项目计算期内，按行业基准折现率或设定折现率计算的各年净现金流量现值的代数和，记作 NPV。其计算公式为：

$$NPV = \sum_{t=0}^{n} CF_t (1+i)^{-t} - I$$

式中：C_t——第 t 年的净现金流；

I——项目的初始资本投入；

i——设定的折现率或基准收益率；

n——项目寿命周期。

应用净现值法进行项目的财务选择的判断标准是：当 $NPV>0$ 时，项目是可以考虑接受的；当 $NPV=0$ 时，判断项目是否可行，要看分析所选用的折现率；当 $NPV<0$ 时，一般可判断项目不可行。

(5) 内部收益率法。

内部收益率是指在项目整个寿命期内，各年净现金流量现值累计等于零时的折现率。其计算公式为：

$$\sum_{t=0}^{n} CF_t (1+IRR)^{-t} - I = 0$$

式中：IRR——内部收益率。

通过内部收益率法进行项目选择的基本步骤是：① 选定项目的基准收益率，即投资者要求的回报率或者行业发布的规定或由评价人员设定的基准收益率作为障碍率；② 把所选项目的内部收益率与之比较，内部收益率小于障碍率的项目应予以否定，内部收益率大于或等于障碍率的项目则可以接受；③ 同一项目不同方案均符合抉择标准时，以内部收益率大者为优。

2. 项目清偿能力的分析指标

(1) 资产负债率。

资产负债率是反映项目各年所面临的财务风险程度及偿债能力的指标。计算公式为：

资产负债率 = 负债总额/资产总额

资产负债率越小，说明该项目负债数额越小，债权人的财务风险越小，项目清偿债务能力越强。

(2) 流动比率。

流动比率是反映项目各年偿付流动负债能力的指标。其计算公式为：

流动比率 = 流动资产总额/流动负债总额

流动负债一般属于项目的短期负债，流动资产是项目资产中变现程度较强的资产，包括速动资产和存货。流动比率一般应大于2，流动比率越大，说明项目清偿能力越强。

(3) 速动比率。

速动比率是反映项目快速偿付流动负债能力的指标。计算公式为：

速动比率 =（流动资产总额 - 存货）/流动负债总额

速动比率一般应接近于1。

（二）国民经济效益分析

国民经济效益分析又称为国民经济评价，它是指按照资源合理配置的原则，从国民经济的角度出发，通过利用影子价格、影子工资、影子汇率和社会折现率等国家参数，计算、分析项目国民经济的净贡献，以评价项目经济合理性的经济评价方法。国民经济效益分析是项目评估的重要组成部分，是投资决策的重要依据。

1. 国民经济的费用—效益分析

国民经济效益分析所依据的基本理论是费用—效益分析，是把国家作为一个整体来考察项目给其带来的效益和使其付出的代价。所以，费用和效益的范围比财务效益分析中的成本和效益要宽得多。

(1) 费用和效益。

从国民经济效益分析的角度看，项目的费用是指因项目建设而使国民经济所付出的代价，包括项目自身和国民经济其他部门所付出的代价，分为内部费用和外部费用两种；项目的效益是指项目对国民经济所作的贡献，包括内部效益和外部效益两种。

① 内部费用是指用影子价格计算的项目投入物的经济价值。

② 外部费用是指社会为项目付出了代价，项目本身并不需要支付的那部分费用，即由于项目存在而使项目以外的主体遭受的全部损失。例如，工业项目的“三废”

对空气或水的污染。

③ 内部收益是指项目产出物用影子价格计算的经济价值。

④ 外部收益是指项目为社会作出了贡献，而项目本身并未得益的那部分效益，即由于项目存在而使项目以外的主体所享有的利益。例如，一条钢铁厂外修建的铁路运输线不仅为钢铁厂服务，还为当地的生产和生活服务。

作为一种稀缺的资源，项目投入物投到项目上使国民经济所付出的代价就是放弃其他使用机会可能获得的最大效益。按机会成本来计算费用，就可以把项目的效益和费用放在一个共同可比的标准上进行计量和评价，即取得的效益与放弃的效益进行比较。若前者大于后者，项目是可以接受的，说明项目所投入的资源得到最佳使用。

(2) 转移支付。

转移支付是指那些既不需要消耗国民经济资源，又不增加国民经济收入，只是一种归属权转让的款项，包括税金、补贴、折旧和利息等。

税金包括产品税金、增值税、资源税、关税等，税金从拟建项目来说是一项支出，从国家财政来说是一项收入。这是项目投资者与国家之间的一项资金转移。税金不是项目使用资源的代价，所有财政性的税金都不能算作社会成本。

补贴包括出口补贴、价格补贴等。补贴虽然增加了拟建项目的财务收益，但是，项目公司并没有为社会提供等值的资源，而是国家从国民收入中拨出一部分资金转给了项目投资者。所以，国家以各种形式给予的补贴都不能算是社会收益。

会计上的折旧基金是收入中提出的一部分，和实际资源的消耗无关，在进行项目国民经济评价时，主要目的是观察投资于这个项目所得到的收益是多少。在经济效益分析时已把固定资产投资所消耗的资源作为项目的投资成本，所以，这部分固定资产在会计上提取的折旧就不能作为社会成本。

利息是利润的转化形式，是项目投资者与银行之间的一种资金转移，并不涉及资源的增减变化，所以利息也不能作为社会成本。

2. 国民经济效益分析的参数指标

(1) 影子价格。

影子价格是指当社会经济处于某种最优状态时，能够反映社会劳动的消耗、资源稀缺程度和最终产品需求情况的价格，即影子价格是人为确定的、比交换价格更为合理的价格。合理的价格是指从定价原则来看，应该能更好地反映产品的价值、市场供求状况和资源稀缺程度；从价格产出的效果来看，应该能使资源配置向优化的方向发展。影子价格反映在项目的投入上是资源不投入该项目而投在其他经济活动中所能带来的效益，也就是项目的投入是以放弃了本来可以得到的效益为代价的，即西方经济学家所说的“机会成本”。

在确定项目的影子价格时，可以根据项目的产出和投入的货物或产品对东道国经济产生的影响不同进行计算。如果主要影响一国的进出口水平，应划分为外贸品；如果主要影响国内供求关系，则应划分为非外贸品。

(2) 影子工资。

投资项目所雇佣的劳动力成本应按影子工资计算，即劳动力的影子价格，它是指项目所雇佣的工人在被雇以前对一国经济所作的贡献。其计量的实质是工人为本项目提供劳务而使整个经济为此付出的代价。在国外，影子工资有两种计算方法：机会成本法和净劳工社会成本法。

(3) 影子汇率。

影子汇率不同于官方汇率，是能反映通过外汇转换一国国民经济真实价值的汇率。影子汇率是一个重要的经济参数，应当由国家统一制订和定期调整。国家可以利用影子汇率作为杠杆，影响项目的投资决策，影响项目方案的选择和项目的取舍，当项目要引进国外设备或零部件时，都与国内设备、技术、零部件进行对比。因此，影子汇率直接影响项目进口设备、技术或零部件的影子价格的计算，进而影响对比结果。如果外汇影子价格过高，则不利于引进外国设备方案，有利于使用国产设备的方案。

(4) 社会折现率。

社会折现率是投资项目的资金所应达到的按复利计算的最低收益水平，即站在国家的角度项目投资应达到的收益率标准。它是国家或政府部门评价和调控投资活动的重要杠杆之一。社会折现率取舍的高低对一国经济的发展具有不可忽视的作用。计算社会折现率的一种最简单的方法是 Corporate 法，即认为任何一个项目的未来收益率都具有风险性，因此，社会折现率表现为无风险收益率与风险损失率之和。

三、项目的可融资性分析

项目的经济可行性在很大程度上是从项目发起人的角度进行可行性分析，然而满足了投资者的最低风险要求，并不意味着项目就具备了可融资性。项目的可融资性，即银行的可接受性。一般地，银行不愿意接受不确定或不能控制的风险，如他们一般不愿承担法律变化的风险，因为这样的风险无法转移给消费者或产品购买者；但他们可承担石油开发项目中原油价格下跌的风险，因为他们可以根据历史数据预测原油价格的未来趋势。

(一) 项目可融资性的内涵

一般地，理解项目可融资性应着重以下几点：

(1) 银行一般不愿意承担法律变化的风险；

(2) 在存在信用违约或对贷款人进行第一次偿还以前，项目发起人不得进行红利分配；

(3) 完工前收入应用于补充项目的资本性支出，以此来减少对银行资金的需求量；

(4) 项目风险应进行较好的分摊，项目公司不能承担太多的风险，不能承担东道国政府和项目发起人都不愿意承担的风险；

(5) 项目合同涉及的其他当事人不能因为银行对项目资产或权益行使了抵押权益而终止与项目公司的合同。

(二) 对“免责条款”的运用

在项目融资实务中，项目发起人在说服银行接受该项目时，通常会利用不可抗力因素来构成“免责条款”。因此，对这一条款的理解对于发起人和银行来说都是非常重要的。一般地，不可抗力因素有以下几种：

(1) 罢工或其他停工行为；

(2) 战争和其他武装斗争，如恐怖分子活动、武装阴谋破坏活动、暴乱等；

(3) 封锁或禁运导致供应或运输的中断；

(4) 不利的自然现象，如雷电、地震、地陷、火山爆发、山崩、飓风、暴雨、火灾、洪水、干旱、积雪及陨石等；

(5) 流行病；

(6) 辐射和化学污染等；

(7) 法律和法规的变化；

(8) 其他人类暂时不能控制的事件等。

以上是构成不可抗力的一些排序，但并不是说所有的项目都可以将以上所有事件视为不可抗力。对于不同的项目，不可抗力的特征是不同的，如在电力项目开发中，能源供应的中断就不构成项目的不可抗力因素，以此表明项目公司必须为此而承担责任。

(三) 项目可融资性的必要条件

银行只有在其所承担的风险与其收益相当时，才能向项目流入资金，保证这一点，就不会提出各种限制条件。

1. 对各种授权合约的限制

(1) 所有授权合约都必须确定项目的有效生命期；

（2）如果银行对项目公司行使抵押权（包括银行卖出项目公司抵押的股份），授权合约不能提前终止，即所有这些合约应与项目而不是项目公司同在；

（3）授予的权利应能全部转让。

2. 对股东协议和所有者分配的限制

（1）发起人应认购分配给它的全部股份；

（2）发起人应补足成本超支的资金；

（3）发起人应为保险不能覆盖的部分提供资金保证。

3. 对特许协议的限制

（1）特许协议应规定项目的固定生命期；

（2）不能将不适当的过重的条款加在项目公司的身上；

（3）特许协议的授予者应承担法律变更的风险；

（4）由于不可抗力因素，应延长项目的特许期限；

（5）特许协议不能简单地因为银行对项目公司行使了抵押权而提前终止；

（6）银行应可以自由地转让特许权给第三者。

4. 对建设合同的限制

（1）建设合同应是一揽子承包合同；

（2）在建设合同中，应规定固定价格；

（3）应在固定期限内完工；

（4）不可抗力事件应控制在有限范围内；

（5）如果不能在固定日期完工，承包商应承担由此给项目公司带来的损失，而且这种损失赔偿应至少能弥补项目公司须支付的银行贷款利息额。

5. 对经营和维护合同的限制

（1）对项目经营者应提供适当的激励措施以便其保证项目正常、有效率地运行，实现项目公司利润最大化目标；

（2）反之，如果由于项目经营管理不善导致经营目标的失败，经营者应承受严格的处罚；

（3）银行应有权对经营管理不善的经营者行使开除权或建议开除权。

对于以上三点，应进行一些解释：首先，经营者所得到的激励与所承受的处罚应平衡，有时甚至需要进行重新谈判、修改条款；其次，对于银行拥有的对经营者的否决权，操作起来有些难度，通常的做法是把项目公司在经营和维护合同中拥有的控制合同终止权授予银行，如此，银行可以控制经营合同的期限但不能直接开除某经营者。

第三节 项目融资结构与项目融资渠道

现代市场经济高度发展的同时，资本市场也得到了高度发展，项目的融资结构和融资渠道也在不断发展，如何安排和选择项目的投资结构和资金来源就是项目融资整体设计工作中的一个关键环节。

一、项目融资的结构

所谓项目投资结构的设计，是指在项目所在国家的法律、法规、会计、税务等外在客观因素的制约条件下，寻求一种能够最大限度地实现其投资目标的项目资产所有权结构。目前，融资项目多为几个投资者共同参与，出现这种趋势的原因是：大型项目的开发有可能超出了一个公司的财务、管理的承受能力，使用合资结构，项目的风险可以由所有的项目参加者共同承担；不同背景投资者之间的结合有可能为项目带来巨大的互补性效益；投资者不同优势结合，有可能在安排项目融资时获得较为有利的贷款条件。

（一）项目投资结构的类型

国际上，较为普遍采用的投资结构有四种基本的类型：公司型合资结构、契约型合资结构、合伙制或有限合伙制结构、信托基金结构。

1. 公司型合资结构

公司型合资结构的基础是有限责任公司，这种投资结构是一个按照公司法成立的与其投资者完全分离的独立法律实体。作为一个独立的法人，公司拥有一切项目资产和处置资产的权利，公司股东既没有直接的法律权益也没有直接的受益人权益。即由合作双方共同组成有限责任公司，共同经营、共负盈亏、共担风险，并按照股份份额分配利润。国际上大多数的制造业、加工业项目采用的是公司型结构，并且，在20世纪60年代以前有很高比例的资源性开发项目也采用的是公司型合资结构。

2. 契约型合资结构

契约型合资结构又称为非公司型合资结构，是项目发起人为实现共同的目的，根据合作经营协议结合在一起的一种投资结构。具体是指各项目发起人（通常是项目发起人专门为投资这一项目成立的单一目的子公司）根据各自在合资企业中的出资比例，持有项目全部不可分割的资产和生产出来的产品中的一部分。每一个项目发起人都将在项目中的投资作为直接投资，无论比例大小全部反映在各自的财务报表上。契约型合资结构在项目融资中获得相当广泛的应用，主要集中在采矿、能源开发、初级矿产加工、石油化工、钢铁及有色金属等领域。

3. 合伙制结构

合伙制结构是至少两个以上合伙人之间以获取利润为目的的共同从事某项商业活动而建立起来的一种法律关系。合伙制结构不是一个独立的法律实体，其合伙人既可以是自然人，也可以是公司法人。合伙制结构通过合伙人之间的法律合约建立起来，没有法定的形式，一般也不需要在政府注册，这一点与成立一个公司有本质的区别。然而，在多数国家中均有完整的法律来规范合伙制结构的组成及其行为。合伙制结构包括普通合伙制和有限合伙制两种。

普通合伙制的所有合伙人对于合伙制结构的经营、合伙制结构的债务以及其他经济责任和民事责任负有连带的无限制的责任。有限合伙制是在普通合伙制结构基础上发展起来的一种合伙制结构。有限合伙制结构需要包括至少一个普通合伙人和至少一个有限合伙人。在有限合伙制结构中，普通合伙人负责合伙制项目的组织、经营、管理工作，并承担对合伙制结构债务的无限责任；而有限合伙人不参与也不能够参与项目的日常经营管理，对合伙制结构的债务责任也被限制在有限合伙人已投入到合伙制项目中的资本数量。

4. 信托基金

信托基金是指通过经营机构将众多投资者的资金汇集起来，由专业投资人士集中进行投资管理，投资者按其投资比例享受投资收益的一种信用工具。信托基金的建立和运作是建立在信托契约的基础之上的，信托契约是规定和规范信托单位持有人、信托基金受托管理人和基金经理人之间法律关系的基本协议。严格地讲，信托基金结构是一种投资基金的管理结构，在投资方式中这种结构属于间接投资形式。信托基金作为一种投资形式，在我国应用较少，在英、美、法应用较为广泛。其中，在房地产项目和其他不动产项目的投资、在资源性项目的开发以及在项目融资安排中比较经常使用的一种信托基金形式被称为单位信托基金。

（二）影响项目投资结构的主要因素

项目投资结构设计是多样的，且具有一定的灵活性，是一个涉及诸多因素和关系的复杂过程。在选择项目投资结构时，应考虑如下基本因素：

1. 项目债务的隔离程度

有限追索性是项目融资的重要特征，项目投资者在设计项目投资结构时，都会考虑如何实现风险和债务的有限追索性。对于投资者来说，项目债务的隔离程度越高，其承担的融资风险就越小，但是同时获得的投资回报也相对较少。因此，投资应当根据自己的偏好，权衡利弊，考虑项目风险和债务责任的承担形式，以决定合理的项目投资结构。

2. 投资项目的类型

在基础设施项目中，项目没有直接的有形产品，投资者更注重项目所带来的收益。投资该类型的项目通常是为了开拓公司的业务活动领域，增加公司利润。此时，投资者会采用公司型合资的投资结构。而在资源开发项目中，项目产品是下游产业的原材料，也是特定用户和特定市场必需的关键性资源，因此，多数投资者愿意直接获得项目产品，从而获得丰厚的利润。对于该类型的项目，投资者倾向于选择非公司性投资结构。

3. 税务结构

通过项目投资结构的选择来设计税务结构，从而降低项目的投资成本和融资成本是国际投资活动的一个重要特点。在公司型合资结构中，项目公司是纳税主体，其应纳税收入或亏损以项目公司为单位计算；合伙制和有限合伙制结构的应纳税收是按照合伙制结构的总收入水平计算的，纳税主体为单一的合伙人；契约型合资结构的资产归投资者直接拥有，项目产品也是由其直接拥有；信托基金结构应纳税收应以基金本身作为一个整体加以核算。在一定条件下，不同公司之间的税收可以合并，投资者可以通过设计一种合理的投资结构以利用一个公司的税务亏损去冲抵另一个公司的盈利，从而降低其总的应缴税额，提高其总体的综合投资效益。因此，投资者可以根据自己投资的要求和融资的需要，设计符合其要求的税务结构。

4. 会计处理

不同的投资结构会计处理上有所不同，即使是同一结构，也会因为投资比例的不同在资产负债表和经营损益表的合并问题上有不同。对于公司型合资结构：

（1）一个公司的持股比例如果超过50%，那么，该公司的资产负债表需要全面合并到该投资者自身公司的财务报表中；

（2）持股比例如在20～50%之间，那么，需要在投资者自身公司的财务报表中按投资比例反映出该公司的实际盈亏情况；

（3）持股比例如少于20%，只需在自身的公司的财务报表中反映出实际投资成本，无需反应任何被投资公司的财务状况。

对于合伙制结构和信托基金结构的会计处理与公司型结构相似。非公司型合资结构无论投资比例大小，该项投资全部资产负债和经营损益情况都必须在投资者自身的公司财务报表中全面反映出来。

5. 项目融资的便利性

在公司型合资结构中，项目公司作为独立的法人实体，可以将项目资产抵押给贷款银行安排融资，同时也可以控制项目的现金流量，因此，以项目公司为主体安排融资就比较容易。而在契约型投资结构中，投资者分别直接拥有项目部分资产，项目资产不能作为一个整体来向贷款银行申请项目贷款，并且各个投资者分别地享有税务好处和其他投资优惠条件，分别地控制项目现金流量，此时，项目融资就较为复杂。

6. 资产转让的灵活性

投资者在一个项目中的投资权益能否转让，转让程度以及转让成本是评价一个投资结构有效与否的重要因素。其结果对于项目融资的安排起着非常重要的影响。在公司型投资结构中，项目资产或股份抵押给贷款银行，一旦项目公司违约，贷款银行即可很方便地在公开市场上抛售项目资产或股份，以弥补贷款本息。而在契约型投资结构或合伙制结构中，项目资产或权益的出售要经过所有投资者的一致同意等限制，转让成本较高。因此，从资产转让灵活性的意义上来说，公司型投资结构比契约型投资结构更受银行青睐。

（三）合资协议中的关键性条款

合资协议是项目投资结构中的根本性文件，此文件在公司型合资结构中通常称为股东协议，在合伙制合资结构中称为合伙人协议。信托基金结构的文件形式略微复杂，一般由三个文件构成：信托契约、管理协议和信托基金单位持有人协议。无论项目采用哪一种投资结构，有一些带有共性的关键性问题是所有的合资项目都会面对的，并且需要针对项目的法律结构、投资者的性质和战略目标、项目的生产管理和市场安排、项目的融资方式等一系列问题，通过投资者之间的谈判协商来加以解决。

1. 合资项目的经营范围

合资项目的经营范围的任何延伸或收购新的项目都必须得到投资者全部认可，并保证所有投资者在项目外均不得从事与合资项目相竞争的商业活动。

2. 投资者在合资项目中的权益

非公司型合资公司需要明确的是投资者在项目中拥有的资产是全部资产中不可分割的一部分，保留独立的法律所有权；公司型合资公司更注重项目产品的分配，需要注意的是各投资方的利益分配问题。

3. 项目的管理和控制

包括重大问题的决策和日常的生产管理两个方面。合资型公司的决策权在董事会，非公司型合资公司的决策权在项目的管理委员会，通常是成立一个项目管理公司负责向管委会报告工作。

4. 项目预算的审批程序

项目公司需要在一个财政年度开始前向管委会提交项目预算。一般分为重大资本支出、日常性资本支出、生产费用三个层次。

5. 违约行为的处理

非公司型合资结构或合伙制最常见的违约是投资者不承担或无法承担继续支付项目的资本支出或生产费用的责任。公司型投资结构比较复杂，取决于投资者在项目中所承担的义务。违约行为处理方法有以下几种：① 违约方权益的稀释；② 违约方权益的没收；③ 非违约方接管违约方责任的权利；④ 非违约方处理违约方产品的权力；⑤ 非违约方强制收购；⑥ 违约方的部分权益损失；⑦ 惩罚性利息。

6. 融资安排

对于非公司型合资结构，如果一个投资者以相应的项目资产和权益作为抵押安排融资，违约行为就会造成贷款银行与非违约方之间的利益冲突，处理两者之间的关系就变成了一个相当复杂的法律和实际问题。对于公司型合资结构，如果一个投资者以相应的项目公司股权及其他权益作为抵押安排融资也会遇到类似的问题。

7. 优先购买权

是指合资项目中现有投资者按照规定的价格公式和程序可以优先购买其他投资者在项目中的资产的权利。在一个合资项目中投资者的交售程度和可靠性是保证项目成功的重要因素之一。为了阻止不被现有投资者欢迎的人进入项目，或者为了阻止某个投资者以低于市场价值的价格出售项目资产或股权，绝大多数的合资协议中规定现有投资者拥有项目的优先购买权。

8. 项目决策僵局的处理方法

在50%:50%的合资结构中，有时会出现合资双方在某一决策问题上争执的情况，由于双方持有的股份或权利相等而无法作出决策，这就是所谓的项目决策中的僵局。在合资结构中，如果一个或数个投资者对项目决策持有否决权时，也会出现项目决策上的僵局。严重的项目决策僵局会造成项目的重大损失。为了避免项目运转出现僵局而同时保护一方或一部分投资者的利益，需要在合资协议规定相应的处理僵局的机制。一般的处理僵局的方法包括协调、第三方仲裁、限制性收购。

二、项目融资渠道

项目融资的一个重要特点是多元化的融资，其融资渠道是多种多样的。项目融资的各种资金来源从总体上看可以划分为项目股本资金和项目债务资金两类，二者的比例就形成了一个项目的资金结构。下面首先从股本资金和债务资金这两个方面介绍项目资金来源渠道。

（一）项目股本资金的筹集

股本资金是投资者投入的风险资金，它是项目融资的基础。在资金偿还序列中股本资金排在最后一位。对于项目投资者，股本资金在承担风险的同时，也会由于项目具有良好的发展前景从而能够为其带来相应的投资收益。在项目融资案例中，具体分为股本资金和准股本资金。

1. 股本资金

在项目融资中，股本资金所起到的作用表现在三个方面：① 股本资金标志着一个稳固的财务基础，可提高项目的抗风险能力；② 投资者在项目投入资金的多少与其对项目管理和前途的关心程度是成正比的；③ 股本资金的投入代表着投资者对项目的承诺和对项目未来发展前景的信心，对于组织融资可以起到很好的心理鼓励作用。

一直以来，项目公司的股本资金来源相对比较简单，基本上来自投资者的直接资金投入，被称为投资者的自有资金。近年来资本市场的发展为项目融资提供了新的资金来源。在安排项目融资的同时，直接安排项目公司上市，通过发行项目公司股票的方式来筹集项目融资所需要的股本资金。在资本市场募集资金可以采取两种基本方式：私募和公开募集。私募是指将股票直接出售给投资者，不通过公开市场销售。公开募集是在证券市场上公开向社会发行股票。在证券市场上公开发行股票，需要取得证券监管机关的批准，并通过证券公司或投资银行向社会推销，提供冗长的文件，保证公司的信息披露、公司的经营及财务透明度。公开募集的筹资费用较高，筹资时间较长。私募程序可相当简化，但在信息披露方面仍必须满足投资者的要求。此外，项目公司还可以在资本市场上以增配股方式募集资金。增配股是向公司现有股东增发股、配股募集资金。

2. 准股本资金

准股本资金是指项目投资者或者与项目利益有关的第三方所提供的一种从属性债务。准股本资金是相对股本资金而言的，需要具备以下的性质：① 债务本金的偿还需要具有灵活性，不能规定在某一特定期间强制性地要求项目公司偿还从属性债务；② 从属性债务在项目资金优先序列中要低于其他的债务资金，但是高于股本资金；③ 当项目破产时，在偿还所有的项目融资贷款和其他的高级债务之前，从属性债务将不能被偿还。

对于项目投资者而言，为项目提供准股本资金要比提供股本资金具有以下三个优点：① 投资者在安排资金时具有较大的灵活性；② 在项目融资安排中，对于项目公司的红利分配通常有着很大的限制，但是可以通过谈判减少对从属性债务在这方面的限制，尤其是对债务利息支付的限制；③ 从属性债务为投资者设计项目的法律结构提供了较大的灵活性。

项目融资中最常见的准股本资金投入形式有无担保贷款、可转换债券和零息债券。无担保贷款在形式上与商业贷款相似，贷款协议中包括贷款金额、期限、利率、利息支付、本金偿还等主要条款，但是，贷款没有任何项目资产作为抵押和担保，本息的支付也通常带有一定的附加限制条件；可转换债券在其有效期只需支付利息，但是在一个特定的时期（通常为债券到期日或者某一段时间）内，债券持有人有权选择将债券按照规定的价格转换成为公司的普通股；零息债券是只计算利息但不支付利息的一种债券，在债券发行时，根据债券的面值、贴现率和到期日贴现计算出债券的发行价格，债券持有人按发行价格认购，债券发行价格与其面值的差额就是债券持有人的收益。

（二）项目债务资金的筹集

项目债务资金是指项目融资中除股本资金外，以负债方式取得的资金。合理安排债务资金比例是解决融资项目资金结构问题的核心所在。对于投资者来说，债务资金可以从本国资金市场和外国资金市场来筹措。本国资金市场包括国内金融市场和政府贷款；外国资金市场包括外国金融市场、欧洲货币市场、外国政府出口信贷、多边金融机构贷款。

1. 影响债务资金形式的基本因素

（1）债务期限。项目融资结构中的债务资金基本上是长期性的资金，即便是项目的流动资金，多数情况下也是在长期资金框架内的短期资金安排。

（2）债务偿还。长期债务一般根据事先确定的还款计划表来还本付息。对于有限追索的融资，还款通常由专门设立的借款公司或由贷款银团经理人控制的偿债基金来完成。

（3）债务序列。债务安排可以根据其依赖于公司（或项目）资产抵押的程度或者外部信用担保程度而划分为由高到低不同等级的序列。在公司出现违约的情况下，公司资产和其他抵押、担保权益的分割将严格地按照债务序列进行。从属性债权人的位置排在有抵押权和担保权的高级债权人之后。

（4）债权保证。项目融资的债权保证在含义上比公司融资广泛许多。除了包括以项目资产为抵押外，还包括：① 对项目现金流量使用和分配权的控制；② 对项目公司银行往来账户的控制；③ 对有关项目的一切商业合同权益的控制；对项目投资者给予项目的担保或来自第三方给予项目的担保及其权益转让的控制。

（5）违约风险。项目融资出现借款人违约而债务无法获得偿还的可能性，主要有三种形式：① 项目的现金流量不足以支付债务的偿还；② 项目投资者或独立第三方不执行所承担的具有债权保证性质的项目义务；③ 在项目公司违约时，项目资产的价值不足以偿还剩余的未偿还债务。

（6）利率结构。项目融资中的债务资金利率主要为浮动利率、固定利率以及浮动/固定利率。在项目融资中，利率结构需要考虑三个方面的因素：① 项目现金流量的特征；② 金融市场上利率的走向；③ 借款人对控制融资风险的要求。

（7）货币结构与国家风险。项目融资债务资金的货币结构可以依据项目现金流量的货币结构加以设计，以减少项目的外汇风险。为减少国家风险和其他不可预见风险，国际上大型项目的融资安排往往不局限于在一个国家的金融市场上融资，也不局限于一种货币融资。事实证明，资金来源多样化是减少国家风险的一种有效措施。

2. 债务资金的主要来源渠道

项目债务资金的主要来源渠道包括贷款融资、债券融资、商业票据融资及其他形式的融资。

（1）贷款融资是项目发起人为投资项目融通资金的一个非常重要的渠道，有些项目甚至由贷款构成其债务融资的全部。贷款融资具体分为国内贷款融资和国外贷款融资。国内贷款融资包括商业银行贷款和政策性银行贷款，国外贷款主要有国际金融组织贷款和国际银团贷款。

（2）债券融资也是项目融资较大的资金来源，越来越多的项目通过债券融资，特别是在欧洲债券市场和美国债券市场融资。欧洲债券是指外国政府、企业机构或国际机构在一国债券市场上发行的、以发行国以外的第三国货币（通常是可自由兑换货币）为面值的债券，如欧洲美元债券、欧洲英镑债券、欧洲马克债券等。而在美国的货币市场上公开发行债券，必须经过权威机构的信用等级评级。在债券市场筹集资金，可以通过发行不同的债券来达到借款人不同的目的。传统上将债券分为以下几种：固定利率债券、变动利率债券、浮动利率债券、双货币债券、商品关联债券、附有其他权利的债券等。

（3）商业票据是享有信誉的大企业在金融市场上筹措短期资金的借款凭证，是一种附有固定到期日的无担保的本票。商业票据的主要投资者是工业企业、保险公司、各种基金（如退休基金、养老基金）及个人。票据的销售价格是基于国际资本市场情况和主要的评级公司所授予的信用等级而定的，一般以贴现方式发行。商业票据融资主要为欧洲商业票据融资和美国商业票据融资。一般来说，欧洲商业票据和美国商业票据具有以下不同之处：

① 平均融资期限不同。欧洲商业票据期限较长，它可长达美国商业票据期限的两倍左右。

② 投资方式不同。商业票据存在着活跃的二级市场，而美国商业票据通常被原始持有者持有到期。

③ 投资主体不同。在欧洲商业票据市场上，中央银行、商业银行和公司是其重要的投资者，而美国商业票据以货币市场基金为投资主体。

④ 信用评级的要求不同。只有一部分欧洲商业票据的发行进行过信用评级，而在美国商业票据市场上，信用评级是一个必须的条件。

⑤ 融资的灵活性不同。欧洲商业票据显现出更大的灵活性。比如，其票面货币可以是多国的，即在一次票据发行总额中，可以有多种货币组成；但美国商业票据只能以美元为计价货币。

（4）其他形式的资金来源还包括融资租赁、市政债券、投资基金及从项目参与者取得的融资。

① 采用融资租赁方式时，通常由承租人选定需要的设备，由出租人购置后租赁给承租人使用，承租人向出租人支付租金，承租人租赁取得的设备按照固定资产计提折旧；租赁期满，设备一般要归承租人所有，由承租人以按事先约定的很低的价格向出租人收购的形式取得设备的所有权。

② 市政债券是指由地方政府或其授权代理机构发行、用于当地城市基础设施和社会公益性项目建设的有价证券。根据信用基础不同，市政债券可分为一般责任债券和工业收益债券两大类。

③ 投资基金对于私人企业的融资日益重要，尤其是以政府为发起人的投资基金在项目融资中经常被用来作为解决项目资金的重要渠道。在发展中国家，作为世界银行集团的附属机构——国际金融常充当组建投资基金的专家，通过这些投资基金提供的股本投资来支持发展中国家项目的开发与建设。

④ 项目参与者同样可以给项目提供一定的资金支持。如项目工程建设单位可能愿意对项目提供贷款，以支持其取得项目建设合同。其他参与者如设备供应商、项目经营者、原材料供应者等，也都从各自目的出发可能对项目提供资金。

第四节　项目融资模式

项目融资模式是项目直接投资者和主办人结合项目本身的特点，在项目运行中存在的各种风险因素及可能的风险分摊方式，考虑项目资金的来源及可能取得资金的方式。所以，项目融资模式是指项目法人取得资金的具体形式，它是项目融资整体结构的组成的核心部分。本节主要介绍项目融资模式的一般问题，包括设计项目融资模式的基本原则，项目融资的结构特征，项目融资的主要模式。

一、项目融资模式设计的原则

由于项目在行业性质、投资结构等方面的差异，以及投资者对项目的信用支持、融资战略等方面的不同考虑，任何两个项目融资的模式很少是完全一样的。但各种融资模式中总是包含一些共性的东西，即在设计项目融资模式时所必须遵循的一些基本原则。

（一）实现适当条件下的有限追索融资

融资项目的投资额度和风险性往往超过项目投资者的承受能力，因此，实现融资对项目投资者的有限追索是设计项目融资模式的一个最基本的原则。但一个具体项目融资的追索形式和追索程度，取决于贷款银行对一个项目的风险的评价以及项目融资结构的设计。包括例如所处行业的风险系数、投资规模、投资结构、项目开发阶段、项目经济强度、市场安排以及项目投资者的组成、财务状况、生产技术管理、市场销售能力等。为了限制融资对项目投资者追索责任，需要考虑三个方面的问题：

（1）项目的经济强度在正常情况下是否足以支持融资的债务偿还；

（2）项目融资是否能够找到强有力的来自投资者以外的信用支持；

（3）对于融资结构的设计能否作出适当的技术性处理。

（二）实现项目风险的合理分担

确保项目直接投资者不承担项目的全部风险责任是项目融资模式设计的第二条基本原则。实现这一目标的关键是如何在投资者、贷款银行以及其他与项目利益有关的第三方之间有效地分摊项目的风险。项目在不同阶段中的各种性质的风险有可能通过合理的融资结构设计将其分散。例如，项目投资者可能需要承担全部的项目建设期和试生产期风险，但是，在项目建成投产以后，投资者所承担的风险责任将有可能被限制在一个特定的范围内，如投资者有可能只需要以购买项目全部或者绝大部分产品的方式承担项目的市场风险。项目风险的分担同样离不开投资结构的支持。例如，在合资项目中主要投资者通过引入一些小股东保证一部分项目产品市场的方法，就可以起到很好的分担市场风险的作用。

（三）最大限度的降低融资成本

项目融资涉及的投资数额大，资本密集程度离，运作的周期长，因此，如何实现最大限度的降低融资成本是在项目融资结构的设计与实施过程中需要考虑的重要问题。在具体设计项目融资模式时，应考虑以下三方面因素：

（1）完善项目投资结构设计，增强项目的经济强度，降低风险以获取较低的债务资金成本；

（2）合理选择融资渠道，优化资金结构和融资渠道配置；

（3）充分利用各种税收优惠，如加速折旧、税务亏损结转、利息冲抵所得税、减免预提税、费用抵税等。世界上多数国家会为大型工程项目提供一些相应的鼓励政策以及对企业税务亏损的结转问题的优惠条件。

（四）实现发起人股本金的较少投入

任何项目的投资，包括采用项目融资安排资金的项目都需要项目投资者注入一定的股本资金作为对项目开发的支持。然而，项目融资中股本资金的注入方式比传统的公司融资更为灵活，这就为设计项目融资模式，争取实现发起人对项目较少的股本投入提供了条件。但是，这需要在设计融资结构时充分考虑最大限度地控制项目的现金流量，保证现金流量不仅可以满足项目融资结构中正常债务部分的融资要求，而且还可以满足股本资金部分的融资要求。

（五）处理好项目融资与市场安排之间的关系

项目融资与市场安排之间的关系具有两层含义：① 长期的市场安排是实现有限追索项目融资的一个信用保证基础；② 以合理的市场价格从投资项目中获取产品是很大一部分投资者从事投资活动的主要动机。然而，从贷款银行的角度看，低于公平价格的市场安排银行将需要承担更大的风险，但对于项目投资者来说，高于公平价格的市场安排则意味着全部地或部分地失去了项目融资的意义。因此，能否确定以及如何确定项目产品的公平市场价格对于借贷双方来说均是处理融资与市场安排的一个焦点问题。国际项目融资在多年的发展中积累了大量处理融资与市场关系的方法和手段，包括“无论缺货与否均需付款”与“提货与付款”类型的长期市场合约和政府特许权合约等直接性市场安排，以及将融资与项目产品联系在一起的结构性市场安排，如产品支付、产品贷款等多种形式。

（六）实现投资者非公司负债型融资

实现非公司负债型融资是一些投资者选用项目融资的重要原因。通过设计项目的投资结构，在一定程度上可以做到不将所投资项目的资产负债与投资者本身公司的资产负债表合并，多数情况下这种安排只适用于共同安排融资的合资项目中的单个投资者。单独安排融资的投资者通过项目融资模式的设计同样也能达到这一目的。例如，在项目融资中可以把一项贷款或一项为贷款提供的担保设计成为“商业交易”的形式，按照“商业交易”来处理，既实现了融资的安排，也达到了不把这种贷款或担保列入投资者的资产负债表的目的。另一种做法是在BOT项目融资模式中，政府以特许权协议为手段，利用私人资本和项目融资兴建本国的基础设施，一方面达到了改善本国基础设施状况的目的，另一方面又有效地减少了政府的直接对外债务。

（七）实现融资结构最优化

所谓融资结构是指融通资金的组成要素，如资金来源、融资方式、融资期限、利率等的组合和构成。要做到融资结构的优化，应该把握的基本原则是：以融资需要的资金成本的筹资效率为标准，力求融资组成要素的合理化、多元化，即筹资人应避免依赖于单一融资方式、单一资金来源、单一货币资金、单一利率和单一期限的资金，而应根据具体情况，从筹资人的实际资金需要出发，注意内部筹资与外部筹资、直接融资与间接融资相结合，以提高筹资的效率与效益，降低筹资成本，减少筹资风险。

二、项目融资模式的结构特征

由于时间、地理位置、项目性质、投资者状况及目标要求等多方面的差别，每个具体的项目融资方案都有各自不同的特点，但是，基本的项目融资模式仍离不开以下三方面的结构特征：

（一）在贷款形式方面的特征

贷款形式具有两方面的特征：

（1）贷款方为借款方提供有限追索权或无追索权的贷款，该贷款的偿还将主要依靠项目的现金流量；

（2）通过“远期购买协议”或“产品支付协议”，由贷款方预先支付一定的资金来“购买”项目的产品或一定的资源储量（最终将转化为销售收入）。

（二）在信用保证方面的特征

无论采取哪种项目融资模式，最重要的环节是建立结构严谨的担保体系。这种担保体系的构造一般具有以下特征：

（1）贷款银行要求对项目的资产拥有第一低押权，对于项目的现金流量具有有效的控制权；

（2）一般要求项目投资者将与项目有关的一切契约性权益转让给贷款银行；

(3) 要求项目投资者成立一个单一业务的实体，即把项目的经营活动尽量与投资者的其他业务分开，除了项目融资安排外，限制该实体筹措其他债务资金；

(4) 对于从建设期开始的项目，要求项目投资者或项目工程公司提供项目的完工担保，以保证项目按商业标准完工；

(5) 除非贷款银行对项目产品的市场状况充满信心，在项目经营阶段，一般都会要求项目提供类似“无论提货与否均需付款”或“提货与付款”性质的市场合约安排，以保证项目生产稳定的现金流量。

(三) 在时间结构方面的特征

无论一个融资方案如何复杂，贷款协议至少应明确项目中的两个阶段：开发建设阶段和投入经营阶段。

1. 在项目开发建设阶段，贷款多是完全追索性的

对于贷款银行来说，在项目开发建设阶段风险是最高的，因此，在这个阶段，贷款往往具有完全追索权，并由项目发起人提供具有法律效力的担保。当然，贷款方还有另外一种策略，提高利率并同时购买承建合同的担保及相关的履约担保。在这一阶段，贷款的发放往往是随着工程的进度而逐步到位的，但贷款利息的偿还通常可以往后推迟。推迟的方法有两种：一是把贷款的利息先累积起来，等项目投产后有了净现金流量后再分期偿还；二是可以选择从银行贷出新款还旧债的方式。根据各方事先在合同中规定好的标准，经过独立的专家审核，确定项目达到各项完工标准后，贷款方对项目发起人的追索权会被撤销或降格，贷款率也可能会随之下调。

2. 在项目经营阶段，贷款可能被安排成有限追索或无追索的

在项目的投资经营阶段，贷款人会进一步要求以项目产品销售收入和项目其他收入作担保。贷款利息和本金的偿还速度通常是和项目的预期产量、销售收入和其他应收款项相关联的，项目净现金流量的一个固定比例会自动用于债务偿还。而且，在贷款协议中一般还会规定，在某些特殊情况下，用于偿还贷款的比例可以增加，甚至可以达到100%，例如，如果产品的需求或产量明显低于预期，或贷款者有正当的理由认为项目的前景以及项目所在国的政治、经济环境发生恶性逆转等。

三、项目融资的主要模式

项目融资是一个多元化的融资，其融资渠道是多样化的，其融资模式同样也是多样化的。因此，下文选择和归纳了几种具有代表性的项目融资模式：投资者直接安排项目融资模式、投资者通过项目公司安排融资模式、以“设施使用协议”为基础的

项目融资模式、以“产品支付”为基础的项目融资模式、以“杠杆租赁”为基础的项目融资模式、BOT项目融资模式和ABS项目融资模式。

（一）投资者直接安排项目融资模式

1. 投资者直接安排项目融资模式

由项目投资者直接安排项目融资，并且直接承担起融资安排中相应的责任和义务，是结构上最简单的一种项目融资模式。这种模式适用于投资者本身公司的财务结构不很复杂的情况，有利于投资者税务结构方面的安排，对于资信状况良好的投资者，直接安排融资还可以获得相对成本较低的贷款。在投资者直接安排融资的结构中，需要注意两方面的问题：一是如何限制贷款银行对投资者的追索权利；二是项目贷款很难安排非公司负债型的融资。投资者直接安排项目融资的模式，在非公司型合资结构中比较常用，因为绝大多数的非公司型合资结构不允许以合资结构或管理公司的名义融资。在这种融资结构中，又可以分为两种操作方法：

（1）面对共同的借款银行和市场安排。

由项目投资者直接安排融资，但各个投资者在融资过程中面对的是共同的贷款银行和相同的安排，具体操作过程如下：

① 项目投资者根据合资协议组成非公司型合资结构，并按照投资比例合资组建一个项目管理公司负责项目的建设和生产经营，项目管理公司同时也作为项目投资者的代理人负责项目的产品销售。项目管理公司的这两部分职能分别通过项目的管理协议和销售代理协议加以规定和实现。

② 根据合资的规定，投资者独立与贷款银行签署协议，分别在项目中投入相应比例的自有资金，并统一安排项目融资用于项目的建设资金和流动资金。

③ 在项目建设期间，项目管理公司代表投资者与工程公司签订工程建设合同，监督项目的建设，支付项目的建设费用；在项目生产期间，项目管理公司负责项目的生产管理，并作为投资者的代理人销售项目产品。

④ 项目的销售收讫将首先进入一个贷款银行监控下的账户，用于支付项目的生产费用和资本再投入，偿还贷款银行的到期债务，最后，按照融资协议的规定将盈利资金返还给投资者。

（2）投资者独立安排融资和承担市场销售责任。

在这种融资模式中，项目投资者组成非公司型合资结构，投资项目由投资者而不是项目管理公司组织产品销售和债务偿还。这种融资模式在安排融资时更具有灵活性，其操作过程如下：

① 项目投资者根据合资协议组建合资项目，任命项目管理公司负责项目的建设

和生产管理；

② 投资者按照投资比例，直接支付项目的建设费用和生产费用，根据自己的财务状况自行安排融资；

③ 项目管理公司代表投资者安排项目建设，安排项目生产，组织原材料供应，并根据投资比例将项目产品分配给项目投资者；

④ 投资者以“无论提货与否均需付款”协议的规定价格购买产品，其销售收入根据与贷款银行之间的现金流量管理协议进入借款银行监控账户，并按照资金使用序列的原则进行分配。在公司型合资结构中，投资者有时也可以为其股东资金投入部分直接安排融资。但是，由于贷款银行缺乏对项目现金流量的直接控制，实际上做到有限追索的项目融资是很困难的。

2. 投资者直接安排项目融资的特点

投资者直接安排项目融资的融资模式具有以下特点：

(1) 投资者可以根据其投资战略的需要，较灵活地安排融资结构。这种灵活性表现在三个方面：融资结构及融资方式上的选择，债务比例安排，投资者在商业社会中的信誉运用。

(2) 投资者直接拥有项目资产并控制项目现金流量的投资结构，因此，可以比较充分地利用项目的税务亏损或优惠条件组织债务，降低融资成本。

(3) 融资可以在有限追索的基础上，追索的程度和范围可以在项目不同阶段之间发生变化，但是项目融资的结构可能比较复杂。结构的复杂性主要表现为两个方面：

① 如果合资结构中的投资者在信誉、财务状况、市场销售和生产管理能力等方面不一致，就会增加以项目资产及现金流量作为融资担保抵押的复杂性；

② 在安排融资时，需要注意划清投资者在项目中所承担的融资责任和投资者其他业务之间的界限。

但是，采用这种结构较难实现将项目融资安排成为非公司负债型的融资形式。

(二) 投资者通过项目公司安排融资模式

1. 项目投资者通过建立一个单一目的的项目公司来安排融资有两种基本形式

(1) 投资者通过项目子公司对项目投资的形式。

在契约型合资结构、合伙制结构甚至公司型合资结构中，项目的发起人经常建立一个单一目的的项目子公司作为投资载体，以该项目子公司的名义与其他投资者组成合资结构安排融资。这种融资模式特点是项目子公司将代表发起人承担项目中全部的或主要的经济责任。但是，因为该公司是投资者为一个具体项目专门组建的，缺乏必要的信用和经营历史（有时也缺乏资金），所以可能需要发起人一定的信用支持和保证。在项目融资中，这种信用支持一般至少包括项目的完工担保和保证项目子公司具备良好的经营管理的意向性担保。

采用这种结构的安排，对于其他投资者和合资项目本身而言，与投资者直接安排融资区别不大，然而对于发起人而言却更有好处：

① 容易划清项目的债务责任。贷款银行的追索权只能涉及项目子公司的资产和现金流量，其母公司除提供必要的担保以外不承担任何直接的责任，融资结构较投资者直接安排融资要相对简单、清晰一些。

② 项目融资有可能被安排成为非公司负债型的融资。

③ 在税务结构安排上的灵活性可能会差一些，但这也不一定就构成这种融资模式的缺陷，这取决于各国税法对公司之间税务合并的规定。

(2) 共同组建项目公司的形式。

通过项目公司安排融资中最主要的一种项目融资模式。在这种融资模式中，由项目投资者共同投资组建一个项目公司，再以该公司的名义拥有、经营项目和安排项目融资。采用这种模式，项目融资由项目公司直接安排，债务的主要信用保证担保来自项目公司的现金流量、项目资产以及项目投资者所提供的与项目有关的担保和商业协议。对于具有较高经济强度的项目，这种融资模式甚至可以安排成为对投资者无追索的形式。其基本操作过程如下：

① 项目投资者根据股东协议组建项目公司，并注入一定的股本资金；

② 项目公司作为独立的生产经营者，签署一切与项目调度、生产和市场有关的合同，安排项目融资，建设经营并拥有项目；

③ 项目融资安排在对投资者有限追索的基础上；在项目建设期间，投资者为贷款银行提供完工担保。

2. 项目投资者通过项目公司安排融资的特点

项目投资者通过项目公司安排融资具有以下特点：

(1) 项目公司统一负责项目的建设、生产、市场，并且可以整体地使用项目资产和现金流量作为融资的抵押和信用保证，在概念上和融资结构上容易被贷款银行所接受，法律结构相对比较简单。

(2) 项目投资者不直接安排融资，而是通过间接的信用保证形式支持项目公司的融资，投资者的债权债务均有明确表示，因此容易实现有限追索的项目融资和非公司负债型融资的目标要求。

(3) 在公司合资型合资结构中，通过项目公司安排融资，可以充分利用大股东在管理、技术、市场和资信等方面的优势获得较优惠的贷款条件，同时也避免了投资者之间为安排融资造成的相互竞争。

(4) 这种融资模式也有其缺陷，主要表现在融资灵活性差，很难满足不同投资者对融资的各种要求：

① 在税务结构安排上缺乏灵活性，项目的税务优惠或亏损只能保留在项目公司中应用；

② 在债务形式选择上缺乏灵活性，由于投资者缺乏对项目现金流量的直接控制，在资金安排上有特殊要求的投资者就会受到资金投入方式的局限。

（三）以“设施使用协议”为基础的项目融资模式

1.“设施使用协议”项目融资模式的定义及适用范围

这种设施使用协议是指某种工业设施或服务性设施的提供者和使用者之间达成的一种具有无论使用与否均需付款性质的协议。因此，设施使用协议就构成了项目融资安排中的主要担保来源。以此协议为基础构造的一种有限追索项目融资，即为以“设施使用协议”为基础的项目融资模式。

这种融资模式最初主要运用于带有服务性质的项目，如天然气管道项目、发电设施、某种专门产品的系统以及港口、铁路设施等。20 世纪 80 年代以来，由于在很长一个时期内国际原材料市场不景气而导致与原材料有关的项目投资风险过高，这种融资模式也开始被引入工业项目之中，从而这种融资模式得以在其他投资项目得到推广。

2. 以“设施使用协议”为基础的项目融资模式的操作程序

(1) 项目投资者与项目设施使用者签订具有“无论提货与否均需付款”性质的设施使用协议。根据该项协议，项目设施的使用者承诺在项目融资期间定期地向设施提供者（项目投资者）支付一定数量的预先确定下来的项目设施的使用费。一般来说，如果项目设施用户是资信良好的国际大公司，无需再提供任何信用担保；但如果是小公司，就要出示银行担保信用证，担保使用者一定履行其使用项目设施并支付设施使用费的责任。

(2) 项目投资者根据用户提供的设施使用协议，投资组建项目公司，由该公司负责拥有、建设、经营整个项目。由于有设施使用协议为基础，项目的经营收入是相对稳定和有保障的，因此，除项目投资者少量的初始资金投入外，该项目公司可通过发行股票等方式吸引当地政府、机构投资者和公众的资金。

(3) 选择项目的建设工程公司，签订交钥匙工程建设合同。选择的工程公司通常必须具备一定的资信和经验，并且应提供由贷款银行所认可的银行出具的履约担保。

(4) 构造项目融资担保体系。项目投资者将其与项目设施用户签订的设施使用协议的权益转让给项目公司，再由项目公司将该协议与工程公司签订的交钥匙工程建设合同及由银行提供的工程履约担保组合在一起，将其权益转让给贷款银行，这样一个以“设施使用协议 ”为基础的项目融资担保结构就组建成了。

3. 设施使用协议融资模式的特点

利用设施使用协议安排项目融资，其成败的关键是项目设施的使用者能否提供一个强有力的具有无论使用与否均需付款性质的付费承诺。因此，以“设施使用协议”为基础的项目融资模式具有以下特点：

(1) 具有“无论提货与否均需付款”性质的设施使用协议是无条件性的，不可撤销的。

(2) 设施使用协议的权益是可以被转让的，如转让给提供资金的贷款银行。

(3) 项目投资者只需提供一定的完工担保。由于将设施使用协议中无条件地取得使用费的权益转让给了贷款银行，因此，项目投资者只需提供一定的完工担保，就构成了项目信用保证结构的主要组成部分。

(4) 设施使用协议的使用费用应足以支付项目的生产经营成本和项目债务还本付息额。在确定使用费的金额时，应考虑至少以下因素：① 项目生产运行成本和资本投入费用；② 融资成本，包括项目融资的本金和利息的偿还；③ 投资者的收益。

(5) 投资结构的选择比较灵活，既可以采用公司型合资结构，也可采用非公司型合资结构、合伙制结构或信托基金结构。

(6) 项目投资者可以利用与项目利益有关的第三方（如项目设施使用者）信用来安排融资额，分散风险，节约初始资金的投入。因而特别适用于资本密集、收益相对稳定的基础设施类项目的融资。

（四）以“产品支付”为基础的项目融资模式

1. “产品支付”的定义及适用范围

“产品支付”融资模式起源于20世纪50年代美国的石油天然气项目开发的融资安排。这种融资模式完全以产品和这部分产品销售收益的所有权作为担保品，而不是采用转让或抵押方式进行融资。这种形式是针对项目贷款的还款方式而言的，借款方在项目投产后不以项目产品的销售收入来偿还债务，而是直接以项目产品来还本付息。在贷款得到偿还前，贷款方拥有项目部分或全部产品的所有权。在绝大多数情况下，“产品支付”只是产权的转移而已，而非产品本身的转移，通常贷款方要求项目公司重新购回属于它们的产品或充当它们的代理人来销售这些产品。因此，销售的方式可以是市场销售，也可以是由项目公司签署购买合同一次性统购统销。无论是哪种情况，贷款方都用不着接受实际的项目产品。因此，“产品支付”融资适用于资源储量已经探明，资助项目生产的现金流量能够比较准确地计算出来的项目。

2.“产品支付”项目融资的操作程序

“产品支付”项目融资模式的操作过程如下：

(1) 由贷款银行建立一个特别目的的金融公司（即 SPV），专门负责公司购买一定比例的资源产品作为融资基础。这个专设公司一般以信托基金结构组成。

(2) 贷款银行把资金贷给该专设公司，专设公司再根据产品协议将资金注入项目公司，以表示从项目公司那里购买一定量的项目产品。项目公司同意把产品卖给专设公司，产品的定价要在产品本身价格的基础上考虑“利息”因素，也就是项目公司要多给专设公司一些产品。

(3) 专设公司以对产品的所有权及其有关购买合同作为对贷款银行的还款保证。

(4) 项目公司从专设公司那里得到“购货款”作为项目的建设和资本投资资金，开发建设项目。

(5) 当项目投产以后，产品销售的方法有两种选择：一是由专设公司在市场上直接销售产品或销售给项目公司或其他公司，用销售款来偿还其自身的“购货款”；二是由项目公司以专设公司代理人的身份把产品卖给用户，然后把销售收入付给专设公司，专设公司再以这笔收入来偿还银行贷款。根据“产品支付”协议，贷款银行所取得的权利仅限于让与它的那一部分项目产品，产品所有权属于它，如果项目产品销售所得的收入不足以偿还其贷款，贷款人也无权请示补偿。

3.“产品支付”融资的特点

以“产品支付”为基础组织起来的项目融资，在具体操作上具有以下基本特征：

(1) 独特的信用保证结构。

“产品支付”是通过直接拥有项目的产品，而不是通过抵押或权益转让方式来实现融资的信用保证。因此，对于那些资源属于国家所有的项目，项目投资者获得的只是资源开采权，这时“产品支付”的信用保证是通过购买项目未来生产的现金流量，加上资源开采权和项目资产的抵押实现的。

(2) 贷款银行的融资容易被安排成为无追索或有限追索的形式。

由于所购买的资源储量及其销售收益被用作“产品支付”融资的主要偿债资金来源，贷款偿还比较可靠，所以，贷款比较容易被安排成为无追索或有限追索的形式。而融资的资金数量取决于“产品支付”所购买的资源储量的预期收益在一定利率条件下体现出来的资产现值，如何计算现值就成为安排“产品支付”融资的关键性问题。为了计算资源储量现值，一般需要确定以下因素：① 已证实的资源总量；② 资源价格；③ 生产计划，包括年度开采计划和财务预算；④ 通货膨胀率、汇率、利率和其他一些经济因素；⑤ 资源税和其他有关政府税收等。

(3)“产品支付”中的融资期限一般应短于项目预期的经济生命期。

(4)“产品支付”中的贷款银行一般只为项目的建设和资本费用提供融资。

(五)以“杠杆租赁”为基础的项目融资模式

1. 杠杆租赁的定义及其优越性

(1)杠杆租赁的定义。

根据出租人购置一项租赁设备的出资比例，可将金融租赁划分为直接租赁和杠杆租赁两种类型。直接租赁是指在一项租赁交易中，由出租人承担100%的设备购置成本；而杠杆租赁是指在融资租赁中，设备购置成本的小部分由出租人承担，大部分由银行等金融机构提供贷款补足的租赁业务。出租人一般只需投资购置设备所需款项的20%~40%，即可在经济上拥有设备所有权，购置成本的借贷部分称为杠杆。在项目融资中，得到普遍运用的是杠杆租赁。

在杠杆租赁中，通过这一财务杠杆作用，充分利用政府提供的税收好处，使交易各方，特别是使出租方、承租方和贷款方获得一般租赁所不能获得的更多的经济效益。租赁的对象可以是融资项目及其他资本品，甚至可以是整个项目，在这种情况下，一般是项目公司将整个项目及资产出售给金融租赁公司，再与之签订租赁协议将其承租回来开发、建设。在项目融资的租赁安排中，提供租赁的出租人可以是以下三方：① 专业租赁公司、银行和财务公司，这些机构可以为项目安排融资租赁，包括直接租赁和杠杆租赁；② 设备制造商和一部分专业性租赁公司，这些机构主要为项目安排经营租赁；③ 项目的发起人以及与项目发展有利益关系的第三方，也可以采取租赁形式将资金投入到项目中，包括经营租赁、直接租赁和杠杆租赁等。

(2)杠杆租赁的优越性。

对项目发起人及项目公司来说，采用租赁融资解决项目所需资金，具有以下好处：

① 项目公司仍拥有对项目的控制权。根据金融租赁协议，作为承租人的项目公司拥有租赁资产的使用、经营、维护和维修权等。在多数情况下，金融租赁下的资产甚至被看成由项目发起人完全所有、由银行融资的资产。

② 可实现100%的融资。在杠杆租赁融资模式中，由金融租赁公司的部分股本资金加上银行贷款，就可全部解决项目所需资金或设备，项目发起人不需要再进行任何股本投资。

③ 较低的融资成本。项目公司通过杠杆租赁融资付出的融资成本往往低于银行贷款的融资成本，尤其是大项目公司自身不能充分利用税务优惠的情况下，因为大多国家金融租赁可享受到政府的融资优惠和信用保险。

④ 可享受税前偿租的好处。在金融租赁结构中，项目公司支付的租金可以被当

作是费用支出，这样就可以直接计入项目成本，不需缴纳税收，从而起到减少应纳税额的作用。

2. 杠杆租赁融资模式的操作程序

以“杠杆租赁”为基础的项目融资模式操作比较复杂，一般要经过以下步骤：

(1) 项目发起人设立一个单一目的的项目公司，项目公司签订项目资产购置和建造合同购买、开发建设所需的厂房和设备，并在合同中说明这些厂房和设备的所有权都将转移给金融租赁公司，然后再从其手中将这些项目资产转租回来。

(2) 由愿意参与于该项目融资中的两个或两个以上的专业租赁公司、银行及其他金融机构等以合伙制形式组成一个特殊合伙制的金融租赁公司。对于一些大的工程项目，任何一个租赁机构都很难具有足够大的资产负债表来吸纳所有的税收好处。因此，项目资产往往由许多租赁公司购置和出租，大多数情况下是由这些租赁公司组成一个新的合伙制结构来共同完成租赁业务。这个合伙制金融租赁公司是租赁融资模式中的股本参与者，它们的职责是：① 提供项目建设费用或项目收购价格的20%～40%作为股本资金投入；② 安排债务资金用以购买项目及资产；③ 将项目及资产出租给项目公司。在这项租赁业务中，只有合伙制结构能够真正享受到融资租赁中的税务好处，它在支付银行债务、税收和其他管理费后就能取得相应的股本投资收益。

(3) 由合伙制金融租赁公司筹集购买租赁资产所需的债务资金，也即寻找项目的债务参与者为金融租赁公司提供贷款，这些债务参与者通常为普通的银行和金融机构，它们通常以无追索权的形式提供60%～80%的购置资金。一般地，金融租赁公司必须将其与项目公司签订的租赁协议和转让过来的资产抵押给贷款银行，这样贷款银行的债务在杠杆租赁中就享有优先取得租赁费的权利。

(4) 合伙制金融租赁公司根据项目公司转让过来的资产购置合同购买相应的厂房和设备，然后把它们出租给项目公司。

(5) 在项目的开发建设阶段，根据租赁协议，项目公司从合伙制金融租赁公司手中取得项目资产的使用权，并代表租赁公司监督项目的开发建设。在这一阶段，项目公司开始向租赁公司支付租金。同时，在多数情况下，项目公司也需要为杠杆租赁提供项目完工担保、长期的市场销售保证及其他形式的信用担保等。

(6) 项目进入生产经营阶段时，项目公司生产出产品，根据产品承购协议将产品出售给项目发起方或其他项目产品用户。这里，项目公司要向租赁公司补缴在建设期内没有付清的租金。租赁公司以其收到的租金通过担保信托支付银行贷款的本息。

(7) 为了监督项目公司履行租赁合同，通常由租赁公司的经理人或经理公司监督或直接管理项目公司的现金流量，以保证项目现金流量的分配和使用按以下顺序进行：生产费用，项目的资本性开支，租赁公司经理人的管理费，相当于贷款银行利息的租金支付，相当于租赁公司股本投入的投资收益的租金支付，作为项目发起人投资收益的盈余资金。

（8）当租赁公司的成本全部收回并且获得了相应的回报后，杠杆租赁便进入了第二阶段。在这一阶段中，项目公司只需交纳很少的租金。在租赁期满时，项目发起人的一个相关公司可以将项目资产以事先商定的价格购买回去，或者由项目公司以代理人的身份代理租赁公司把资产以其可以接受的价格卖掉，售价大部分会当作代销手续费由租赁公司返还给项目公司。

3. 杠杆租赁融资模式的特点

杠杆租赁融资模式的应用范围比较广泛，它既可以作为一项大型项目的项目融资安排，也可以为项目的一部分建设工程安排融资。这种融资模式还具有以下特征：

（1）项目融资中的参与者多。

在一个杠杆租赁融资模式中，至少要有以下四部分人员的介入：

① 至少由两个股本参加者组成的合伙制结构作为项目资产的法律持有人和出租人，其参加者一般为专业租赁公司、银行和其他金融机构。

② 债务参加者，通常为普通的银行和金融机构，其数目的多少由项目融资的规模决定。债务参加者以对股本参加者无追索权的形式为被融资项目提供60%～80%的资金，债务参加者的债务被全部偿还前在杠杆租赁结构中享有优先取得租赁费的权利。

③ 项目资产承租人是项目的主办人和真正投资者。项目资产承租人通过租赁协议的方式从本地股本参加者手中获得项目资产的使用权，支付租赁费作为使用项目资产的报酬。

④ 杠杆租赁经理人，相当于一般项目融资结构中的融资顾问角色，主要是由投资银行担任。在安排融资阶段，杠杆租赁的经理根据项目的特点、项目投资者的要求设计项目融资结构，并与各方谈判组织融资结构中的股本参加者和债务参加者安排项目的信用保证结构。如果融资安排成功，杠杆租赁经理人就代表参加者在融资期内管理该融资结构的运作。

（2）融资模式比较复杂。

由于杠杆租赁融资模式的参与者较多，资产抵押以及其他形式的信用保证在股本参加者与债务参加者之间的分配和优先顺序问题比一般项目融资模式复杂，再加上税务、资产管理与转让等方面的问题，造成组织这种融资模式所花费的时间要相对长一些，法律结构及文件的确定也相对复杂一些，但它特别适应大型项目的融资安排。

（3）债务偿还较为灵活。

杠杆租赁充分利用了项目的税务好处，如税前偿租等作为股本参加者的投资收益，在一定程度上降低了投资者的融资成本和投资成本，同时也增加了融资结构中债务偿还的灵活性。据统计，杠杆融资中利用税务扣减一般可偿还项目全部融资总额的30%～50%。

(4) 税务结构以及税务减免的数量和有效性。

杠杆租赁模式的税务减免主要包括对设备折旧提取、贷款利息偿还和其他一些费用项目开支上的减免，这些减免与投资者可以从一个项目投资中获得的标准减免没有任何的区别。但一些国家对于杠杆租赁的使用范围和税务减免有具体的规定和限制，使其在减免数量和幅度上较其他标准减免要少。

受上述复杂因素的影响，杠杆租赁融资模式一经确定，重新安排融资的灵活性以及可供选择的重新融资余地变得很小，这也会给投资者带来一定的局限性。

(六) BOT 项目融资模式

BOT 是 Build(建设) - Operate(经营) - Transfer (转让) 的缩写，代表着一个完整的项目融资的概念。BOT 模式是 20 世纪 80 年代初期发展起来的一种主要用于公共基础设施建设的项目融资模式。

1. BOT 融资模式的基本思路和方式

(1) BOT 融资模式的基本思路。

BOT 融资模式的基本思路是：由项目所在国政府或所属机构对项目的建设和经营提供一种特许权协议作为项目融资的基础，由本国公司或者外国公司作为项目的投资者和经营者安排融资、承担风险、开发建设项目并在有限的时间内经营项目，获取商业利润，最后，根据协议将该项目转让给相应的政府机构。所以，有时 BOT 被称为“暂时私有化”过程。

在国际 BOT 实践中，特许权是指东道国政府授予国内外的项目主办者在其境内或某地区内从事某一 BOT 项目的建设、经营、维护和转让的权利。特许权协议是规定和规范 BOT 项目中，东道国政府与该项目的私营机构之间的相互权利义务关系的一种法律文件，它是 BOT 项目所有协议的核心和依据。其主要内容是：① 特许权的范围；② 项目建设方面的规定；③ 项目的融资及其方式；④ 项目经营及维护；⑤ 项目的收费水平及计算方法；⑥ 能源供应条款；⑦ 项目的移交；⑧ 合同义务的转让。

(2) BOT 融资的方式。

世界银行在《1994 年世界发展报告》中指出，BOT 至少有三种具体形式：BOT、BOOT、BOO，除此之外，它还有一些变通形式。

① BOT (Build - Operate - Transfer)，即建设—经营—转让。

私人财团或国外财团自己融资来设计、建设基础设施项目。项目开发商根据事先约定经营一段时期以收回投资，经营期满，项目所有权和经营权将被转让给东道国政府。

② BOOT（Build - Own - Operate - Transfer），即建设—拥有—经营—转让。

私营部门融资建设基础设施项目，项目建成后在规定的期限内拥有项目的所有权并进行经营，经营期满后，将项目移交给政府部门。

BOOT 与 BOT 的区别主要体现在两个方面：一是所有权的区别，BOOT 方式下私营部门在项目建成后的规定期限内拥有经营权和所有权，BOT 方式下私营部门只拥有所建成项目的经营权；二是时间上的区别，采用 BOT 方式从项目建成到移交给政府的时间一般比采用 BOOT 方式短。

③ BOO（Build - Own - Operate），即建设—拥有—经营。

具体是指私营部门根据政府赋予的特许权，建设并经营某项基础设施，但是并不在一定时期后将该项目移交给政府部门。

④ BTO（Build - Transfer - Operate），即建设—转让—经营。

对于关系到国家安全的产业，如通信业，为了保证国家信息的安全性，项目建成后，并不交由外国投资者经营，而是将所有权转让给东道国政府，由东道国经营的垄断公司经营，或与项目开发商共同经营项目。

⑤ BLT（Build - Lease - Transfer），即建设—租赁—移交。

具体是指政府出让项目建设权，在项目运营期内政府成为项目的租赁人，私营部门成为项目的承租人，租赁期满结束后，所有资产再移交给政府公共部门的一种融资方式。

⑥ DBFO（Design - Build - Finance - Transfer），即设计—建设—融资—经营。

这种方式是将项目从项目设计开始就特许给某一私人部门进行，直到项目经营期满收回投资，取得投资收益。但项目公司只有经营权，没有所有权。

⑦ FBOOT（Finance - Build - Own - Operate - Transfer），即融资—建设—拥有—经营—转让。

这种形式只比 BOOT 多了一个融资环节，也就是只有先融通到资金，政府才予以考虑是否授予特许经营权。

⑧ TOT（Transfer - Operate - Transfer），即转让—经营—转让。

具体是指东道国与外商签订特许权经营协议后，把已经投产运行的基础设施项目移交给外商经营，凭借该设施项目在未来若干年内的收益，一次性地从外商手中融得一笔资金，用于建设新的基础设施项目。特许经营期满后，外商再把该设施无偿移交给东道国。

以上只是BOT操作的不同方式，但其基本特点是一致的，即项目公司必须得到有关部门授予的特许经营权。

2. BOT模式的主要当事人

BOT结构总的原则是使项目众多参与方的分工责任与风险分配明确合理，把风险分配给与该风险最能接受的一方。BOT项目的参与人主要包括政府、项目承办人、投资者、贷款人、保险和担保人、总承包商、运营开发商等。各参与人之间的权利依各种合同、协议而确立。一般而言，一个BOT项目大致由以下三大主要当事人组成：

(1) 项目的最终所有者。

BOT项目的最终所有者通常是该项目的发起人，是项目所在国政府、政府机构或政府指定的公司。从项目所在国政府的角度考虑，采用BOT融资模式的主要吸引力在于：① 可以减少项目建设的初始投入，政府部门可以通过采用BOT模式将有限的资金投入到更多的领域；② 不增加一国的债务总额和财政负担，因为，与项目有关的资金是由项目公司融资的，不构成一国政府的债务；③ 可以吸引外资，引进先进技术，改善和提高项目的管理水平。

在BOT模式中，项目发起人与其他项目融资模式中投资者的作用有相当大的区别。在BOT融资期间，项目发起人在法律上既不拥有项目，也不经营项目，而是通过给予项目某些特许经营者一定数额的从属性贷款或贷款担保作为对项目建设、开发和融资安排的支持。在融资期结束后，项目的发起人通常无偿地获得项目的所有权和经营权。由于特许权协议在BOT模式中的核心地位，BOT模式也被称为特许权融资。因此，政府在BOT模式中的作用至关重要，其权责如下：① 选择项目公司；② 提供已建设项目的运营权，帮助项目公司在建设期即可得到一定的收入，以减轻融资风险；③ 提供必要的承诺与保证，如附近设施、土地的开发权；④ 授予一定的税收优惠政策；⑤ 提供产品购置担保；⑥ 由政府提供竞争性保护政策，授予项目公司在特许期内建设、经营项目的特许权是排他性的；⑦ 授予项目公司在特许权授予者违约的条件下单方面终止特许经营协议的权利。

(2) 项目公司。

项目公司是为了营建一个BOT项目而专门组建起来的公司，它是项目的经营者，是BOT项目的直接投资者，也是BOT项目融资模式的主体。项目公司从项目所在国政府获得建设和经营项目的特许权，负责组织项目的建设和生产经营，提供项目开发所必需的股本资金和技术，安排融资，承担项目风险，并从项目经营中获得利润。项目公司的组成以在这一领域具有技术能力的经营公司和多种承包公司作为主体，有时也吸引项目产品的购买者和一些金融性投资者参加。从东道国政府的角度，项目公司有一定的标准和要求：

① 项目公司要有一定的资金、管理和技术能力，保证在特许权协议期间能够提供符合要求的服务；

② 项目公司提供的服务要达到环境保护标准和安全标准；

③ 项目产品的收费要合理；

④ 项目经营者要保证做好设备的维修和保养工作，以保证在特许权协议中止时政府收到的是一个运行正常、保养良好的项目。

(3) 项目的贷款银行。

BOT 模式中贷款银行的组成较为复杂，除了商业银行组成的贷款银团之外，政府的出口信贷机构和世界银行或地区性开发银行的政策性贷款在 BOT 模式中通常也扮演着很重要的角色。BOT 项目贷款的条件取决于项目本身的经济强度、项目经营者的经营管理能力和资金状况，但是它在很大程度上主要依赖于项目发起人和所在国政府为项目提供的支持和特许权协议的具体内容。在具体操作过程中，BOT 融资结构由以下部分组成：

① 项目经营公司、工程公司、设备供应公司以及其他投资者共同组建一个项目公司，从项目所在国政府获得特许权协议作为项目建设开发和安排融资的基础；

② 项目公司以特许权协议作为基础安排融资，外国政府机构的出口信贷是发展中国家 BOT 项目的重要贷款组成部分；

③ 在项目开发建设阶段，工程承包公司以承包合同形式建造项目；

④ 项目进入生产经营阶段之后，经营公司根据经营协议负责项目的运行、保养和维修，支付项目贷款本息并为投资财团获得投资利润；

⑤ 保证在 BOT 融资模式结束时将一个运转良好的项目移交给项目所在国政府或其他政府指定机构。

3. BOT 融资的基本操作程序

BOT 项目的运作程序主要包括 9 个阶段：确定项目方案阶段、项目立项阶段、招标准备阶段、资格预审阶段、准备投标文件阶段、评标阶段、谈判阶段、融资和审批阶段、实施阶段。对于发起 BOT 项目的国内政府及其代理机构而言，从确定方案阶段开始到实施阶段之前的各阶段是 BOT 项目的前期工作，需要落实各种建设条件、选定投资人、落实项目资金来源、基本确定建设方案。这一过程可以采用协商方式或招标方式，大型的或者复杂的 BOT 项目往往采用招标方式来选择投资人。

BOT 融资即实施阶段一般包括以下几个步骤：

(1) 建设 (Build)。

在 BOT 中，建设即直接投资之意。在通常情况下，投资者根据东道国的法律、法规，按照一定的出资比例与东道国共同组建股份公司或企业等，这种公司或企业即为双方成立的合资经营公司。运用 BOT 方式，在投资方面具有形式多样、选择灵活的特点：

① 允许投资者出资兴办新企业，也可以通过购买产权等方式在原企业中占有股份，达到合资经营公司的目的；

② 可以成立股权式的合营公司，也可以成立无股权即契约式的经济组织，还可以成立股权加契约式的实体等；

③ 成立公司，可以构成一个独立的实体，具备法人资格，也可以不构成独立的实体，而成立一种不具备法人地位、相对独立的经济组织；

④ 投资比例根据东道国的起点要求，由投资者自主决定，可以独资，也可以合资或合作经营。

(2) 经营（Operate）。

在 BOT 中，经营即企业的运转、操作和管理，经营方式有以下三种形式：

① 独立经营，即由外商独资经营，自负盈亏；

② 参与经营，即由投资者和东道国共同成立股权式的合营企业；

③ 不参与经营，即经合营或合作双方商定，委任所在国一方或聘请第三方进行管理工作，投资方不参与经营。采用这种方式一般都是以固定的收益保障作为前提条件的。

(3) 拥有（Own）。

BOT 的两种演化方式，即 BOOT 和 BOO 都包含了拥有。“拥有”指项目投资者拥有独立的财产权，在法律上拥有起诉权和应诉权，一般需要成立合营的公司或企业，以法人全部财产承担责任。拥有的方式包括以下三种：① 部分拥有，通常为合资形式；② 全部拥有，通常为独资形式；③ 不拥有，或称为放弃拥有，通常适用于合作经营。

(4) 财产转移（Transfer）。

特许权期满，项目公司将一个运行良好的项目移交给项目所在国政府或其所属机构，这是采用 BOT 投资方式与其他投资方式相区别的一个关键所在。在通常情况下，投资方大都远在经营期满以前，通过固定资产折旧及分利方式收回了投资。因此，大部分契约中都规定经营期满，全部财产无条件地归东道国所有。

总之，BOT 融资方式是一个系统方式，它跨越独资、合资与合作之间的界线，可以运用各种各样的投资方式。

（七）ABS 项目融资模式

证券化（Securitization）起源于 20 世纪 80 年代，由于具有创新的融资结构和高效的载体，满足了各类资产、发起人和投资不断变化的需求，从而成为当今国际资本市场发展最快、最具活力的金融产品。

1. ABS 融资的定义和种类

(1) ABS 融资的定义。

ABS 是英文 Asset - Backed Securitization 的缩写，即资产证券化的意思。一般地，资产证券化是指将缺乏流动性但又能够产生可预期的稳定现金流的资产汇集起来，通过一定的结构安排对资产中风险与收益要素进行分离与重组，再配以相应的信用担保和升级，将其转变成可以在金融市场上出售和流通的证券的过程。而所谓的 ABS 融资是指以目标项目所拥有的资产为基础，以该项目资产的未来收益为保证，通过在国际资本市场上发行高档债券来筹集资金的一种项目证券融资方式。

ABS 方式的本质在于，通过其特有的提高信用等级的方式，使原本信用等级较低的项目照样可以进入国际高档证券市场，利用该市场作用等级高、债券安全性和流动性高、债券利率低的特点，大幅度降低发行债券筹集资金成本。按照规范化的证券市场的运作方式，在证券市场发行债券，必须对发债主体进行信用评级，以揭示债券的风险及信用水平。债券的筹资成本与信用等级密切相关。资产支持证券的评级仅取决于作为证券支持的资产的信用质量，而与发行这些证券的公司的财务状况或金融信用无关。因此，当公司或项目靠其他形式的作用进行融资的机会很有限时，证券化就成为该公司的一个至关重要的融资来源。

(2) ABS 融资的种类。

ABS 融资的基本种类有以下三类：

① 抵押过手证券。

它是指贷款发放人（项目发起人）将抵押贷款组合起来并以不可分的利益出售给投资者，使投资者对抵押贷款及其每月还款现金流拥有直接所有权。现金流指每月的抵押支付，包括利息、计划偿还的本金和提前偿还的本金。从抵押贷款中产生的现金流和过手给证券投资者的现金流在金额和时间上都是不同的，过手利率低于基础抵押贷款利率，其差额等于服务费和担保费。同时，过手证券的投资者要承担提前还款风险或再投资风险，即借款人因利率变动等原因提前还款带来的现金流量的不确定性、收益率减少等风险。

② 资产支付债券。

资产支付债券是最简单、最古老的资产支持证券形式。以抵押贷款支持债券为例，资产支持债券是发行人的负债义务，这项义务以贷款组合为抵押，有时以政府国家抵押协会的过手债券组合为抵押。作为抵押的贷款组合在发行人的账簿上仍以资产表示，资产支持债券以负债表示。由抵押物产生的现金流并不用于支付资产支付债券的本金和利息。利息通常半年支付一次，本金到期才支付。资产支持债券的一个重要特征是它们一般都是超额抵押。

③ 转付债券。

这种债券既有过手证券的特征，也有资产支持债券的特征。它是由一组资产组合作担保，并且作为负债仍保留在发行人的资产负债表中，这一点与资产支持债券相似。但是资产的现金流是用来支付为债券服务的支出的，投资者承担因被证券化的资产提前偿还而产生的再投资风险。这一点与过手债券相似。

2. ABS 融资的主要当事人

(1) 发起人或原始权益人。

即拥有一定权益资产的人，以抵押贷款为例，发起人发放贷款并创造出将成为可证券化的资产。发起这些资产的实体包括：① 商业银行，其主要功能是吸收存款，管理贷款；② 抵押银行，其主要功能是发放抵押贷款并在二级市场销售；③ 政府机构，尽管它提供的贷款很少，但发挥的作用很大。

一般地，发起人的主要作用是：① 收取贷款申请；② 评审借款者申请抵押贷款的资格；③ 组织贷款；④ 从借款人手中收取还款；⑤ 将还款转交给抵押支持证券的投资者。

发起人的收入来源主要是：① 发起费，以贷款金额的一定比例表示；② 申请费和处理费；③ 二级销售利润，即发起人售出抵押贷款时其售价和成本之间的差额。

(2) 服务人。

服务人通常由发起人自身或指定的银行来承担。服务人的主要作用体现在两个方面：一是负责归集权益资产到期的现金流，并催讨过期应收款；二是代替发行人向投资者或投资者的代表受托人支付证券的本息。所以，服务的内容包括收集原借款人的还款以及其他一些为确保借款人履行义务和保护投资者的权利所必需的步骤。服务风险的高低是由服务人把从资产组合中得到的款项转交给投资者时的支付频率决定的。

(3) 发行人。

发行人可以是中介公司、发起人的附属公司或参股公司、投资银行。有时，受托管理人也承担这一责任，即在证券化资产没有卖给上述的公司或投资银行时，它常常被直接卖给受托管理人。该受托管理人是一个信托实体，一般是一家有特殊用途的实体，其创立的唯一目的就是购买类似证券化的资产和发行资产支持证券。该信托实体控制着作为担保的资产并负责管理现金流的收集和支付。信托实体经常是发起人的一家子公司，或承销本次证券发行的投资银行的一家子公司。

(4) 证券商。

ABS 由证券商承销，证券商或者向公众出售其包销的证券，或者代销债券。作为包销人，证券商从发行人处购买证券，再出售给公众。如果是代销债券，证券商并不购买证券，而只是作为发行人的代理人，为其提供更多的购买者。发行人和证券商必须共同合作，确保发行结构符合法律、规章、财会、税务等方面的要求。

(5) 信用强化机构。

信用增级环节是资产证券化过程中极为关键的一个环节，因为资产支持证券投资者的投资利益能否得到有效的保护和实现，主要取决于证券化产生的信用保证。所谓信用增级，即作用等级的提高，经信用保证而得以提高等级的证券将不再按照原发行人的等级或原贷款抵押资产等级来进行交易，而是按照提供担保的机构的信用等级来进行交易。

(6) 信用评级机构。

信用评级机构用公司债券评定等级的方法给 ABS 评级。ABS 的投资人依赖信用评级机构为其评估资产支持证券的信用风险和再融资风险。主要的评级有穆迪、标准普尔等公司，这些评级机构须持续监督资产支持证券的信用评级。证券的发行人要为评级机构提供服务支付费用。如果没有评级机构的参与，这些结构复杂的资产支持证券可能就无法出售。当存在评级机构时，投资者可以把投资决策的重点转移到对市场风险和证券持续期的考虑上。

(7) 受托管理人。

在证券化的操作中，受托管理人是不可缺的，它充当着服务人与投资者的中介，也充当着信用强化机构和投资者的中介。受托管理人的职责包括三个方面：一是作为发行人的代理人向投资者发行证券，并由此形成自己收益的主要来源；二是将借款者归还的本息或权益资产的应收款转给投资者，并用在款项没有立即转给投资者时有责任对款项进行再投资；三是对服务人提供的报告进行确认并转给投资者，当服务人不能履行其职责时，受托人应该并且能够起到取代服务人角色的作用。

3. ABS 融资的操作程序

ABS 融资的基本运作程序分为六个阶段：

(1) 构造证券化资产。

商业银行根据经营战略制订项目贷款计划，对项目贷款打包组合，但并非所有的银行贷款都符合证券化的要求。可用 ABS 融资的项目资产应具有以下特征：

① 能在未来产生可预测的稳定的现金流；

② 持续一定时期的低违约率、低损失率的历史记录；

③ 本息的偿还分摊于整个资产的存活期间；

④ 金融资产的债务人有广泛的地域和人口统计分布；

⑤ 原所有者已持有该资产一段时间，有良好的信用记录；

⑥ 金融资产的抵押物有较高的变现价值；

⑦ 金融资产具有标准化、高质量的合同条款。

（2）创立证券化的发行主体 SPV。

资产池一旦确定，就要创立一个特殊的机构 SPV（Special Purpose Vehicle）。SPV 是处于发起人和投资者之间的，在法律上独立于出售贷款组合的商业银行，以使其不受银行信用下降或银行破产的影响。SPV 主要用来购买证券化资产，设计证券化结构，整理证券应收权益并且发行项目贷款支持证券。作为空壳公司并不直接参与实际业务操作，具体工作由相应的中介公司进行。SPV 的设立一般按照市场法则进行，根据国际经验可以选择投资公司组成 SPV，也可以直接设立。

（3）信用增级。

证券化后的项目贷款，其偿付依赖于被证券化的项目贷款产生的未来现金流。为了实现项目贷款证券化，要通过信用增级方式，提高项目贷款支持证券的信用级别。信用增级主要有两种：

① 内部信用增级，即发行人提供的信用增级，有三种具体方式：A. 由 SPV 设立超额担保；B. 建立现金储备账户，在项目贷款出现违约时动用事先设立的现金储备账户对证券投资者的投资加以保障；C. 设计优先/附属证券结构，用高收益的附属证券在本金和利息支付顺序上的滞后处理，来保证低收益的优先证券获得本金和利息的优先支付，提高优先证券的信用级别。

② 外部信用增级，即第三者提供的信用增级。

增级后要对证券进行发行评级，只有达到可投资等级之后，才能吸引投资者。

（4）证券设计。

项目贷款过程中确定证券发行的种类和形式便是证券设计。设计应委托主承销商来进行。可以考虑设计两种类型的证券，一类是使投资者直接拥有贷款组合所有权、收益权的过手证券；另一类是带有优先/附属证券性质的 CMO 形式的债券。

（5）证券发行。

主承销商根据证券的数额、信用等级、流动性确定采用私募还是公募的方式来发行证券。如果是公募发行，SPV 则申请在交易所挂牌上市；私募发行则由证券持有人持有，由 SPV 按照证券固定方式偿付本息，一直到期满为止。

（6）对现金流的管理和清算。

SPV 将委托出售项目贷款的银行继续负责贷款本金和利息的收集和管理工作，将收到的贷款本息及担保品处理的收入汇至 SPV 指定的受托人的专用账户上，如借款人违约，贷款银行将代理 SPV 处理担保品。在现金流归集、支付之后，SPV 对贷款资产池进行清算，剩余资金将作为自己的利润，或按协议分享部分剩余资金。

4. ABS 融资模式的特点

ABS 融资具有以下特点：

（1）ABS 融资方式的最大优势是通过在国际高档证券市场上发行债券筹集资金，债券利率一般较低，从而降低了筹资成本。而且，国际高档证券市场容量大，资金来源渠道多样化，因此，ABS 方式特别适合大规模地筹集资金。

（2）通过证券市场发行债券筹集资金，证券化融资代表着项目融资的未来发展方向。

（3）ABS 方式隔断了项目原始权益人自身的风险，使其清偿债券本息的资金仅与项目资产的未来现金收入有关，且在国际高档债券市场发行的债券是由众多的投资者购买的，从而分散了投资风险。

（4）ABS 方式是通过 SPV 发行高档债券募集资金，这种负债不反映在原始权益人自身的资产负债表上，从而避免了权益人资产质量的限制。同时，SPV 利用成熟的项目融资改组技巧，将项目资产的未来现金流量包装成高质量的证券投资对象，充分显示了金融创新的优势。

（5）ABS 融资方式涉及的环节较 BOT 等融资方式少，在很大程度上减少了酬金、手续费等中间费用。

（6）ABS 融资有助于培养东道国在国际项目融资方面的专门人才，规范国内证券市场。

第五节 项目融资风险与担保

一、项目融资风险

（一）项目融资风险类型

按照项目风险在各个阶段的表现形式，可以将风险划分为以下八种基本类型：

1. 完工风险

项目的完工风险存在于项目建设开发阶段和试生产阶段，其主要的表现形式为：

（1）根本不能完成项目；

（2）建设延误和/或成本超支；

（3）项目没有达到既定的技术标准，导致预期的生产能力、产出、效率不足；

（4）预期的资源（储备）不足；

(5) 不可抗力事件导致建设延误或成本超支；

(6) 找不到合格的人员、管理者和可靠的分包商。

项目的“商业完工”标准是贷款银行检验项目是否达到完工条件的方法。“商业完工”标准包含一系列技术经济指标。对于完工风险越大的项目，贷款银行会要求项目投资者承担越大的“商业完工”责任。一些典型的“商业完工”包括：

(1) 完工和运行标准，即要求项目在规定的时间内达到“商业完工”标准，并且在一定时期内（通常是三个月至半年）保持在这个水平上运行；

(2) 技术完工标准，即要求项目在规定的时间内达到“商业完工”标准所规定的各项技术经济指标；

(3) 现金流量完工标准，即要求项目在一定时期内（一般为三个月至半年）达到预期的最低现金流量水平；

(4) 其他形式的完工标准。

2. 信用风险

项目融资的有限追索或无追索依赖于一种有效的信用保证结构。项目的参与方是否能按合同文件履行各自的职责及其承担的对项目的信用保证责任，构成了项目融资的信用风险。信用风险主要来自与项目收入来源相关的风险：

(1) 由于包销商不能或不愿意付款而产生支付中断；

(2) 由于缺乏照付不议协议，从公众消费者那里得到的收入总额低于预期。

项目融资的信用风险贯穿于项目始终。评价项目是否存在信用风险应综合考虑各种因素：在项目的建设开发阶段或以后，借款人和任何担保人是否有担保或其他现金差额补偿协议，承包商是否有一定的担保来保证因未履约造成的损失，项目发起人是否提供了股权资本或其他形式的支持；在项目的生产经营阶段，产品的购买者、原材料的供应者以及其他参与者的资信状况、技术和资金能力、以往的表现和管理水平等等，都是评价项目信用风险的重要指标。

3. 生产风险

项目的生产风险是在项目试生产阶段和生产运行阶段存在的技术、资源储量、能源和原材料供应、生产经营、劳动力状况等风险因素的总称，是项目融资的另一个主要的核心风险。其主要表现形式包括技术风险、资源风险、能源和原材料供应风险、经营管理风险。

(1) 技术风险。

它是指存在于项目生产技术及生产过程中的一些问题。在项目融资中，通常贷款银行只为采用经市场证实的成熟生产技术的项目安排有限追索性质的融资，因此，其技术的可行性风险较小，但难以保证技术的先进性，同时，也不利于新技术或工艺改进在项目中的应用。

(2) 资源风险。

它是指对于那些依赖于某种自然资源的生产型项目，在项目的生产阶段有无足够的资源保证。这类项目融资的先决条件是要求项目的可供开采的已证实的资源总储量与项目融资期间内所计划采掘或消耗的资源之比要保持在风险警戒线之下。资源风险评价的公式称为资源覆盖比率（RCR）：

RCR = 可供开采资源总储量/项目融资期间计划开采资源量

式中：可供开采资源总储量——根据现有技术及现有生产计划可供开采的全部资源储量。

最低资源覆盖比率是根据具体项目的技术条件和贷款银行在这一工业部门经验确定的，一般要求资源覆盖比率应在 2 以上。

(3) 能源和原材料供应风险。

能源和原材料供应由能源和原材料的价格及供应的可靠性两个因素构成。一些重工业部门（如电解铝厂）和能源工业部门（如火力发电站）对能源的原材料的稳定供应依赖性很大，能源和原材料成本在整个生产成本中占有很大的比重，其价格波动和供应可靠性成为影响项目经济强度的一个主要因素。

(4) 经营管理风险。

它是指在项目经营和维护过程中，由于经营者的疏忽，发生重大的经营问题。管理风险主要用来评价项目投资者对所开发项目的经营管理能力，而这种能力是决定项目的质量控制、成本控制和生产效率的一个重要因素。贷款银行衡量项目经营管理风险的一项重要指标是项目的投资者以往在同一领域是否具有成功的经验，主要从三个方面综合考虑：① 项目经理在同一领域的工作经验和资信；② 项目经理是否为投资者之一；③ 除经营阶段和项目经理的直接投资外，项目经理是否具有利润分成或成本控制奖励等鼓励机制。

4. 市场和经营风险

项目最终产品的市场风险是包含价格和市场销售量两个因素。除黄金、白银、石油等一些特殊商品被认为只有价格风险外，其他大多数产品都同时具备价格和市场销售量两方面的风险。市场风险在靠收费作为项目收入来源的交通行业中显得非常重要。经营风险，是指项目运行不顺利或效益不能达到设计要求的风险。

5. 金融风险

金融风险主要取决于金融市场的大环境，指项目控制能力以外的金融因素对项目的潜在影响。项目的金融风险主要表现在以下几个方面：

(1) 汇率风险，通常包括三个方面：东道国货币的自由兑换，经营收益的自由汇出以及汇率波动所造成的货币贬值问题；

(2) 利率风险，是指项目在经营过程中，由于利率变动直接或间接地造成项目价值降低或收益受到损失；

(3) 国际市场商品价格的变化影响能源供应和原材料；

(4) 项目产品世界价格的降低；

(5) 通货膨胀；

(6) 关于贸易、关税和贸易保护主义等方面的世界趋势。

6. 政治风险

项目的政治风险可分为两大类：国家风险和法律风险。

(1) 国家风险。

即项目所在国政府由于某种政治原因或外资政策引发的风险，包括：① 现有的税收、进口关税、海关程序、产权、外汇法律和环境保护方面的管制政策可能会发生变化，从而对项目产生不利影响；② 没收、征用或国有化项目设备；③ 政府的许可、批准或其他同意事项不能及时落实、不能得到或持续；④ 对利润返还和利息支付的限制；⑤ 对项目储备的使用比例进行控制或限制；⑥ 战争、革命或政治暴乱将影响项目绩效；⑦ 本身贬值导致股息价值降低。

(2) 法律风险。

即项目所在国的与项目有关的立法是否健全，管理是否完善，包括：① 不能执行担保安排；② 对知识产权缺乏足够的保护；③ 不能执行国外裁决；④ 缺乏适用的法律选择；⑤ 出现争端时不能进行仲裁，或者在仲裁规则、仲裁地点或使用语言等方面存在争议。

7. 环境保护风险

环境保护和对拆迁者个人权利的保护（由于实施项目导致人们搬迁）成为政府、贷款人和项目发起人越来越关心的问题。环境保护风险是指项目没有遵循政府部门制订的环境和拆迁的标准或规则。不遵守这些标准和规则，一般会导致公众的抗议，项目延误，诉讼，和/或受到罚款或刑罚，从而增加项目的负债，引起贷款人更多的关注。

8. 不可抗力风险

这种风险是潜在的、合同影响的经济主体不能理性控制的外部事件，而且该事件也不能通过好的行业实践或实施合理的技能或判断来避免。在一个典型的项目融资交易中，就不可抗力风险而言，一般会有专门条款，使得受风险影响的主体免予执行合同，尽管合同仍然在执行期间。但是，这种条款可能会对项目的财务产生逆向的影响。

（二）项目融资风险的管理

1. 完工风险的管理

为了限制及转移项目的完工风险，贷款人通常要求采取以下方法：

（1）签订固定价格的交钥匙总承包合同。

由项目公司与工程承包商签订固定价格的交钥匙总承包合同，工程建设费用一次性包干，不管发生什么意外情况，项目公司都不会增加对工程的拨款，由此控制成本超支导致的完工风险。该合同减少了贷款人必须面对的当事人，同时，也减少了由于不同的承建商之间发生纠纷和互相推卸责任的风险。

（2）由项目发起人提供完工担保。

即由项目的一个或几个发起人，以连带责任或个别责任的形式，保证项目按照融资协议中确定的完工标准，在一个规定的时间内完工。完工担保的存在使完工测试的谈判变得更为复杂，并且增加了关于是否满足完工标准的争论，特别是当完工是项目从有追索权融资到无追索权融资的转折点时。

（3）提供债务承购保证。

如果项目最终不能达到商业完工标准的条件，则由项目发起人将项目债务收购下来或将其转化为公司债务，即由有限追索的项目融资转化为完全追索的公司融资。

（4）技术保证承诺。

在项目工程的建设中，要求施工方使用成熟的技术，并要求其在一个双方同意的工程进度内完成，也可以要求承包商提供项目完工担保和工程建成后的性能担保。

（5）建立完工保证基金。

即要求项目发起人提供一笔固定数额的资金作为保证基金，这样投资者不再承担任何超出保证基金的项目建设费用。

（6）保险。

通过保险来分散完工风险可分为两种情况：一是东道国商业保险机构的保险；二是外国投资者和贷款人本国的投资保险机构或多边投资担保机构的保险。前者是指项目公司向东道国商业保险公司投保由于不可抗力事件的发生项目建设不能按时完工和中途停工造成的经济损失；后者是指项目的外国投资者和贷款人向其本国投资保险机构或多边投资机构投保由于项目建设过程中的政治风险给自己的投资和贷款造成的经济损失。

2. 市场和操作风险的管理

（1）市场风险的管理。

市场风险的管理要注重两方面：一是在项目初期做好充分的市场调查和项目可行性研究工作，以减少项目开发的盲目性；二是在产品销售合同上，确定好产品定价策略，可以采取以下两种方法：

① 签订具有担保性质的长期购买协议，即项目公司与项目产品买方或项目设施用户签订长期购买项目产品或使用项目设施的合同，这是分散市场风险最常见的法律措施。长期购买协议有不同的表现形式，如无论提货与否均需付款合同、使用合同、最低支付额合同等。但其本质特点相同，即不论项目产品买主或项目设施用户是否取得产品或获得服务，都有义务向项目公司支付一个最低金额的款项，以抵偿项目公司对贷款人应偿债务的义务。

② 在产品销售合同中，确定好产品定价策略。在项目融资中，产品定价一般有三种方法：一是公式定价，即以国际市场的某种公认价格作为基础，按照项目的具体情况加以调整，价格公式一经确定，在合同期内固定不变；二是固定定价，指在谈判长期销售协议时确定一个固定价格，并在整个协议期间按照某一预选规定的价格指数加以调整的定价方法；三是采用实际生产成本加上一个固定投资收益的定价方法。

(2) 经营风险的管理。

项目进入正常运营期可以通过以下管理措施来降低风险：

① 签订无条件的供应合同，如原材料供应、设备供应合同；

② 签订无条件的销售合同，由项目产品买方或用户以自己的信用保证，无论是否取得产品或接受服务都要支付规定数额的货款；

③ 建立储备基金账户，保证有足够的收入来应付经营成本、特别设备检修费和偿还债务等；

④ 由项目发起人提供资金缺额担保；

⑤ 签订有利的经营管理合同，如带有最高价格和激励费用的成本加费用合同。

3. 金融风险的管理

项目的金融风险主要为利率风险和汇率风险，一般通过以下方法进行金融风险的管理：

(1) 将项目收入货币与支出货币相匹配；

(2) 在当地筹集债务，项目公司可以通过在当地举债的办法来减少货币贬值风险；

(3) 将产生项目收入的合同尽量以硬货币支付，尤其是当这些合同的一方是政府部门时；

(4) 与东道国政府谈判取得东道国政府保证项目公司优先获得外汇的协议，或由其出具外汇可获得的担保；

(5) 利用政治风险保险降低一些外汇不可获得风险，如美国的海外私人投资局和属于世界银行的多边投资担保局；

(6) 利用衍生金融工具减少货币贬值风险，如远期合约、货币期权和其他货币市场套期工具等。

4. 政治风险的管理

(1) 国家风险的管理。

当项目融资在很大程度上依赖于政府的特许经营权和特定的税收、外汇、价格作为重要的信用支持来安排融资结构时，国家风险的管理就显得相对敏感和重要。项目国家风险的管理主要采取以下措施：

① 通过国家风险投保来降低风险可能带来的损失；

② 在项目融资中引入多边机构；

③ 尽量使项目有政府的直接参与；

④ 在一些外汇短缺或管制严格的国家，通过销售合同合理安排，贷款人可以从海外接受、控制和保留部分现金流量，用以偿还债务，降低项目的国家风险和外汇管理风险；

⑤ 从项目所在国的中央银行得到可以获得外汇的长期保证；

⑥ 与地区开发银行、世界银行或援助机构一同安排平行贷款。

(2) 法律风险管理。

项目的法律环境变化会给项目带来难以预料的风险，为了规避这类风险，项目公司与东道国政府之间可以签署一系列相互担保协议，双方在自己的权利范围内作出某种担保或让步，以达到互惠互利的目的，这些协议也在一定程度上为项目公司和贷款银团提供了法律上的保护。这类协议有：进口限制协议、劳务协议、诉讼豁免协议、公平仲裁协议和开发协议。

5. 环保风险的管理

在项目融资中根据项目所在国法律规定，环保风险的承担者可能出现两种情况：一是环保责任由项目公司和贷款人共同负担；二是由项目公司单独负担。但不论哪种情况，环保风险最终会影响贷款的偿还，所以，要采取切实可行的措施分散和降低项目环保风险。

(1) 在项目设计中考虑环境因素。

首先，要熟悉所在国与环境保护有关的法律，并将其纳入项目的总的可行性研究中；其次，必须将令人满意的环境保护计划作为融资的一个必要前提条件，并且该计划应留有一定的余地，确保能适应将来可能趋严的环保管制；三是项目文件应包括借款人的陈述、保证和约定，用来确保借款人重视环保并遵守有关法规。

(2) 在合约中明确列出各方面应采取的措施。

即估计项目的环境责任风险，包括项目公司、项目所在地、与项目往来的供应商和运输商、项目产品的用户等。

(3) 投保环境保险。

项目发起人和贷款人都可以通过投保来降低环境风险，但是，在项目环境风险管理中，保险的作用非常有限。因为保险难以包括除事故以外的损失，如由于过去的污染、逐渐变化的污染或违约造成的损失。

二、项目融资的担保

(一) 项目融资担保的定义与种类

1. 项目担保的定义与功能

“担保”在民法上指以确保债务或其他经济合同项下义务的发行或以清偿为目的的保证行为，它是债务人对债权人提供履行债务的特殊保证，是保证债权实现的一种法律手段。而项目担保具体是指借款人或第三人以自己的信用或资产向境内外贷款人所作的还款保证。

担保在项目融资中发挥着重要的作用，因为，在大多数项目融资中，贷款人对项目公司及其资产只具有无追索权或有限追索权，所以，对贷款人来说，至关重要的是参与项目的各当事人要构造完整而严谨的担保结构，以堵塞所有的风险漏洞。具体来说，项目担保在项目融资中将起到三个方面的重要功能：

(1) 防御功能，即通过担保来防范其他未担保贷款人对该担保贷款人贷款的项目资产行使处置权；

(2) 为贷款者监督管理项目提供了方便，因为，所有的担保权益最终都要转让给贷款人，一旦项目经营失败，项目贷款人就有权接管项目、经营项目以足够的现金流量收回贷款；

(3) 在所有的参与者之间分配风险。项目融资的风险并不是由项目发起人独自承担的，而是由包括项目贷款人在内的所有项目参与者共同来承担的，并根据各自取得的不同利益及对风险的控制程度来分配风险。

2. 项目担保的种类

项目担保的类型包括直接担保、间接担保、或有担保、意向性担保。

(1) 直接担保是指在项目融资中有限责任的直接担保。担保责任根据担保的金额或者担保的有效时间加以限制。

(2) 间接担保是指在项目融资中，担保人不以直接的财务担保形式为项目提供的一种财务支持。间接担保多以商业合同和政府特许权协议形式出现。多是以"无论提货与否均需付款"概念为基础发展起来的一系列合同形式，其中包括"提货与付款"合同、"供货或付款"合同以及"无论使用服务与否均需付款"合同。

(3) 或有担保是指针对一些由于项目投资者不可抗拒或不可预测因素所造成项目损失的风险所提供的担保。可分成三类：一是由于不可抗拒因素造成的风险；二是项目的政治风险；三是与项目融资结构特性有关的，并且一旦变化将会严重改变项目经济强度的一些项目环境风险。

(4) 意向性担保，严格意义上的意向性担保不是一种真正的担保，因其不具备法律意义上的约束力，仅仅表现出担保人有可能对项目提供一定支持的意愿。经常采用的形式是支持信，它起到的担保作用在本质上是由提供该信的机构向贷款银行作出的一种承诺，保证向其所属机构（项目公司）施加影响以保证后者履行其对于贷款银行的债务责任。

（二）项目担保人

项目担保人可以分为三种：项目投资者、与项目利益有关的第三方参与者、商业担保人。

1. 项目投资者

项目的直接投资者和主办人作为担保人是项目融资结构中最主要和最常见的一种形式。在多数项目融资结构中，项目发起人通过建立一个专门的项目公司（SPV）来建设、拥有和经营项目。但是，由于项目公司在资金、经营等诸方面多不足以支持融资，所以，在实际操作中，贷款人往往要求作为项目公司股东的项目投资者提供某种形式的担保。

2. 与项目利益有关的第三方参与者

所谓的利用第三方作为担保人是指在项目的直接投资者之外，寻找其他与项目开发者有直接或间接利益关系的机构，为项目的建设或者项目的生产经营提供担保。大致可分为以下几种类型：

(1) 政府机构。

这种方式极为普遍，尤其是对发展中国家的大型项目的建设是十分重要的，政府的介入可以减少政治风险和经济政策风险，增强投资者的信心，而这类担保是从其他途径得不到的，BOT 模式就是一个典型的例子。对于工业化国家，这种方法可以避免政府的直接股份参与。

（2）与政策开发有直接利益关系的商业机构。

这类机构作为担保人，其目的是通过为项目融资提供担保而换取自己的长期商业利益。这种商业机构可以分为以下三类：① 工程公司；② 项目设备或主要原材料的供应商；③ 项目产品（设施）的用户。

（3）世界银行、地区开发银行等国际性金融机构。

这类机构虽然与项目的开发并没有直接的利益关系，但是，为了促进发展中国家的经济建设，对于一些重要的项目，有时可以寻求到这类机构的贷款担保。

3. 商业担保人

商业担保人是以提供担保作为一种赢利的手段，承担项目的风险并收取担保服务费用。商业担保人往往是通过分散化经营降低自己的风险。其提供服务的两种基本类型是：

（1）担保项目投资者在项目中或者项目融资中所必须承担的义务。这类担保人一般为商业银行、投资公司和一些专业化金融机构，所提供的担保一般为银行信用证或银行担保。这种担保基本上有三方面的作用：① 担保一个资金不足或者资产不足的项目公司对其贷款所承担的义务；② 担保项目公司在项目中对其他投资者所承担的义务；③ 在提供担保人和担保受益人之间起到一种中介作用。

（2）为了防止项目意外事件的发生。这种担保人一般为各种类型的保险公司。项目保险合同是项目融资文件中不可缺少的一项内容。保险公司提供的项目保险包括广泛的内容，项目的政治风险保险在有些国家也是不可缺少的。项目保险在性质上等同于其他类型的担保。

（三）项目融资信用担保

项目融资的信用担保又称为人的担保，是担保人以自己的资信向债权人保证对债务人履行债务承担责任。信用担保在项目融资中的基本表现形式是项目担保，是在贷款银行认为项目自身物的担保不够充分时而要求借款人提供的一种人的担保。项目担保是一种以法律协议的形式作出的承诺，依据这种承诺担保人向债权人承担了一定的义务。在项目融资中，担保通常是法人，包括借款人以外的其他公司、商业银行、官方信贷机构等。项目融资的信用担保形式主要有以下三种：项目完工担保、资金缺额担保、以“无论提货与否均需付款”协议和“提货与付款”协议为基础的项目担保。

1. 项目完工担保

大多数的项目完工担保属于仅仅在时间上有所限制的担保形式，即在一定的时间范围内，项目完工担保人对贷款银行承担着全面追索的经济责任。在这一期间，项目完工担保人需要尽一切努力去促使项目达到“商业完工”的标准并支付所有的成本超支费用。项目“商业完工”标准的制订及检验是相当具体和严格的，包括了对生产成本的要求，对原材料消耗水平的要求，对生产效率的要求以及对产品质量和产品产出量的要求。

项目完工担保的提供者主要有两类：一是项目的投资者；二是承建项目的工程公司或有关保险公司。无论采用哪种方式，完工担保一般包括以下三个方面的基本内容：

(1) 完工担保的责任。

完工担保的中心责任是项目投资者向贷款银行作出保证，在计划内的资金安排之外，项目投资者必须能够提供使项目按照预定工期完工的或按照预定“商业完工”标准完工的、超过原定计划资金安排之外的任何所需资金。项目完工担保协议对于“商业完工”的定义主要包括：对项目具体生产技术指标的规定；对项目产品质量的规定；对项目产品的单位产出量的规定；对在一定时间内项目稳定生产的指标规定。

(2) 项目投资者履行完工担保义务的方式。

一旦项目出现工期延误和成本超支，需要项目投资者按照完工担保支付项目所必要的资金时，采用的方式主要有两种：一是要求项目投资者追加对项目公司的股本资金投入；二是由项目投资者自己或通过其他金融机构向项目公司提供初级无担保贷款(即准股本资金)，这种贷款必须在高级债务被偿还后才有权要求清偿。

(3) 保证项目投资者履行担保义务的措施。

国际上大型项目融资经常会出现贷款银团与项目投资者分散在不同国家的情况，这种状况使得一旦担保人不履行其完工担保义务时，就会给贷款银团采取法律行动造成许多不便，即使贷款银团与项目担保人同属于一个法律管辖区域。为了能够在需要时顺利、及时地启动项目完工担保，贷款银团也需要在完工担保协议中规定出具体的确保担保人履行担保义务的措施。通常项目投资者被要求在指定银行的账户上存入一笔预定的担保存款，或者从指定的金融机构中开出一张以贷款银行为受益人的相当于上述金额的备用信用证。

2. 资金缺额担保

资金缺额担保有时也称为现金流量缺额担保，是一种在担保资金额上有所限制的直接担保，主要是为项目完工后收益不足的风险提供担保。这种担保有两个目的：一是保证项目具有正常运行所必须的最低现金流量，即最少具有支付生产成本和偿付到期债务的能力；二是在项目投资者出现违约或者重组及出售项目资产时保护贷款银行的利益，保证债务的回收。

项目发起人在履行资金缺额担保义务时，一般有以下三种可供选择的方法：

(1) 通过担保存款或备用信用证来履行，即由项目发起人在指定银行存入一笔事先确定的资金（一般为该项目正常运行费用总额的25%~75%）作为担保存款，或者由指定银行以贷款银团为受益人开出一张备用信用证。

(2) 通过建立留置基金的方法，即项目的年度收入在扣除全部的生产费用、资本开支以及到期债务本息和税收之后的净现金流量，存入留置基金账户，以备项目出现任何不可预见的问题时使用。

(3) 由项目发起人提供项目最小净现金流量担保，即项目具有一个最低的净收益，作为对贷款银行在项目融资中可能承担风险的一种担保。

3. "无论提货与否均需付款"协议和"提货与付款"协议

"无论提货与否均需付款"协议和"提货与付款"协议是项目融资结构中项目产品（或服务）的长期市场销售合约的统称，在所有类型的项目融资中都得到应用。这两种协议是两类既有共性又有区别的项目担保形式，并且是国际项目融资所特有的项目担保形式。"无论提货与否均需付款"协议和"提货与付款"协议在法律上体现的是项目买方与卖方之间的商业合同关系，实质上是由项目买方对项目融资提供的一种担保，但是这类协议仍被视做商业合约，因而是一种间接担保形式。

(1) 协议的性质。

"无论提货与否均需付款"协议为一种由项目公司与项目的有形产品或无形产品的购买者之间所签订的长期的无条件的供销协议。所谓长期协议是指项目产品购买者承担的责任应不短于项目融资的贷款期限，因而这种协议比一般商业合同的期限要长得多；而无条件协议是指项目产品购买者承担的无条件付款责任，无论项目公司是否能够交货，购买者都必须根据规定的日期、按照确定的价格向项目公司支付事先确定数量的产品的货款。该协议与传统的贸易合同或服务性合同的本质区别是项目产品的购买者对购买产品义务的绝对性和无条件性，其实质上是由项目产品购买者为项目公司提供的一种财务担保。该协议中的产品购买者可以是项目投资者，也可以是其他与项目利益有关的第三方担保人，但是，项目产品购买者中往往至少有一个是项目投资者。

"提货与付款"协议是在取得产品的条件下才履行协议确定的付款义务。它与"无论提货与否均需付款"协议的主要区别是项目产品购买者承担的不是无条件的绝对的付款责任，因而更容易被项目产品的购买者，特别是那些对项目产品具有长期需求的购买者所接受，具有逐步取代"无论提货与否均需付款"协议的趋势。

(2) 协议的种类。

"无论提货与否均需付款"协议和"提货与付款"协议在不同类型的项目中都得

到了广泛的应用，协议双方根据项目的性质以及双方在项目中的地位而采用各具特色的合同形式：

① 生产型项目多采用“无论提货与否均需付款”协议和“提货与付款”协议；

② 生产服务型项目多采用“运输量协议”；

③ 长期稳定的能源、原材料供应项目多采用“供货或付款”协议。

(3) 协议的基本结构。

协议的基本结构与传统的长期销售合同基本相同。但是，一方面由于在项目融资中该种类型协议实际上起着由项目产品购买者向贷款银行担保的作用，贷款银行必须力求保住协议，避免出现项目产品购买者以项目公司违约的理由而撤销协议或减少其在协议中承担的义务；另一方面，协议又必须协调买卖双方对产品具体要求上的不一致性。所以这类协议无论是在复杂性上还是在谈判难度上，都大于长期销售协议。因而协议的基本结构需注意以下几个方面的内容：

① 合同期限。

合同期限要与项目融资的贷款期限一致。

② 合同产品数量。

合同产品数量的确定有两种方式：一是在合同期限内采用固定的总数量（其依据是在预测的合同价格条件下，这部分固定数量产品的收入将足以支付生产成本和偿还债务）；二是包括100%的项目公司产品，而不论其生产数量在贷款期间是否发生变化。

③ 合同产品的质量规定。

一般采用工业部通常使用的本国标准或国际标准，因为这种产品最终要在本国市场或国际市场上具有竞争力。但是，在一个项目建成投产的过程中，产品质量标准不仅与合同购买者执行合同有关，而且与项目完工担保能否按期结束有着重大的关系。因而从借款银行的角度，一般希望能够制订较一般标准为低的质量标准，使得项目产品购买协议可以尽早启动；而从产品购买者角度，则往往希望产品质量可以达到较高的标准。

在处理合同产品的质量问题上，“无论提货与否均需付款”协议和“提货与付款”协议是不同的。对于前者，贷款银行的注意力放在排除项目公司在履行合同中有关基本违约的责任上，因为合同购买者承担的是绝对无条件的付款义务。基本违约是指一种重大的违约行为，合同一方可以根据合同另一方的基本违约行为解除合约。而对于后者，贷款银行则注重合同产品质量问题，因为合同的购买者承担的是有条件的义务。

④ 交货地点与交货期。

通常的交货地点是在刚刚跨越项目所属范围的那一点上。在交货地点，产品所有权就由项目公司转给了合同的买主。交货期的原则是要求根据协议所得收入具有稳定的周期性。

⑤ 价格的确定和调整。

产品（或服务）的确定有三种形式：一是完全按照国际市场价格制订价格公式，并随着国际市场价格的变化而变化；二是采用固定价格的定价公式；三是采用实际生产成本加一个固定投资收益的定价公式。

⑥ 生产的中断和对不可抗拒事件的处理。

项目公司应拒绝使用含义广泛的不可抗拒事件条款，在生产中断问题上，明确规定生产中断的期限以及执行合同的影响力。

⑦ 合同权益的转让。

由于此类合同是项目融资结构中的一种重要担保措施，所以，贷款银行对于合同权益的可转让性以及有效连续性均要求有明确的规定和严格的限制。一是合同权益要求能够以抵押、担保等法律形式转让给贷款银行或贷款银行指定的受益人；二是合同权益由于合同双方发生变化而出现的转让要求需要贷款银行的事先批准；三是在合同权益转让时，贷款银行对合同权益的优先请求权不得受到任何挑战，具有有效连续性。

（四）项目融资物权担保

物权担保又称为物的担保，是指借款人或担保人以自己的有形财产或权益财产为履行债务设定的担保物权。物的担保的主要表现形式为对项目资产的抵押和控制，包括对项目的不动产和有形资产的抵押，对无形资产设置担保物权等几个方面。项目融资中比较经常使用的担保有两种形式：

（1）抵押：为提供担保而把资产的所有权转移于债权人（抵押权人），但附有一项明示或默示的条件，即该项资产的所有权应在债务人履行其债务后重新转移于债务人。

（2）担保：不需要资产和权益占有的转移或者所有权的转移，而是债权人或债务人之间的一项协议。根据此协议，债权人有权使用该项担保条件下资产的收入来清偿债务人对其的责任，并享有优先的请求权，其地位优先于无担保权益的债权人以及具有次担保权益的债权人。

项目融资物权担保按担保标的物的性质可分为动产物权担保和不动产物权担保；按担保方式又可分为固定设押和浮动设押。

1. 动产物权担保和不动产物权担保

（1）动产物权担保。

动产物权担保指借款方（一般为项目公司）以自己或第三方的动产作为履约

的保证。动产可以分为有形动产和无形动产两种，在项目融资中，无形动产担保的意义更大些。一方面有形动产往往因为项目的失败而价值大减，另一方面也因为有形动产涉及多个项目参与方，其权利具有可追溯性，而且这种追溯是有合同等文件作为书面保证的。可以说，项目融资中的许多信用担保最后都作为无形动产担保而成为对贷款方的一种可靠担保，因此，信用担保与无形动产担保往往具有同样作用。

（2）不动产物权担保。

不动产指土地、建筑等难以移动的财产。在项目融资中，项目公司一般以项目资产作为不动产担保，但其不动产仅限于项目公司的不动产范围内，而不包括或仅包括少部分项目发起方的不动产。在一般情况下，如果借款方违约或者项目失败，贷款方往往接管项目公司，或者重新经营，或者拍卖项目资产，弥补其贷款损失。但这种弥补对于大额的贷款来说，往往是微不足道的，因为，项目的失败往往导致项目资产、特别是不动产本身价值的下降。由于处理不动产物权担保在技术上比动产物权困难，故在项目融资中使用较少。

2. 固定设押和浮动设押

（1）固定设押。

固定设押是指与担保人的某一特定资产相关联的一种担保。在此种担保形式下，担保人在没有解除担保责任或者得到担保受益人的同意之前不能出售或者以其他形式处置该项资产。前面涉及的动产和不动产物权担保都是固定的物权担保，即借款方作为还款保证的资产是确定的，如特定的土地、厂房或特定的股份、特许权、商品等。当借款方违约或项目失败时，贷款方一般只能从这些担保物中受偿。

（2）浮动设押。

浮动设押一般不与担保人的某一项特定资产相关联，在正常情况下，浮动设押处于一种“沉睡”状态，直到发生违约事件并促使担保受益人行使担保权时，担保才变得具体化，置于浮动设押下的资产才被置于担保受益人的控制下。在担保变得具体化之前，担保人可以自主地运用该项资产，包括将其出售。

在项目融资中，浮动设押方式较受欢迎。第一，借款方以充分的项目资产作为浮动设押担保物，不必担心一个贷款人独占。虽然，项目贷款人有多个，但他们之间事先已有平等受偿的协议。第二，当借款方违约时，贷款方可以任命财产管理人和经理人接管整个项目，以保证自己的利益，这是其他担保方式所无法比拟的。第三，浮动设押下项目公司拥有对担保资产进行处置的权利，包括对原材料、营业用具、现金和其他动产的处理等，而不必为新获得的资产签订担保合同，或为每一次资产处置请求许可。

第六节 案例分析

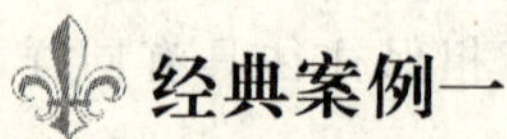

经典案例一

广东省沙角火力发电厂

（一）项目背景

广东省沙角火力发电厂于1984年签署合资协议，1986年完成融资安排并动工兴建，1988年投入使用。总装机容量70万千瓦，总投资为42亿港币。被认为是中国最早的一个有限追索的项目融资案例，也是事实上在中国第一次使用BOT融资概念兴建的基础设施项目。

（二）项目融资结构

1. 投资结构

采用中外合作经营方式兴建。合资中方为深圳特区电力开发公司（A方），合资外方是一家在香港注册专门为该项目成立的公司——合和电力（中国）有限公司（B方）。合作期10年。合作期间，B方负责安排提供项目全部的外汇资金，组织项目建设，并且负责经营电厂10年（合作期）。作为回报，B方获得在扣除项目经营成本、煤炭成本和支付给A方的管理费后100%的项目收益。合作期满时，B方将深圳沙角B电厂的资产所有权和控制权无偿转让给A方，退出该项目。

2. 融资模式

深圳沙角火电厂的资金结构包括股本资金、从属性贷款和项目贷款三种形式：

表5－1　深圳沙角B电厂的资金结构

股本资金	从属性贷款	项目贷款
股本资金/股东从属性贷款	3亿港币	3 850万美元
人民币延期贷款	5 334万人民币	1 670万美元
债务资金		
A方的人民币贷款（从属性项目贷款）	2.95亿人民币	9 240万美元

续表 5-1

股本资金	从属性贷款	项目贷款
固定利率日元出口信贷	4.96 兆亿日元	26 140 万美元
日本进出口银行		
欧洲日元贷款	105.61 亿日元	5 560 万美元
欧洲贷款	5.86 亿港币	7 500 万美元
资金总计		53 960 万美元

根据合作协议安排，在深圳沙角 B 电厂项目中，除以上人民币资金之外的全部外汇资金安排由 B 方负责，项目合资 B 方——合和电力（中国）有限公司利用项目合资 A 方提供的信用保证，为项目安排了一个有限追索的项目融资结构。

（三）融资模式中的信用保证结构

（1）A 方的电力购买协议。这是一个具有“提货与付款”性质的协议，规定 A 方在项目生产期间按照规定的价格从项目中购买一个确定的最低数量的发电量，从而排除了项目的主要市场风险。

（2）A 方的煤炭供应协议。这是一个具有“供货或付款”性质的合同，规定 A 方负责按照一个固定的价格提供项目发电所需要的全部煤炭，这个安排实际上排除了项目的能源价格及供应风险以及大部分的生产成本超支风险。

（3）广东省国际信托投资公司为 A 方的电力购买协议和煤炭供应协议所提供的担保。

（4）广东省政府为上述三项安排出具支持信，虽然支持信并不具备法律的约束力，但可作为一种意向性担保，在项目融资安排中具有相当的份量。

（5）设备供应及工程承包财团所提供的“交钥匙”工程建设合约，以及为其提供担保的银行所安排的履约担保，构成了项目的完工担保，排除了项目融资贷款银团对项目完工风险的顾虑。

（6）中国人民保险公司安排的项目保险。项目保险是电站项目融资中不可缺少的一个组成部分，这种保险通常包括对出现资产损害、机械设备故障，以及相应发生的损失的保险，在有些情况下也包括对项目不能按期投产情况的保险。

（四）融资结构简评

（1）作为 BOT 模式中的建设、经营一方（在我国现阶段有较大一部分为国外投资者），必须是一个有电力工业背景，具有一定资金力量，并且能够被银行和金融界接受的公司。

（2）项目必须要有一个具有法律保障的电力购买合约作为支持，这个协议需要具有“提货与付款”或者“无论提货与否均需付款”的性质，按照事先严格规定的价格从项目购买一个最低量的发电量，以保证项目可以创造出足够的现金流量来满足项目贷款银行的要求。

（3）项目必须有一个长期的燃料供应协议。从项目贷款银行的角度，如果燃料是进口的，通常会要求有关当局对外汇支付作出相应安排，如果燃料是由项目所在地政府部门或商业机构负责供应或安排，则通常会要求政府对燃料供应作出具有“供货或付款”性质的承诺。

（4）根据提供电力购买协议和燃料供应协议的机构的财务状况和背景，有时项目贷款银行会要求更高一级机构某种形式的财务担保或者意向性担保。

（5）与项目有关的基础设施的安排，包括土地、与土地相连接的公路、燃料传输及贮存系统、水资源供应、电网系统的联结等一系列与项目开发密切相关的问题的出现及其责任，必须要在项目文件中作出明确的规定。

（6）与项目有关的政府批准，包括有关外汇资金、外汇利润汇出、汇率风险等问题，必须在动工前，得到批准和作出相应的安排，否则很难吸引银行加入到项目融资的贷款银团行列。有时，在BOT融资期间贷款银团还可能要求对项目现金流量和资金的直接控制。

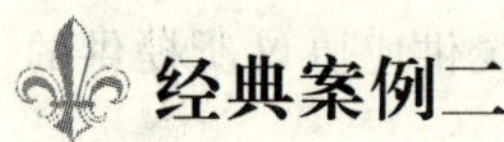

经典案例二

波特兰电解铝项目

波特兰铝厂位于澳大利亚维多利亚州的港口城市波特兰，主要由美国铝业澳大利亚公司投资（简称“美铝澳公司”），始建于1981年，因为国际市场铝价大幅度下跌和电力供应等问题，于1982年停建。在与州政府达成30年电力供应协议之后，于1984年重新开始建设。1985年美铝澳公司邀请中信公司投资波特兰铝厂。经过历时一年的投资认证、可行性研究、收购谈判及融资谈判等紧张工作，中信公司1986年8月成功地投资了波特兰铝厂，持有10%的项目资产，每年可获得3万吨铝锭产品。

（一）波特兰铝厂项目投资结构

波特兰铝厂的投资结构采用了契约型的合资结构，1986年中信公司参与波特兰铝厂时，项目的具体投资比例根据合资协议分配为：美铝澳公司持45%的比例；维多利亚州政府为35%；第一国民资源信托基金为10%；中信公司为10%。1992年，维多利亚州政府又将其在波特兰铝厂中的10%资产出售给日本丸红公司。

投资各方在该项目中的职责如下：

1. 由各项目投资者的代表组成一个项目管理委员会，作为该合资项目的最高管理决策机构，负责项目的建设、生产、资本性支出和生产经营预算的审批等一系列重大决策问题。

2. 项目资产根据合资协议由各投资者按比例分别直接拥有，波特兰铝厂本身不具有法人地位。投资各方单独安排自己的项目建设和生产所需资金，单独安排项目生产中所需要的主要原材料，并直接获得相应比例的最终产品、直接销售其所获产品。这种投资结构为中信公司在安排项目融资时直接提供项目资产作为贷款抵押担保提供了客观上的可能性。

3. 由于其他投资者都不具备生产、管理铝厂的经验和技术，由项目管理委员会与其之一的投资者——美铝澳公司的一个全资拥有的单一目的公司——波特兰铝厂管理公司签订了项目管理协议，由波特兰铝厂管理公司作为项目经理具体负责项目的日常生产经营活动。

（二）中信铝厂项目中的融资模式

中信公司在波特兰铝厂项目投资中所采用的是一个为期12年的杠杆租赁融资模式。中信公司为了具体参与到该合资项目中来，成立了中信澳大利亚有限公司（简称“中信澳公司”），代表总公司管理项目的投资、生产、融资、财务和销售，承担总公司在合资项目中的经济责任。经过认真分析，中信公司决定将在该项目中的投资份额设计成一个以杠杆租赁为基础的有限追索的融资结构，为此，又成立了由中信澳公司百分之百控股的单一目的公司——中信澳（波特兰）公司直接进行该项目的投资。其运作过程如下：

1. 选定项目融资经理人

在该项目融资模式中，美国信孚银行澳大利亚分行在杠杆租赁融资结构中扮演了四个方面的角色：第一，为项目融资顾问，由其负责设计项目融资结构；第二，承担了杠杆租赁经理人的角色，代表股本参与银团处理一切有关特殊合伙制结构以及项目代理公司的日常运作；第三，担任了项目债务参与银团的主经理人；第四，分别参与了股本参与银团和债务参与银团，承担了贷款银行的角色。

2. 组建股本参与银团

由五家澳大利亚主要银行组成的特殊合伙制结构，以及其任命的波特兰项目代理公司，是该杠杆租赁融资结构中的股本参与者，在法律上拥有中信公司投资的波特兰铝厂10%的所有权，并充当杠杆租赁结构中的出租人。其职责是为中信澳公司在波特兰铝厂项目中10%的投资提供股本资金（占项目建设资金的1/3）和安排债务资金。股本参与银团直接享有项目融资中来自加速折旧以及借款利息等方面的巨额税务好处，并通过与中信澳（波特兰）公司签署的资产租赁协议，将项目出租给中信澳（波特兰）公司生产电解铝。股本参与银团通过租赁费收入支付项目的资本开支、到期债务、管理费、税收等。股本参与银团本身通过以下两方面来获得收益：一是来自项目的巨额税务亏损，通过合伙制结构特点吸收这些税务亏损抵免公司所得税；二是通过租赁费形式获取。

3. 寻找债务参与银团

由银团参与者为合伙制结构提供债务资金，以购买波特兰铝厂10%的投资权益。在该项目中，债务资金来源于两部分，比利时国民银行的贷款和项目债务参与银团的担保。由比利时国民银行提供项目建设所需的2/3资金。但该行不愿意承担任何项目信用风险，所以，由BT银行作为主经理人组成一个债务参与银团，为比利时银行的贷款提供信用证担保来承担项目信用风险。因此，比利时国民银行并不是杠杆租赁中真正的债务参与者。之所以选择这种融资结构，是因为比利时政府当时允许其国家级银行申请扣减在海外支付的利息预提税，因此，澳大利亚利息预提税成本就可以不由项目的实际投资者和借款人——中信澳公司承担。此举为中信公司节省了总值几百万元的利息预提税款。

实际上，该债务杠杆租赁结构中真正的债务参与者是由澳大利亚、日本、美国、欧洲等九家银行组成的贷款银团，它们本身不对项目提供任何资金，但是，以银行信用证方式为合伙制结构中的股本参与者和比利时国民银行的贷款资金提供信用担保，承担全部的项目风险。

以上股本参与银团、债务参与银团以及实际提供全部债务资金的比利时国民银行三方组成了波特兰铝厂项目融资中具有特色的一种资金结构，为全部项目投资者提供了96%的资金，基本上实现了100%融资。在这个资金结构下，对于项目投资者来说，无论是来自股本参与银团的资金投入，还是来自比利时国民银行的项目贷款，都是项目融资中的高级债务资金，都需要承担有限追索的债务责任。

4. 中信澳（波特兰）公司是该项目10%资产的承租人

中信澳公司全资拥有的中信澳（波特兰）公司是该杠杆融资租赁结构中的项目资产承租人。中信澳（波特兰）公司与合伙制结构的全资项目代理公司签订了一个为期12年的租赁协议，从项目代理公司手中获得10%波特兰铝厂项目资产的使用权。中信澳（波特兰）公司自行安排氧化铝及电力等关键性供应合同，使用租赁的项目资产生产出最终产品——铝锭，并直接销售给中信澳公司。由于项目融资的有限追索性质，中信澳（波特兰）公司的现金流量处于融资经理人的监控之下，用来支付生产成本、租赁费等经营费用，并在满足了一定的留置基金条件下，可以以利润的形式返还给股本——中信澳公司。

根据融资安排，在12年融资期限结束时，中信澳（波特兰）公司可以通过期权安排，收购股本参与银团在项目中的资产权益，成为10%波特兰铝厂资产的法律所有人。

（三）中信澳（波特兰）公司的信用保证结构

在融资担保上，由中信总公司和其百分之百控股的中信澳公司为中信澳（波特兰）公司提供了一定程度的信用支持。主要表现在以下四个方面：

（1）由中信澳（波特兰）公司与中信澳公司签订提货与付款性质的产品购买协议，该协议是一个期限与融资期限相同的产品长期销售协议。根据该协议，中信澳公司保证按照国际市场价格购买中信澳（波特兰）公司生产的全部铝锭产品，这样就大大降低了项目债务参与银团的市场风险。

（2）由于当时的中信澳公司和中信澳（波特兰）公司都只是一个空壳公司，所以项目债务参与银团要求中信公司作为母公司对于它们之间签订的提货与付款购买协议提供担保。

（3）中信公司还以担保存款方式为项目提供了完工担保和资金缺额担保。为此，中信公司在海外一家国际一流银行存入了一笔固定金额（为项目融资总金额的10%）的美元保存款。在项目建设费用超支和项目现金流量不足时，杠杆租赁经理人就可以运用该担保存款资金。但是，中信公司承担的这个担保责任是有限的，其限额为担保存款的本金和利息。事实上，由于项目经营良好，担保存款从来没被运用过，并在1990年通过与银行谈判解除。

（4）中信公司在项目中也投入了一部分股本资金，但其投入形式选择了以大约相当于项目建设总金额4%的资金购买合伙制租赁公司发行的与融资期限相同的无担保零息债券，实际上是一种准股本资金的投入形式。

复习思考题

概念题

1. 什么是项目融资？项目融资具有哪些特征？
2. 如何进行项目融资的可行性研究？
3. 项目融资结构和渠道有哪些？
4. 简述项目融资的几种主要模式并分析其特点。

第六章　项目管理

✓本章摘要

● 项目管理是把各种知识、技能、手段和技术应用于项目活动之中，以达到项目的要求。管理一个项目应包括：识别项目要求；确定清楚而又能够实现的目标；权衡质量、范围、时间和费用等各方面的要求与关系；明确各利益相关者的不同需求和期望；制订符合利益相关者要求的计划说明书以及实施办法。

● 项目周期理论是项目管理理论的基础。

● 项目管理过程组包括启动过程组、规划过程组、执行过程组、监控过程组、收尾过程组。

● 项目管理计划包括项目范围管理计划、进度管理计划、费用管理计划、质量管理计划、人员管理计划、风险管理计划、采购管理计划等。

● 项目管理办公室的功能在于进行项目报告、项目管理培训、制订项目管理方法、开发项目管理工具等。

✓本章关键词

项目管理　　项目生命周期　　项目管理过程组　　项目管理计划

项目管理办公室

✓学习完本章你需要掌握

- 掌握项目管理的定义及主要内容；
- 理解项目生命周期理论；
- 了解项目管理过程组的划分及其各自的职能；
- 理解项目管理计划的主要内容；
- 了解项目管理办公室的概念以及功能；

▣ 理解怎么界定一个项目成功与否。

第一节 项目管理概述

一、项目管理理论发展概述

（一）项目管理的定义及主要内容

项目管理的概念源于第二次世界大战美国研制原子弹的曼哈顿计划。二战后，美国海军研究开发出项目时间管理工具——计划评审技术（Program Evaluation and Review Technique，PERT），后来美国国防部又创造出项目范围管理工具——工作分解结构法（Work Break-down Structures，WBS），项目管理理论逐步发展完善。最初的项目管理主要用于军事和建筑领域。

现代项目管理随着管理学的发展而迅速发展起来，现代企业的经营活动越来越围绕着项目进行，项目是体现并实践企业战略的基本单元。项目管理已经形成比较完整的科学体系，并建立了多个国际性现代项目管理协会，代表性的组织包括以欧洲为主的国际项目管理协会（IPMA）以及美国的项目管理协会（PMI）。

PMI 制订的《项目管理知识体系指南 PMBOK》（《A Guide to the Project Management Body of Knowledge》）第三版中，把项目管理定义为：把各种知识、技能、手段和技术应用于项目活动之中，以达到项目的要求。书中进一步指出，管理一个项目应包括：识别项目要求；确定清楚而又能够实现的目标；权衡质量、范围、时间和费用等各方面的要求与关系；明确各利益相关者的不同需求和期望；制订符合利益相关者要求的计划说明书以及实施办法。①

具体来说，按照指南的划分，项目管理知识体系包括以下 9 个方面的内容：

（1）范围管理（Scope Management）；

（2）时间管理（Time Management）；

（3）成本管理（Cost Management）；

（4）人力资源管理（Human Resource Management）；

（5）质量管理（Quality Management）；

（6）沟通管理（Communication Management）；

---

① PMBOK. 3 版. 北京：电子工业出版社：7.

(7) 风险管理 (Risk Management);

(8) 采购管理 (Procurement Management);

(9) 综合管理 (Integration Management)。

它们之间的关系见图 6-1:

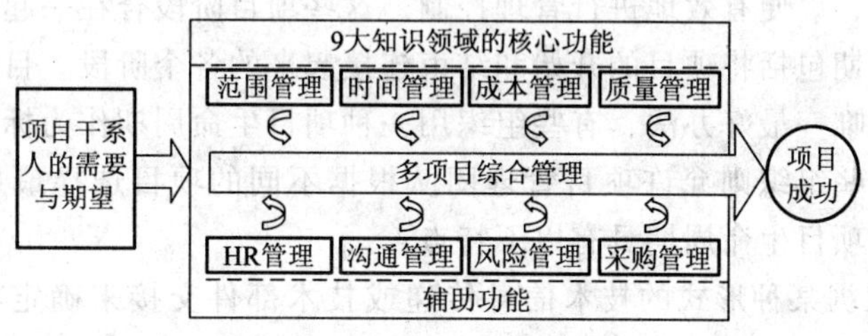

图 6-1 项目管理知识体系

(二) 项目管理理论的历史沿革

从 IPMA 1967 年到 2002 年的会议主题来看，可以把项目管理的研究和实践划分为四个阶段：

(1) 20 世纪 60 年代末到 70 年代：研究焦点在项目管理的基础理论和管理方法。

(2) 20 世纪 70 年代末到 80 年代：扩大了项目管理的研究范畴，在理论基础、方法、组织等领域的研究基础上，开始研究项目管理对于社会的作用。

(3) 20 世纪 80 年代末到 90 年代：研究重点在于项目管理与组织和社会的关系，学者们把项目管理作为一种新兴的管理方法，开始研究其对于企业战略和社会宏观经济的影响。

(4) 20 世纪 90 年代至今：随着科技的发展和全球经济一体化的发展，多个项目集成化管理成为新的焦点，项目组合和项目群管理成为研究热点。

二、项目生命周期理论

项目管理的理论和方法基于项目生命周期理论，并贯穿项目生命周期始终。生命周期一词最早出现在生物学领域，指有机生命从出生、成长到成熟衰老直至死亡的整个过程。生命周期这一概念后来被引入到经济学、管理学理论中，作为阶段性分析的理论基础。随着项目管理的发展，逐渐形成了项目生命周期的理论，这种理论对于项目管理的阶段性规划、全面控制、不同项目之间的组合以及构建项目型企业提供了一种分析基础。

（一）项目生命周期

项目的进行存在着一种自然时序，项目经理或组织根据这种时序把每一个项目划分成若干个阶段，以便有效地进行管理控制，这些项目阶段合在一起称为项目生命周期。项目生命周期包括将项目的开始和结束连接起来的各个阶段。目前，还没有确定项目生命周期的唯一最好办法，有些组织用一种项目生命周期作为标准适用于所有的项目，而另外一些组织则允许项目管理团队根据不同的项目选择最适合的项目生命期。一般来说，项目生命周期具有以下特点：

（1）通常根据某种形式的技术信息传递或技术部件交接来确定项目阶段，各阶段顺序首尾衔接；

（2）人力投入以及相关费用在项目开始阶段较低，之后逐渐增加，在项目接近收尾时迅速下降；

（3）项目开始时，成功完成项目的可能性最低，因此风险和不确定性最高，随着项目继续进展，成功完成项目的可能性通常逐渐上升；

（4）项目开始时，项目利益相关者对项目产品的最后特点和项目的最终成本影响力最强，而随着项目的进展，这种影响逐渐减弱。

PMI 将项目生命周期划分为三个阶段：开始阶段、中间阶段和最后阶段。图 6－2 为 PMBOKZ 中对项目生命期内典型阶段序列的阐释图：

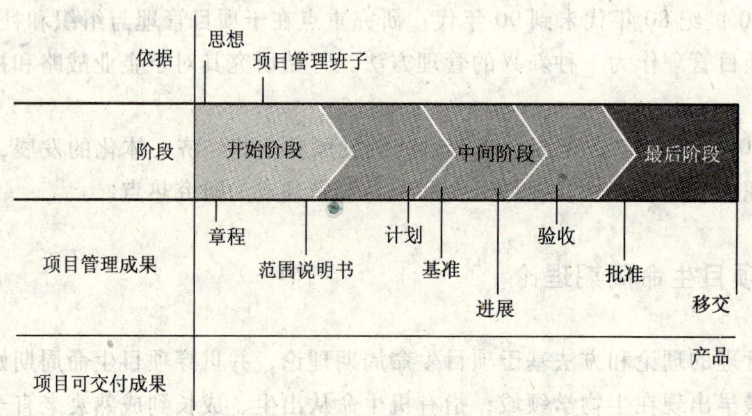

图 6－2 项目生命期内典型阶段序列

我国有学者将项目周期划分为五个阶段，即：鉴定投资机会（项目设想）、项目准备与分析（可行性研究）、项目评估与批准、项目执行以及项目评价。①

图 6 – 3 提供了一个一般的项目生命周期，以显示项目是如何从一个概念化的模型开始，定义其成本、进度计划和技术性能标准，使其具有可操作性，并最终进入处置阶段，而且有可能被一个新的或者改进项目取代的过程。

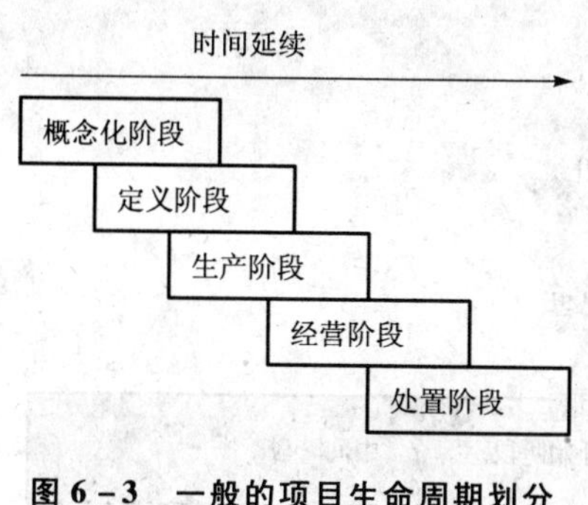

图 6 – 3　一般的项目生命周期划分

（二）项目生命周期与产品生命周期的关系

项目生命周期不同于产品生命周期，从投资的角度考虑项目选择问题时，特别要明确两者的区别与联系。

当生命周期理论首先被用于经济、管理分析时，首先主要是应用于产品。产品的生命周期（Product Life Cycle，PLC）是产品的市场生命，而不是指产品的物质使用寿命，PLC 反映了一个特定市场对某一特定产品的需求随时间而变化的规律，通常以产品的销售额和利润的变化来衡量。如果以时间为横坐标，以销售额或利润额为纵坐标，则产品的生命周期表现为一条近似 S 形的曲线，且一般被划分为四个阶段：导入期、成长期、成熟期和衰退期。由导入期开始，产品的销售额缓慢增长；进入成长期后，销售额迅速爬升；在成熟期，销售额虽然仍有增长，但增速趋缓；进入衰退期后，销售额急剧下降。产品的生命周期理论表明，一种产品在市场上的销售金额和获利能力是随着时间的推移而变化的。

产品生命周期开始于经营计划，经过构思落实到产品，贯穿于日常经营，直至产品退出市场。项目生命周期则经历创造某一产品的一系列阶段。在某些应用领域，一个项目生命周期可能只是产品生命周期的一部分。例如，向市场推出一种新型台式电脑的项目仅仅是其产品生命期的一个方面。而在另一些领域，产品生命周期可能是联

① 赵国杰，翟欣翔，李响．投资学 – 从战略管理到项目优化组合．天津：天津大学出版社：25.

接不同项目，构成项目组合的桥梁。例如，对某种产品的性能进行更新或者换代的一系列项目。

PMBOK 以图 6－4 说明了产品生命周期和项目生命周期的关系。

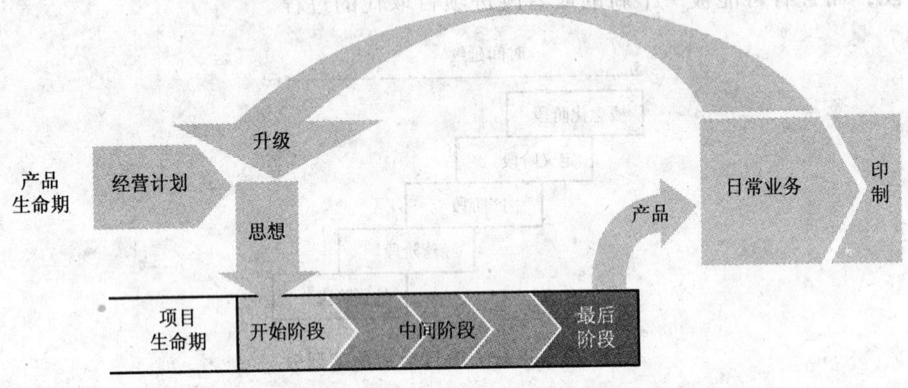

图 6－4　项目生命周期与产品生命周期的关系

针对项目生命周期与产品生命周期的这种区别与联系，基于投资组合思想进行项目选择时，明确产品在其生命周期中所处的阶段，以不同的项目相结合作为手段，以产品的更新、替换为落脚点，是企业不断发展的关键所在。

微软公司正是基于产品生命周期，不断推行新的项目来保证企业活力，从而在软件业树立起在操作系统领域的霸主地位，图 6－5 所示为微软操作系统完成的时间线：

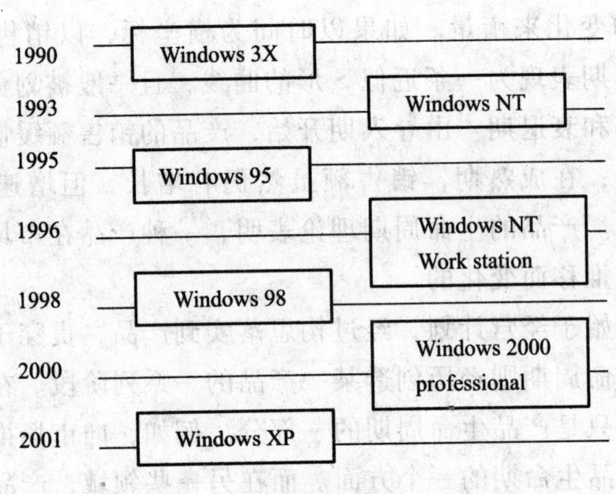

图 6－5　微软操作系统完成时间线

另外，基于产品生命周期的项目选择也是多元化经营的依据所在，将处于衰落阶段的夕阳产品维系项目或更新换代项目与处于发展阶段的新产品开发项目组合，可以保证企业享有稳定的现金流，平稳发展。

（三）项目生命周期管理

估计每个项目阶段要完成的工作或者说工作包是项目管理规划的重要内容。有学者建议，可以通过项目阶段来考察管理活动和已完成的工作。表 6－1 按阶段具体说明了各个阶段要进行的项目管理活动；表 6－1 和表 6－2 说明了各阶段应完成的具体任务。

表 6－1　　项目各阶段中的管理活动

阶段 1：概念化	阶段 2：计划	阶段 3：实施	阶段 4：终结
确定项目必需性； 建立目标； 估计组织可提供资源； 推介项目方法； 任命重要人员；	确定项目组织方法； 确定项目目标； 准备实施阶段计划； 确定分派任务和资源； 建立项目团队；	实施项目工作 （设计、建造、生产、 测试、配送等）	项目产品输送； 移交人力和非人力资源 到其他组织部门； 转移或完成任务； 终结项目； 奖惩工作人员。

表 6－2　　项目各阶段完成的任务

阶段 1：概念化	阶段 2：计划	阶段 3：实施	阶段 4：终结
需求分析； 确定可行性； 确定方案； 制订基本预算； 制订初步时间进度安排； 确立项目团队；	实施计划； 指导研究分析； 设计系统； 建造检验模型； 分析结果； 获得相关许可；	获取材料； 建造检验生产工具； 研究支持需求； 生产系统； 明确业绩；	人员培训； 转移材料； 转换责任； 处理资源； 分流项目团队成员。

生命周期模型一旦建立，必须随着对项目了解程度的加深而改进，当项目在其生命周期中进展时，项目的成本、时间和业绩都会不断变化。项目经理通过改变分派到整个项目和各个工作包的混合资源作出动态的反应和调整。阿查巴德（Archibald）指出："随着每个后续阶段的不确定性的减少，最终的胜利到来了。"

第二节 项目管理过程组

一、项目管理过程组的含义

（一）项目管理过程组的划分

项目管理研究的一般思路是把项目管理作为流程进行分解，本书也采用同样的思路，但需要强调的是，再详尽的划分也不可能适用于所有的项目，项目管理的方法也决不只有一种。项目阶段性往往包括若干目标，这些目标能否实现和实现的程度取决于项目的复杂度、风险、时间限制、团队经验、资源多寡、历史信息、行业和应用领域等诸多因素。必要的项目管理过程分解可用做实施项目期间的指导，但既使对于一个单独的项目来说，这一过程也不会是一成不变的，某些过程可能会反复出现多次，某些可能要经过多次修改，这就要求项目经理及其团队基于项目管理的基本知识和技能，根据自己的项目特点和外部环境特征，找到适当的项目管理方法。

《项目管理知识体系指南（第三版）》（PMBOK 指南）把项目管理过程分为 5 组，称为项目管理过程组，即：启动过程组、规划过程组、执行过程组、监控过程组、收尾过程组。这种划分比较综合，也有利于体现每个过程组丰富的内涵和子过程，五个过程组之间的关系如图 6－6 所示：

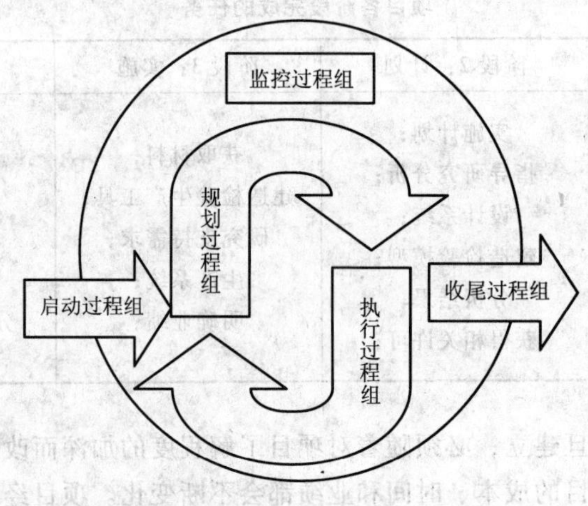

图 6－6 项目管理五个过程组之间的关系

（二）五个过程组之间的联系

以上五个过程并非绝对割裂的，一个过程的成果往往成为另一过程展开的依据或成为项目的可交付成果。规划过程组为执行过程组提供正式的项目管理计划和项目范围说明书，项目管理计划要随着项目的执行不断更新调整。此外，过程组很少是孤立的或只进行一次的事件，它们在整个项目生命期内自始至终表现为以不同程度互相重叠的活动。图 6－7 说明了过程组如何互相联系、互相作用，也表示了在各个不同时间互相重叠的水平。若将项目划分为阶段，则过程组不但在阶段内，而且也可能跨越阶段相互影响、相互作用。

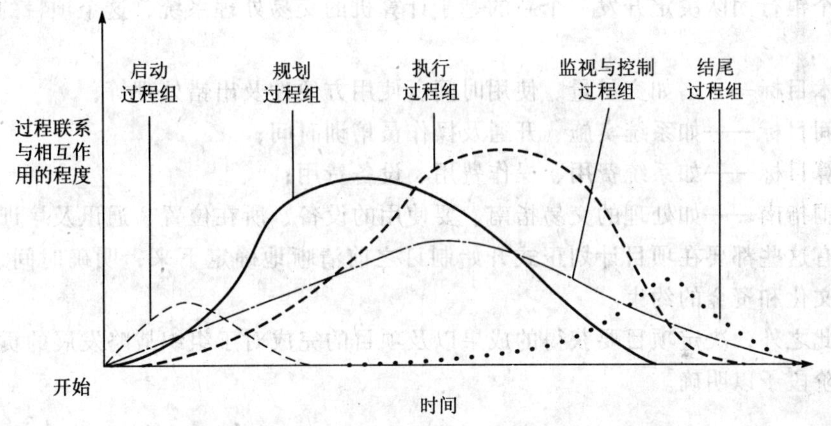

图 6－7 项目过程组的联系与相互作用

二、启动过程组

（一）项目启动的主要内容

启动过程组是指正式授权开始一个新项目或一个项目阶段的过程。该过程组的成果确定了项目用途，明确了项目目标，并授权项目经理开始实施这一项目。

项目启动过程中，应细化对项目范围和项目资源的定义，选择项目经理，组织项目团队，并将目前所得项目信息（包括项目假设和项目制约因素等）拟成文件，在项目章程中予以明确。项目章程是启动过程中的重要文件，项目章程获得批准，项目就得到了正式授权。需要特别指出的是，项目的批准和资金的获得是在项目之外的。

另外，大型或者复杂项目往往被分为若干阶段，在每个阶段开始时，都要进行审查，以判断该项目是否做好了进行下一阶段的准备，如果不具备继续的条件，应该即时推迟或中断项目进行调整，这也属于启动过程组的一方面。

经过启动过程组，主要的成果应该包括：制订项目章程以及项目初步范围说明书。

（二）制订项目目标

项目计划的第一步是明确项目目标，定义项目目标的一个重要内容是定义与项目相关的约束条件。

项目目标包括多个因素，如时间目标、预算目标、技术目标以及范围目标。例如，一个银行团队决定开发一个新的基于计算机的交易处理系统，这个项目的目标就包括：

技术目标——诸如交易量、使用时间、使用方便性及出错处理等；

时间目标——如系统实施、开通及操作员培训时间；

预算目标——如系统费用、操作费用、设备费用；

范围指南——如处理的交易指南、要使用的设备、所在位置、通讯及培训。

所有这些都要在项目计划正式开始制订之前清晰地确定下来，明确时间、技术、人员、文化和资金的约束。

除此之外，决定项目要获得的成果以及项目的完成对于组织战略发展的贡献也应该在此阶段予以明确。

（三）制订项目章程

1. 项目章程概述及主要内容

制订项目章程是明确经营需要，设定要满足这些需要所需的新产品、服务或其他成果的必要过程。该文件授权项目经理在项目活动中动用组织的资源。项目经理的委任应该在制订项目章程之时、作出项目规划之前。项目章程是由项目团队之外的组织或综合管理机构颁发或者授权核准的，这种授权核准主要基于以下因素：

（1）市场需求（例如，由于汽油短缺，某汽车公司批准制造低油耗汽车项目）；

（2）运营需要（例如，某培训公司批准新设课程项目，以增加收入）；

（3）客户需求（例如，电业局批准新建变电站项目，为新工业园区供电）；

（4）技术进步（例如，电子公司在电脑内存和电子技术改进后批准研制更快、更便宜和更小的新视频游戏机项目）；

（5）法律要求（例如，油漆厂批准制订有毒材料使用须知项目）；

（6）社会需要（例如，某发展中国家的非政府组织批准向霍乱高发病率、低收入社区提供饮用水系统、厕所与卫生保健教育的项目）。

制订项目章程基本上就是将经营需要、项目理由、对顾客需求的理解以及用来满足这些要求的产品、服务或成果形成文件。一般来说，项目章程应当包括以下内容（直接列入项目章程或援引其他文件）：

（1）为满足客户、赞助人以及其他利害关系者的需要、期望而提出的要求；

（2）经营需要、高层管理人员对于项目的说明，本项目对应的产品要求；

（3）项目目的或实行项目的理由；

（4）项目经理任命及其权限级别；

（5）总体里程碑进度表；

（6）利益相关者影响；

（7）职能组织；

（8）组织、环境与外部假设及其制约因素；

（9）阐释项目合理性及经营可行性（投资收益率）；

（10）总体预算。

2. 制订项目章程的依据和方法

制订项目章程的依据包括合同（项目为外部顾客而进行时采用，如采购合同）、项目工作说明书、事业环境因素以及组织过程资产等。

工作说明书是对项目提供的产品或服务的文字说明。对于内部项目，项目发起人或赞助人根据经营需要、产品或服务要求提供一份工作说明书。对于外部项目，工作说明书属于顾客招标文件的一部分，例如，建议邀请书、信息请求、招标邀请书或合同中的一部分。工作说明书至少说明经营需要、产品范围、战略计划的一个方面。

事业环境因素指在制订项目章程时，任何一种存在于项目周围并对项目成功有影响的组织事业环境因素与制度。事业环境因素主要包括、但不限于以下事项：

（1）组织或公司的文化与组成结构；

（2）政府或行业标准（管理部门的规章制度、产品标准、质量与工艺标准）；

（3）基础设施（例如，现有的设施和生产设备）；

（4）现有人力资源（包括技能、专业与知识，如设计、开发、法律、合同发包与采购）；

（5）人事管理（例如，雇用与解雇指导方针、员工业绩评价与培训记录）；

（6）公司工作核准制度；

（7）市场情况；

（8）利益相关者风险承受力；

（9）商业数据库（例如，标准的费用估算数据、行业风险研究信息与风险数据库）；

（10）项目管理信息系统（例如，自动化工具套件，如进度管理软件工具、配置管理系统、信息收集与分发系统，或者与其他在线自动化系统的连网接口）。

组织过程资产指在制订项目章程以及以后的项目文件时，任何一种用于影响项目成功的资产。组织过程资产还包括组织从以前项目中吸取的教训和学习到的知识；例如，完成的进度表、风险数据和实现价值数据。

制订项目章程的两种主要方法是项目管理信息系统（PMIS）和专家判断。项目管理信息系统是在组织内部使用的一套系统集成的标准化自动化工具。它可以帮助项目管理团队制订项目章程、并在细化项目章程时促进反馈、控制项目章程的变更、发布批准的项目章程。而专家判断的方法更偏重于评价制订项目章程的依据。任何具有专门知识或训练的集体或个人都可以提供此类专家知识，例如组织内部的其他单位、咨询公司，包括客户或赞助人在内的利益相关者、专业和技术协会等。

（四）制订项目初步范围说明书

项目范围说明书确定了项目的范围——需要完成的各种事项。制订初步项目范围说明书的过程及其记载的事项涉及项目及其产品和服务的特征与边界，以及验收与范围控制的方法。项目范围说明书的内容包括：项目与产品的目标、产品或服务的要求与特性、产品验收标准、项目边界、项目要求与可交付成果、项目制约因素、项目假设、项目的初步组织、初步识别的风险、进度里程碑、初步工作分解结构、量级费用估算、项目配置管理要求、审批要求。

制订此说明书的主要依据是项目章程、项目工作说明书、事业环境因素以及组织过程资产。制订方法也可以采用 PMIS 方法和专家判断法。

（五）组织项目启动会议

在项目启动前，将项目利益相关者召集到一起举行一次项目启动会议是十分必要的。项目启动会议的目的主要是现场澄清项目有关概念内涵，确保各方面对于项目的理解一致，还可以公开落实项目相关者角色和责任。此外，项目启动会议也是各方利益相关者进行沟通的良好机会，良好的人员配合、各方沟通是项目成功的关键因素之一。

一般来说，项目启动会议应该包括以下 9 个方面的基本内容：

（1）说明会议目的，安排专人对会议进行记录并分发会议纪要；

（2）介绍项目背景、发起项目的原因，尽可能地采用数字来说明问题；

（3）说明项目范围，主要项目产品以及重要的里程碑；

(4) 说明项目利益相关者的角色和责任;

(5) 介绍项目经理及其将采取的项目管理方式;

(6) 说明项目变更控制方式,可以使用变更控制流程图辅助说明,明确变更管理责任人,说明何时何种情况需要何方人员参与,明确签字权问题;

(7) 说明项目行动要点,简要介绍项目组工作方式,如一些主要的度量、评估方法;

(8) 说明客户对项目成果的接收标准;

(9) 告知下次会议的议题和时间。

三、规划过程组

(一) 项目规划过程组的定义

规划过程组是项目管理中重要的一环,它确定并细化了项目目标,明确了为实现项目目标所必须的行动线路。这一过程组通过确定、协调、综合各方面计划所需要的行动并形成文件,最终形成项目管理计划。

特别要注意的是,由于现代项目管理的复杂性和多维性以及经济社会的迅速变化,项目规划也应随着项目信息的增加而不断更新,这种使项目管理计划逐步详细深入的方法叫做“滚动式规则”,即项目规划并非是一个一次性的活动,而是一个需要重复多次进行的连续过程。制订项目管理计划的依据包括:初步项目范围说明书、项目管理各过程、事业环境因素、组织过程资产。

(二) 项目规划过程组的主要内容概述

项目管理计划包含的内容十分广泛,它涵盖了有关项目如何规划、执行、监视与控制以及结束的大部分信息。概括来说,项目管理计划主要包括以下内容:范围管理计划、进度管理计划、费用管理计划、质量管理计划、人员管理计划、风险管理计划、采购管理计划,但不局限于此。

项目范围是指为了完成项目目标而必须完成的项目工作,包含在项目范围内的工作必须是充分必要的,范围规划包括制订项目范围管理计划,确定、核实和控制项目范围,为建立和制作工作分解结构做必要的准备,详细的项目范围管理计划为未来的项目决策奠定基础。项目的进度管理包括:活动的定义、排序,活动资源、时间估算、活动进度表的制订以及进度控制。项目费用管理涉及费用规划、估算、预算、控制的过程。项目质量管理包括保证项目能满足原先规定的各项要求所需要实施的组织活动，包括明确质量方针、目标与责任的所有活动，并通过诸如质量规划、质量保证、质量控制、质量持续改进等方针、程序和过程实施质量体系。人员管理计划包括人力资源管理和沟通管理计划。项目风险管理的目标在于增加积极事件的概率和影响，降低消极事件的概率和影响。项目采购管理包括从项目团队外部购买或获得为完成工作所需的产品、服务或成果的过程。

这里只简单介绍了各项内容的含义，下文还将就各个项目管理计划的主要内容分别展开具体介绍。

四、执行过程组

（一）执行过程组概述

执行过程组是由完成项目管理计划中确定工作的各个子过程构成的。这一过程组既包括按照项目管理计划统一并实施项目活动，也包括合理协调组织人员与其他资源，还包括处理项目范围说明书中明确的范围，实施经过批准的变更等等。图 6－8 所示为项目执行过程组流程图。

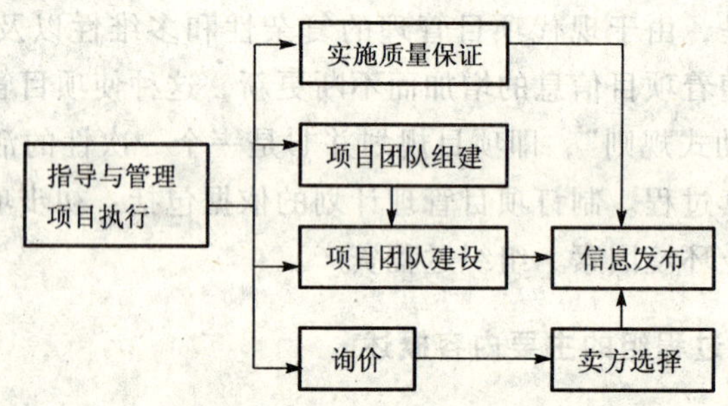

图 6－8 执行过程组流程图

“指导与管理项目执行”是指导存在于项目中的各种技术、组织界面，执行项目管理计划中确定的工作。在过程按照项目管理计划实施，将可交付成果的完成状况与已经完成了哪些工作的信息收集起来，也属于项目执行的一部分，是完成进展报告的依据。

“实施质量保证”是按照计划开展系统的质量活动，确保项目可交付成果满足客户要求。

“项目团队组建”是为取得完成项目所需要的人力资源而必须进行的过程。“项目团队建设”则是为提高团队成员完成任务能力以及增进彼此之间配合，提高项目业绩而必须进行的。“信息发布”是指向项目利益相关者及时提供信息。“询价”包括为取得报价、投标书、要约、建议书而进行的过程。“卖方选择”是指审查报价书，在潜在卖主间选择，并与卖方谈判书面合同。各部分的关系可参看图6－8。

（二）项目团队的构建

在执行过程组的各个子过程中，项目团队建设起着关键的作用，好的团队可以使项目的进行事半功倍，有问题的团队则可能使项目功亏一篑。项目团队可以看作是由一定数量的有互补技能、愿意为了共同的项目目标协同工作、相互承担责任的人们组成的群体。项目团队的组建其实在启动过程组就应该开始，团队的建设贯穿项目始终，项目执行阶段是项目步入正轨、产生结果的关键阶段，而项目团队的协同工作在这一阶段显得尤为重要。

项目成员的选择建立在工作分析的基础之上，即以工作分解结构（WBS）为依据，分析项目包含哪些工作，每项工作需要何种知识技能，需要多少具有这种知识或者技能的人才能在规定的时间内完成工作，并为每项工作找到合适的项目组成员，在这一过程中，项目经理的作用重大，他们应该善于发现队员的特质，并指派合适的工作。一般来说，团队人员根据不同的性格特征可以分为以下四种：

1. 指导型

这类人员往往敢说敢做，勇于承担责任，他们更多的关注工作成果，而非细节问题或情感问题。这类人能够独当一面，可以授权其独立进行某种工作，但因为这类人往往倾向于擅自作主，所以对于这种下属，在其工作过程中也要注意监管和控制，在允许的尺度内，允许其发挥最大的能动性。

2. 社会活动型

社会活动型的人员往往具有创新能力，思维活跃，擅于表达，是团队的润滑剂和联结纽带，他们对于人际关系有很好的驾驭能力，不同于指导型人员，他们更关注团队情感和凝聚力。对于这样的人员可以让其担当团队沟通的重任，但要避免其工作过于感情用事。

3. 合作型

这类人性格较为缓和稳重，擅长与人合作、倾听他人意见，但可能欠于表达，有时也略现优柔寡断；但这样的人往往是团队中的实干者，对于这样的人员，作为项目经理应该更多地激励，鼓励他们发表自己的意见。

4. 理智型

理性型的人员和合作型的人员同样稳重踏实，但是他们更关注工作的结果而非团队情感，他们可能不苟言笑，但头脑清晰，做事严谨，是团队中最不需要监督的人。

另外，在选择项目团队成员时还应注意以下原则：具有与任务相关的知识与技能；个人对项目感兴趣并能兑现完成；有时间参与项目；喜欢团队合作等。具体来说，项目组成员的选择可以参考图6-9流程。

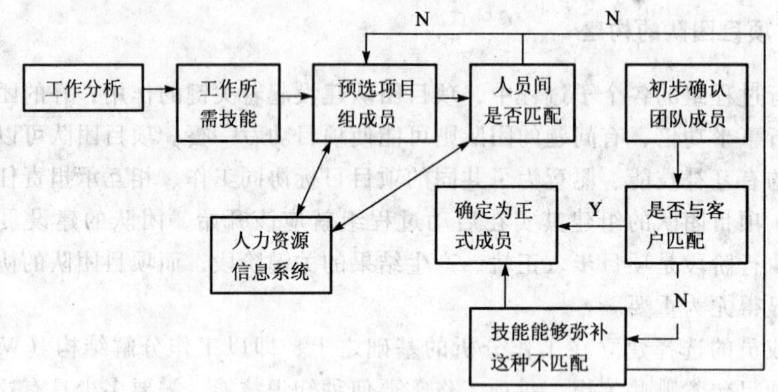

图6-9 项目组成员选择流程

在团队工作中，沟通也是重要的一环，在有效的团队沟通中要特别注意明确沟通对象、确定沟通内容以及信息要素的真实规范。

五、监控过程组

（一）监控过程组主要内容

监视与控制过程组的目的在于观察项目的执行，以便及时识别潜在问题，并在必要时采取纠正行动以控制项目进行。控制过程是从搜集项目数据开始的，数据反映了项目的进展情况。监视与控制过程组包括控制变更、预防行动，并包括对照项目管理计划和项目实施基准来监视正在进行着的项目活动。

这种连续的监视使项目团队得以洞察整个项目的发展状况，并将需要特别注意的各方面突显出来。在多阶段项目中，监视与控制过程组还包括实施纠正或预防行动使项目保持在项目管理计划要求的状态并在项目阶段之间提供反馈。审视的结果可能是项目管理计划的更新建议。例如，漏掉活动完成日期可能要调整当前的人员配备计划、靠加班弥补，或者在预算和进度目标之间权衡。

（二）监控过程组流程

图6-10所示为监控过程组的主要内容及流程：

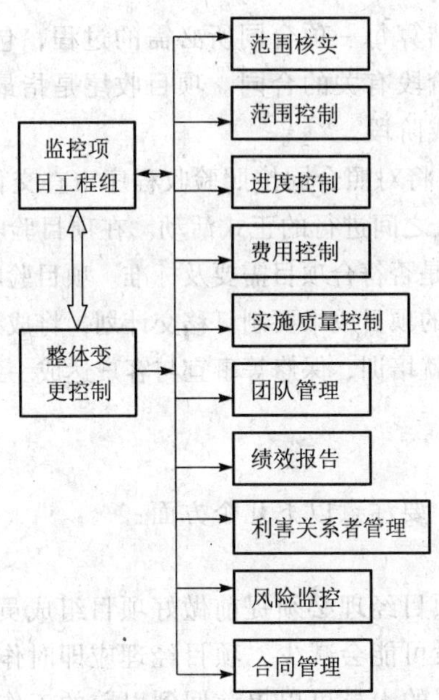

图 6－10　项目管理监控过程组流程图

其中，整体变更控制是指控制造成变更的因素，确保变更带来有益后果，判断变更是否已经发生，在变更确已发生并得到批准时对其加以管理的过程。该过程贯穿项目始终。合同管理是指为管理合同以及买卖双方之间关系，审查并记载卖方履行合同的表现或履行的结果，并在必要时管理同项目外部买主之间的合同关系所必需的过程。

六、收尾过程组

（一）收尾过程组的主要内容

项目是有一定期限的，但是，一个项目对于客户及企业的影响却可能是长期的，项目的收尾同项目的执行同样重要，任何疏漏或错误都可能对后期产生不利的影响。所以，即使在项目接近尾声的时候，仍然要像项目刚启动时一样认真对待。

从理论上来说，收尾过程组包括正式结束项目或项目阶段的所有活动，将完成的成果交与他人或结束待取消项目的各个过程。这一过程组一旦完成，就证明所有过程组中为结束某一项目或项目阶段而确定的各个必要过程均已完成，并正式表明该项目或项目阶段已经完成。

具体来说，这一过程组包括两部分内容——合同收尾和项目收尾。

合同收尾是为完成与结算每一项合同所必需的过程，包括解决所有遗留问题并结束每一项与本项目或项目阶段有关的合同。项目收尾是指最终完成所有项目过程组的所有活动，正式结束项目或阶段。

在合同收尾阶段，客户将对照合同按照验收程序审查交付的项目成果。项目验收是在项目组与客户/项目发起人之间进行的正式活动。在项目验收过程中，客户代表将核实项目所交付产品及支持文档是否符合项目需要及标准。项目验收一般要召开正式的验收会议，并记录结果。经过验收的项目成果要制订移交计划，将成果移交给客户，在移交过程中应确保客户接受成果，并就培训、保修等事宜与客户达成一致，最后收回合同款项。

（二）项目收尾

在项目收尾的过程中，要注意以下几个方面：

1. 人员收尾

在项目接近尾声时，项目经理必须提前做好项目组成员的安置问题。项目收尾阶段的工作较之项目执行阶段可能会减少，项目经理应即时作出相应的人员安排，完成工作，不需要参与项目收尾的人员可以提前回到以前的工作岗位，避免企业资源的浪费，而且保证项目自始至终以最有效率的方式运行。

2. 设备收尾

在项目结束时，有些设备可能不需要再被项目组长期占用，这时应通知企业特定部门检查处置，并及时提供给企业内需要的部门使用。

3. 数据保留

为了使项目产品得到有效使用，也为了给未来的项目设计、计划、估算、管理累积经验，应记录并保存项目数据。每个企业要求的存档文件各不相同，但一般来说，这类项目数据应该包括项目日记、各种项目计划章程、项目相关来往书函、会议记录、进展报告、合同文档、技术文件等。

4. 财务收尾

财务收尾是指从财务和预算意义上结束项目，确保每笔交易编码清晰、记录正确，并将核算结果与预算进行比对，为以后进行项目预算积累经验。在财务收尾中，还可以成立独立的评审小组对项目的财务程序、预算、记录等进行审查、审计工作，确保项目信息准确、透明。

5. 总结经验教训

每个项目的完成应该给企业带来至少三个方面的成果：增加企业收益、提升企业形象、形成企业知识。在项目结束后，应该认真总结项目的经验教训，归纳项目成果，总结造就项目成功的要素，以及未来进行项目中需要改进的因素，还要特别注意对于项目管理技术，比如项目管理计划的制订、风险的识别控制等工作的总结和记录。项目总结应该形成书面形式，提交企业各部门相关人员，便于各部门工作人员传阅学习，为下一次的合作奠定基础。

一个项目的结束是另一个项目、甚至是企业发展下一个阶段的开始，认真对待这种循环往复中的每一个环节，企业才能获得了长远的发展。

第三节　项目管理计划

一、项目范围管理计划

项目范围是为了完成项目目标而必须完成的项目工作，包含在项目范围内的工作必须是必要又充分的。它包括制订项目范围管理计划，确定、核实和控制项目范围，为建立和制作工作分解结构做必要的准备，详细的项目范围管理计划为未来项目决策奠定基础。制订项目范围管理计划的依据为：事业环境因素、组织过程资产、项目章程、初步项目范围说明书、项目管理计划、批准的变更请求等。

项目范围管理流程为：范围规划→范围定义→制作工作分解结构→范围核实→范围控制。

（一）项目范围规划与定义

项目范围规划的成果体现为项目范围管理计划，项目范围管理计划是项目管理团队确定、记载、核实、管理和控制项目范围的指南。项目范围管理计划的内容包括：根据项目初步范围说明书编制详细项目范围说明书的一个过程；能够根据详细的项目范围说明书制作工作分解结构，并确定如何维持与批准该工作分解结构的一个过程；规定如何正式核实与验收项目已完成可交付成果的一个过程；控制详细项目范围说明书变更请求处理方式的一个过程。项目范围管理计划包含在项目管理计划之内，为其中一项分计划。

范围定义进一步确定并说明项目范围，其成果体现为详细的项目范围说明书。此说明书要具体体现利益相关者的需求、期望，并系统完整地分析假设和制约因素。项目范围说明书应包括以下内容：项目目标、产品范围说明书、项目要求说明书、项目边界、项目可交付成果、产品验收原则、项目制约因素、项目假设。

（二）工作分解结构

工作分解结构（Work Breakdown Structure，WBS）是将项目产品和活动按照其内在结构或实施过程的顺序进行分解而形成的结构示意图。它将项目主要可交付成果和项目工作分解为更小、更易于管理的部分。制作工作分解结构的步骤为：

（1）分析项目生命周期内项目产品和活动的特点。

（2）确定工作包（Work Package），保证所有工作包可进行管理、检测和分配。工作包是指为完成某项特定工作所需要的具体活动集合，比如采购某设备、完成某个产品设计等。

（3）将已确定的工作包按照一定的逻辑顺序分解为一个分级的树型结构，并对每个工作包进行命名和编码。

在进行工作分解时，可按照产品、交付物、二级交付物等进行分解，也可按照任务、活动、工作包进行分解，还可以按照组织结构进行分解。分解的形式主要有三种，即多等级形式、大纲形式和组合形式。

具体一些来说，在一个 WBS 中，会包含多个层次，第一层为项目定量目标或最终的项目产品；第二层为子项目；第三层为子项目中的主要产品细分或者概要任务，概要任务并非实际执行的任务，而是下层工作的综合；最后一个层次为工序或称工作包。图 6－11 所示为新建一幢邮电大楼项目的工作分解结构示意图：

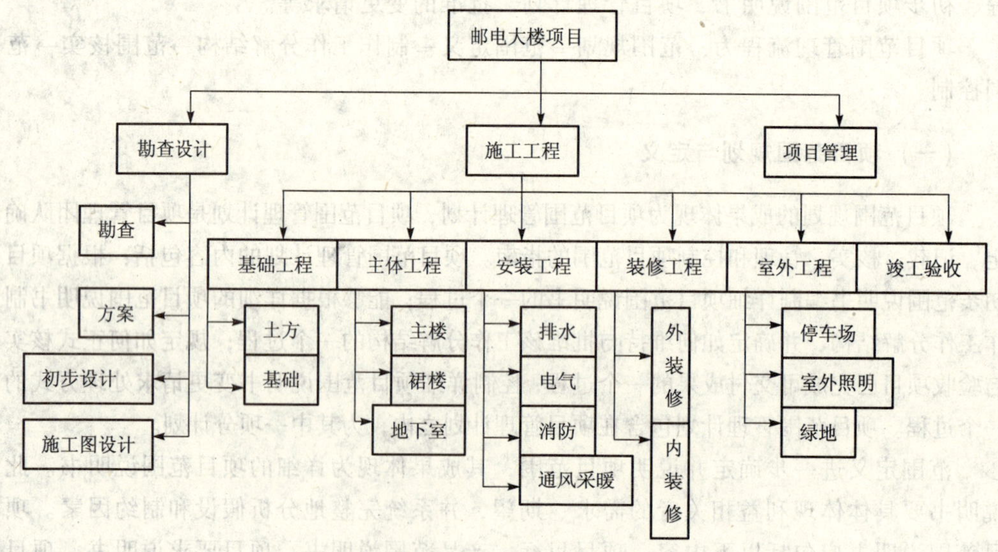

图 6－11　新建邮电大楼项目工作分解结构示意图

（三）范围核实与范围控制

范围核实是利益相关者对已完成的项目范围与相应的可交付成果正式验收的过

程。范围核实主要指验收可交付成果，而质量控制主要关注可交付成果的质量要求。质量控制一般先于范围核实进行，两者也可以同时进行。

项目范围控制是指对造成项目范围变更的因素施加影响，并控制这些变更造成的后果，通常会涉及项目范围说明书、工作分解结构等的更新。

二、项目进度管理计划

项目的进度管理包括：活动定义及排序、活动资源和时间估算、制订进度表及进度控制。

（一）活动定义及排序

活动定义是指识别处于工作分解结构（WBS）最下层的可交付成果。经过活动定义应该明确的内容包括：详细记载项目将要进行的所有计划活动的清单；列明活动属性；里程碑清单；变更请求。其中，活动属性应包括活动编号、名称、活动顺序、期限、资源、前提、主要负责人等。

活动排序是识别与记载各计划活动之间逻辑关系的过程。活动排序的两种主要工具和技术是单代号网图法和双代号网图法。

单代号网图法，又叫紧前关系绘图法（PDM），是一种用方格或矩形（节点）表示活动、并用箭头联接结点表示依存关系及项目进度的网络图绘制法，因此，这种技术又称活动节点表示法（AON），是大多数项目管理软件使用的方法。图 6－12 表示用 PDM 绘制的一个简单项目进度网络图。

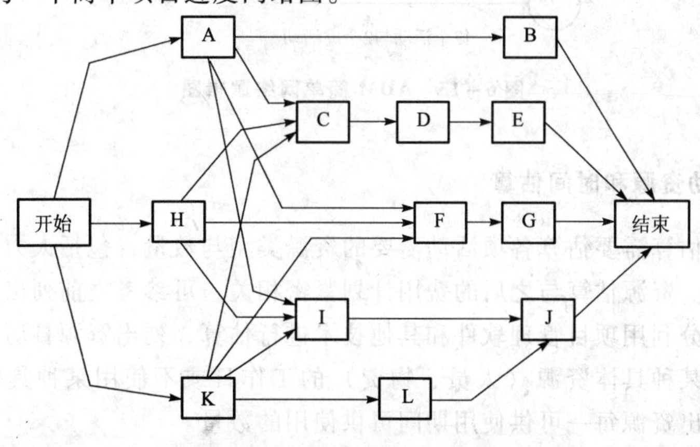

图 6－12　PDM 简单项目进度网路图

PDM 包括四种依存关系或称紧前关系：

完成对开始：后继活动的开始要等到先行活动的完成；

完成对完成：后继活动的完成要等到先行活动的完成；

开始对起始：后继活动的开始要等到先行活动的开始；

开始对完成：后继活动的完成要等到先行活动的开始，这种关系出现较少。

双代号网图法，又称箭线绘图法（ADM，arrow diagramming method），是一种用箭线表示活动，并在节点处将其连接起来，以表示其依存关系的一种项目进度网络图的绘制法。ADM 只使用完成对开始依存关系，因此，可能要用叫做虚活动的虚关系才能正确定义所有的逻辑关系。虚活动以虚线表示，无工作内容，并非实际上的计划活动。图 6－13 是利用 ADM 绘制的一个简单网络逻辑图。

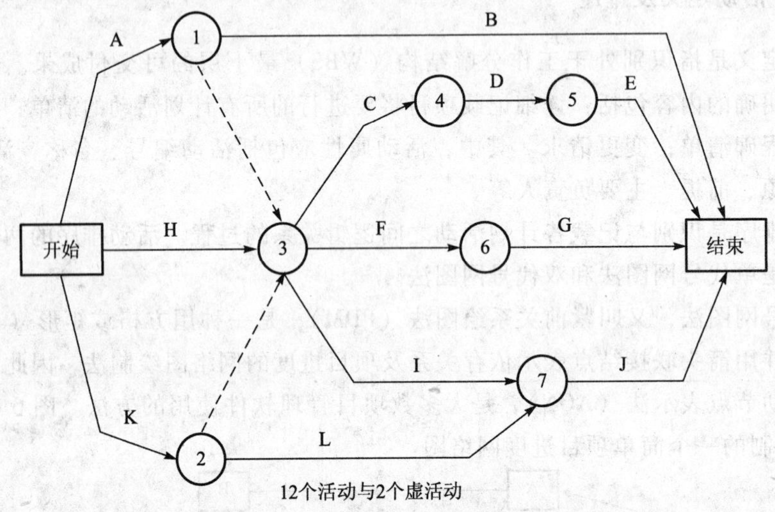

图 6－13　ADM 简单网络逻辑图

（二）活动资源和时间估算

活动资源估算需要估算各项活动需要的资源类型与数量，包括人力、设备，以及各种物资资源。资源估算与之后的费用计划紧密相关，可参考之前列出的活动清单和活动属性，充分利用项目管理软件和其他技术进行估算，列出资源日历。项目资源日历记录了使用某种具体资源（人员、物资）的工作日或不使用某种具体资源的非工作日，并标识出资源每一可供使用期间可供使用的数量。

活动持续时间估算要求估算为完成各项计划活动而必须付出的工作数量，必须投入的资源数量，并确定为完成该计划活动所需要的工作时间数。在估算的过程中要特别注意活动资源对计划活动持续时间的影响。例如，本来某计划活动要两名工程师共同工作，但是只有一名工程师实际投入了设计工作，于是，一般至少花两倍的时间才能完成这项设计活动。

“三点估算”是在考虑风险大小的基础上提高估算精度的一种方法，包括：

（1）最可能持续时间；在资源、资源生产率、对其他参与者的依赖性以及可能的中断都已给定时，该计划活动的持续时间。

（2）乐观持续时间；当最可能持续时间依据的条件形成最有利的组合时估算出来的持续时间。

（3）悲观持续时间；当最可能持续时间依据的条件形成最不利的组合时估算出来的持续时间。

利用上述三种估算的活动持续时间的平均值，就可以估算出该活动的持续时间。这个平均值常常比单点估算的最可能持续时间更加准确。

（三）制订进度表及进度控制

通过制订项目进度表可以明确每个项目计划活动的开始与完成日期。

制订进度表的方法很多，这里只简单介绍一种关键线路法。关键路线法是一种进度网络分析技术，沿着项目进度网络路线进行正反向分析，计算出所有计划活动的理论最早开始与完成日期、最迟开始与完成日期，不考虑任何资源限制。由此计算而得的最早开始与完成日期、最迟开始与完成日期不一定是项目的进度表；它们只不过指明计划活动在给定的活动持续时间、逻辑关系、时间提前与滞后量，以及其他已知制约条件下应当安排的时间长短。最早与最迟日期两者之间的差值叫做“总时差”，总时差可能为正、负或零值。路线总时差为零或正值，可以确定自由时差，自由时差是指在不延误同一网络线上任何直接后继活动最早开始时间的情况下，计划活动可以推迟的时间。

项目进度表往往用以下一种或多种格式的图形表示：

（1）项目进度网络图：将活动排序中介绍的单代号网络图加上活动日期资料的图形，既可以表示项目网络逻辑，又表示项目关键路径上的计划活动。

（2）横道图：用横道表示活动，注明了活动的开始与结束日期，以及活动的预期持续时间。横道图直观形象，常用于向管理层做情况介绍。

（3）里程碑图：与横道图类似，但仅标示出主要可交付成果的规定开始与完成日期。

进度控制的内容包括：判断项目进度的当前状态；对造成进度变化的因素施加影响；查明进度是否已经改变；在实际变化出现时对其进行管理。进度控制的关键在于项目执行过程总绩效的衡量。

里程碑进度表

活动编号	活动名称	日历单位	项目进度表时间范围				
			时期1	时期2	时期3	时期4	时期5
1.1MB	提供新产品Z的可交付成果—开始	0	◆				
1.1.1.M1	组成部分1—完成	0			◆		
1.1.2.M1	组成部分2—完成	0			◆		
1.1MF	提供新产品Z的可交付成果-完成	0					◆

数据日期

概括性进度表

活动编号	活动名称	日历单位	项目进度表时间范围				
			时期1	时期2	时期3	时期4	时期5
1.1	提供新产品Z的可交付成果	120					
1.1.1	工作细目1—创新组成部分1	67					
1.1.2	工作细目2—创新组成部分2	53					
1.1.3	工作细目3—将各组成部分组合为整体	53					

数据日期

图6－14 项目进度表举例

三、项目费用管理计划

项目费用管理包括费用规划、估算、预算、控制的过程。

费用估算包括估算完成每项计划活动所需资源的近似费用。在估算费用时，要考虑费用估算偏差的可能原因（包括风险）。费用估算以货币单位表示。

费用预算是将单个计划活动或工作包的估算费用汇总，以确立衡量项目绩效的总体费用基准。项目范围说明书提供了汇总预算。

项目费用查找正、负偏差的原因是整体变更控制的一部分，包括：对造成费用基准变更的因素施加影响、确保变更请求获得同意、当变更发生时管理这些实际的变更、保证潜在的费用超支不超过授权的项目阶段资金和总体资金、监督费用绩效，找出与费用基准的偏差、准确记录所有与费用基准的偏差、防止错误的、不恰当的或未批准的变更被纳入费用或资源使用报告中、就审定的变更通知利害关系者、采取措施将预期的费用超支控制在可接受的范围内。

费用的估算、预算和控制的重要性以及复杂性决定这项工作往往需要由经过专门培训的估算师根据项目团队提供的相关资料进行，所以，这里只对概念做基本介绍。

四、项目质量管理计划

项目质量管理过程包括保证项目能满足原先规定的各项要求所需要实施组织的活动，即决定质量方针、目标与责任的所有活动，并通过诸如质量规划、质量保证、质量控制、质量持续改进等方针、程序和过程实施质量体系。

项目的质量管理规划主要包括三个方面：

质量规划——判断哪些质量标准与本项目相关，并决定应如何达到这些质量标准。

实施质量保证——开展规划确定的系统的质量活动，确保项目实施满足要求所需要的所有过程。

实施质量控制——监控项目的具体结果，判断它们是否符合相关质量标准，并找出消除不合绩效的方法。

五、项目人员管理计划

人员管理计划包括人力资源管理和沟通管理。

人力资源管理是指项目团队组建和管理的各个过程。项目团队是为完成项目而分派有角色和职责的人员。人力资源管理包含以下内容：

人力资源规划——确定、记录并分派项目角色、职责和请示汇报关系，制订人员配置管理计划；

人员招募——招募项目工作所需的人力资源；

团队建设——培养团队成员的能力以及提高成员之间的相互作用，提高项目绩效；

团队管理——跟踪团队成员的绩效，提供反馈，解决问题，协调变更事宜以提高项目绩效。

项目沟通管理包括及时、恰当地搜集、生成、传播、贮存、检索并最终处置项目信息所需的过程。它在人员与信息之间提供取得成功所必须的关键联系。沟通管理包括丰富的内涵，主要概括为以下几项：

沟通规划——确定利益相关者对信息与沟通的需求；

信息发布——将所需信息及时提供给项目利益相关者；

绩效报告——搜集与传播项目的绩效信息，包括状况报告、进展量度及预测；利害关系者的管理——对沟通进行管理，与项目利害关系者一起解决问题，以满足其需求。

人力资源管理的知识和技巧有专门的课程介绍，这里不再赘述，只简要介绍两种记录团队成员角色和职责的主要格式：层级结构和矩阵结构。

层级结构图是较为传统的组织结构图，是用自上而下的方式展示职位和职位间的关系的图示，如图 6－15 所示：

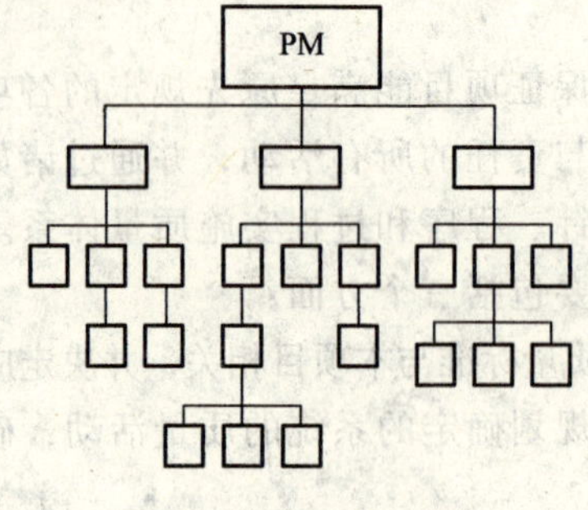

层次型组织结构图

图 6－15　层级结构

矩阵结构图：通过职责分配矩阵（RAM），反映工作与项目团队成员之间的联系。图 6－16 所示矩阵称为 RACI 矩阵，分别用 Responsible（有责）、Accountable（负责）、Consult（征询意见）和 Inform（通报）来表述团队成员对于每项活动应负的责任。其中的人员既可以是单个人也可以表示某个组织。

表格	人员				
活动	Ann	Ben	Carlos	Dina	Ed
定义	A	R	I	I	I
设计	I	A	R	C	C
开发	I	A	R	C	C
测试	A	I	I	R	I

R=有责　A=负责　C=征询　I=通报

图 6－16　矩阵结构

六、项目风险管理计划

项目风险管理的目标在于增加积极事件的概率和影响，降低消极事件的概率和影响。主要包括以下内容：

风险管理规划——决定如何进行、规划和实施项目风险管理活动；

风险识别——判断哪些风险会影响项目，并以书面形式记录其特点；

风险定性分析——对风险概率和影响进行评估和汇总，进而对风险进行排序，以便于随后的进一步分析或行动；

风险定量分析——就识别的风险对项目总体目标的影响进行定量分析；

风险应对规划——针对项目目标制订提高机会、降低威胁的方案和行动；

风险监测与控制——在整个项目生命周期中，跟踪已识别的风险、监测残余风险、识别新风险，实施风险应对计划，并对其有效性进行评估。

图 6－17 所示为通常情况下一个项目面临的风险状况分解，但一个项目面临的风险决不仅限于此，要根据具体项目的具体环境进行分析，才能在当今多变的经济环境下做好风险管理。

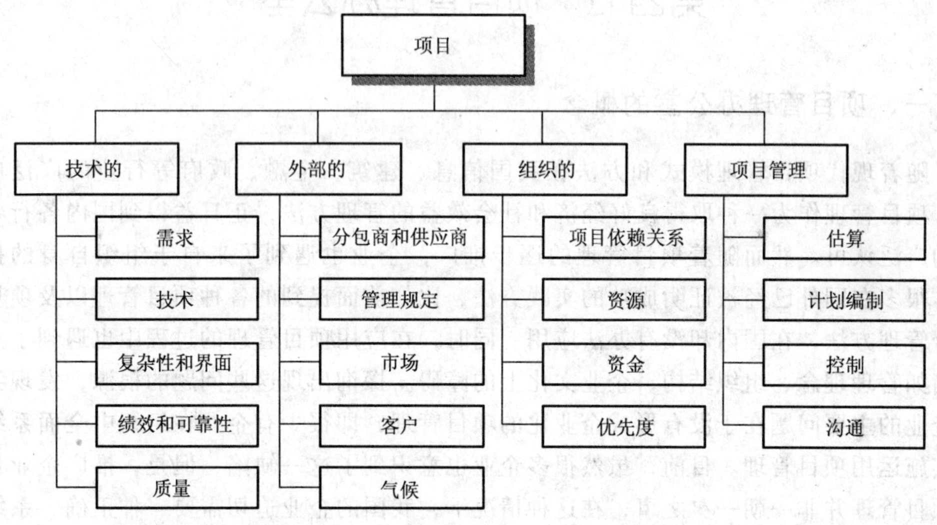

风险分解结构（RBS）列出了一个典型项目中可能发生的风险分类和风险子分类。不同的RBS适用于不同类型的项目和组织。这种方法的一个好处是提醒风险识别人员风险产生的原因是多种多样的。

图 6－17　项目面临的一般风险分解

七、项目采购管理计划

项目采购管理包括从项目团队外部购买或获得为完成工作所需的产品、服务或成果的过程。项目采购管理过程包括下述各项：

采购规划——确定采购何物及何时、如何采购；

发包规划——记录产品、服务或成果要求并确定潜在供方；

询价——根据情况获取信息、报价、投标书、报盘或建议书；

选择供方——评定报价，在潜在的卖方中进行选择并与卖方洽谈书面合同；

合同管理——管理合同以及买卖双方之间的关系、审查并记录卖方当前的绩效或截止目前的绩效，以确定所需要的纠正行动，并为将来与卖方的关系提供依据；管理与合同相关的变更，并在适当时，管理与项目外部买方的合同关系；

合同收尾——完成并结算合同，包括解决任何未决问题，并就与项目或项目阶段相关的每项合同进行收尾。

第四节 项目管理办公室

一、项目管理办公室的概念

随着现代项目管理模式和方法在我国信息、建筑、金融、政府等行业的广泛应用，项目管理作为一种取得良好经济和社会效益的管理方法，正日益得到国内各行各业的广泛认可。然而随着项目管理的逐步推广，企业也遇到了来自于组织自身的挑战，很多在国外已经被证明成功的实践方法，比如前面提到的各种项目管理以及项目组合管理方法，在国内却没有办法应用。同时，在应用项目管理的过程中也遇到了来自诸如管理理念、组织结构、企业文化上的障碍。探询出现这些问题的根源，发现我国企业的主要问题在于没有形成企业化的项目管理，即很少有企业在组织中全面系统地实施运用项目管理。目前，虽然很多企业也意识到了这一缺陷，但是，推广企业化的项目管理并非一朝一夕之事，在这种情况下，我国的企业迫切需要一种正确、系统的方法来指导他们实施组织级别上的项目管理，而在组织内建立一个项目管理办公室（Project Management Office，PMO）正是为了适应这种需要。要成功地实现项目组合管理、项目选择以及项目的设计工作，组织有必要设立一个 PMO，从而在组织结构上和管理功能上提供保障。

美国项目管理协会 PMI 对项目管理办公室的定义是：PMO 是将项目管理集中在某一领域内并对之进行协调的组织单元。我国有学者将 PMO 定义为一个动态的组织实体，它协助项目经理实现项目目标，其基本功能是对项目和项目群进行规划、评估、控制与协调。实际上，正是由于 PMO 存在形式的多样性，无论学术界还是企业内部，对 PMO 一直没有一个明确统一的定义。还有国外的研究者在对 PMO 进行研究后得出结论：它可以是任何一个组织希望它存在的样子。

但概括来说，PMO 有两种主要的类型：一是作为组织的咨询中心，由能满足组织项目管理要求的项目管理专家组成，作为开发项目管理标准和程序的智囊团，也可以作为个别项目执行方法的辅导者，这种类型的 PMO 在每一个业务单元为项目经理提供培训和咨询；二是 PMO 作为组织的权力中心，由高层管理者批准设立，是组织实现企业项目管理的平台，成为组织权力中心的 PMO 有助于营造一种有利于变革的项目型企业文化。

进一步说，PMO 在企业中的角色应该是：在企业战略的指导下，对业务单位、资源和项目进行综合协调的机构，它是一个企业内部管理组织。PMO 主要由两种人员构成：① 项目管理专家，即有项目管理经验的人，提供相关培训并为企业项目实施活动提供必要的咨询和指导；② 项目分析家，其职责是收集编辑文件资料，并向高级管理者报告项目进度情况等。

二、建立项目管理办公室的目的

组织建立 PMO 希望达到以下目标：

（1）PMO 对项目流程的影响：提高项目质量；缩短完成项目时间；减少范围变更；降低项目风险；加速对市场机会的反映；在所有项目阶段加强团队协作；加强项目活动监管；集中专家意见并统一行动；强化组织目标，加强项目计划沟通；使用专业化标准化方法，提高预见性；确保同类项目按照同类程序实施。

（2）PMO 对组织资源的影响：提高项目收益；优化项目组合；进行项目成本管理；掌握项目需要的财务信息；提供资源配置方法；确保项目和公司财务计划有直接关系；加强整体资源管理。

（3）PMO 对组织战略的影响：把项目、企业战略和工作计划直接联系起来；取得高级管理者支持；确保项目符合业务目标和战略；使项目管理、项目选择、项目的优先次序及实施密切结合；加强项目与企业战略的结合。

总之，实施 PMO 有助于调和项目执行与企业日常业务流程的交叉问题，并确定预期的项目是否符合公司全部业务战略和目标，还可以评估项目利润、组织付出的能力和资源与项目投资回报的对比等。

三、项目管理办公室的功能

以下是项目管理办公室PMO的基本功能分类，但正如PMO存在形式的多样性一样，具体到每个单独的PMO，其履行的功能和职责可能是不同的。

（一）进行项目报告

PMO在这方面的主要职责是收集和整理项目经验，提供组织内分享，也包括总结和分享不同领域的相关知识、技术及经验，形成可再利用的支付能力，让知识管理在日常运作中能被落实，这一职责又可以进一步分为：

1. 项目信息起草与发布

（1）立项之初的信息发布。项目成立之后，PMO负责将项目信息发布给组织内外各职能部门和相关领导，即项目章程的发布。它包括项目名称、来源、目标、项目团队主要成员、合同号等。

（2）项目实施过程中的信息发布。PMO还负责在项目进行时随时向各利益相关者汇报项目状况，包括计划、成本、时间、产品状态等。

2. 项目状态报告

这是PMO最主要的职能之一。主要包括项目计划的索取、跟踪以及跟踪结果的发布。具体包括：

（1）项目计划的索取。项目立项以后，PMO要向项目经理索取项目计划书，尽管初期这份计划书可能很笼统，但是，它一定要包括以下几点作为日后跟踪工作的依据：项目交付成果、项目里程碑、完成时间、预算成本、主要项目成员。

（2）实时跟踪项目和项目组合的进行状态。根据项目紧急程度制订跟踪周期，时间比较长的项目，可能一个月检查一次；时间比较短的项目，可能一周就要检查一次。检查的根据是项目经理、财务、客户提供的资料等。

（3）当项目超支或已经接近危险状态时，即时通知相关人员。

（4）特殊情况下的跟踪。例如，项目团队解散、项目经理更替等。

3. 项目总结陈述

在我国的项目管理实践中，除非是大型项目，否则很少做总结陈述，主要原因在于项目团队是临时的，项目进行到最后，可能只有少数人还留在团队中进行收尾，这样就很难对所有项目环节进行总结。而设立PMO就可以解决这一问题，PMO可以根据自身掌握的资料从组织战略层面对项目进行总结，帮助同类项目提高成功率，降低成本。

（二）进行项目管理培训

进行项目管理培训也是 PMO 的核心任务之一。正常情况下，组织内应该有较多的项目工作人员作为培训的基础，并把培训作为项目管理能力战略投资的一部分。如果 PMO 所在的组织是小型的，可以对自己的培训模式和内容进行适当的减少。

（三）制订项目管理方法

项目管理方法是根据项目工作中某些方面的流程、方法、模块、最佳实践、标准、指南方针、政策制订而成，所有这些方法构成项目管理方法的一部分。另外，随着项目的进行和新的技术的出现，项目管理方法也应该体现这种改进，即 PMO 有责任随时更新项目管理方法、继续培训和指导，保证组织以最有效最新的方法管理项目。

（四）开发项目管理工具

PMO 开发的项目管理工具主要是制订项目建议书、项目计划、项目总结报告等模板，提供给项目经理和项目团队参考。项目经理和其团队在进行具体项目时，往往会遇到没有遇到过的问题和情况。但这些问题可能在企业内部其他项目组已经出现过，通过 PMO 的其他项目总结，就可以提供标准的解决方案。这样就可以使项目团队的工作总是在企业过去积累的基础上向前发展，而非简单的低水平重复。

（五）为项目经理的报告工作提供支持

PMO 对项目经理的帮助主要体现在为项目经理制订发展计划，推动人力资源部、部门主管和 PMO 共同主导项目经理的发展计划。

（六）其他功能

除了上述功能外，PMO 还可以实施诸如信息管理、合同管理、资料管理和协同项目的内外部关系等功能。

四、项目管理办公室面临的挑战

PMO 虽有上述重要作用，但 PMO 如何在企业中被很好地定义和实施，仍然是一个严峻的挑战。国外成功的经验表明，组织应该首先克服如下挑战：

（一）来自企业文化上的挑战

PMO的建立目的就是建立起一种对组织内各种项目的控制力，为了获得统筹全公司项目的管理能力，PMO的严格控制可能会招致项目经理和项目成员的反对。美国时代公司在实施了一段PMO后认为，“PMO必须在不公然违抗组织文化的基础上建立”，他们为了解决计算机“千年虫”问题而设立的PMO在任务完成后就解散了。

创立一个适合组织自身文化的PMO，可以在业务单元内让项目经理进行一个小规模试验，而且，一个PMO必须在真正了解组织文化、着眼于适合组织行业标准和最佳实践的基础上建立。

（二）衡量PMO的工作绩效

要衡量建立一个PMO的价值，最重要的就是必须获得有效的方法以衡量PMO是否取得了成功。关于组建PMO后的成功标准，组织内的成员一般都想要一个确切的数字来证明PMO是成功的，但是，要获得让所有人都能为之信服的回报率是很困难的。因此，为了证明PMO存在的必要性，公司可以建立一个业务档案记录PMO的成功，获得成功反馈信息的一个捷径就是从PMO的最终用户中了解客户满意度。

（三）对人力资源的安排

在企业刚组建PMO时，可能只需要一个人或几个人去完成PMO的指定任务。这些被指派的人员专职或兼职于PMO工作，并且有权使用另外少数兼职人员来支持PMO管理工作。这样的人力资源安排对完成基本的PMO职能是必要的，但是，如何安排好这些工作人员，使其PMO的工作与本职工作不发生冲突也是一项挑战。

（四）在组织中实施管理文化和流程变革的任务

PMO的职责是通过实现PMO的功能以营造一个项目管理的环境来提高项目执行能力，成功推行PMO的目的是使业务单元接受因为设立PMO而带来的变革，并对PMO的存在习以为常。然而，PMO必须证明它可以与相关的组织融合并在项目管理实践中体现其专业性。这些通常要求PMO主动对组织内一些旧流程进行变革，并时刻准备守护PMO在组织中不被其他人攻击的地位。PMO如何介绍、推广并让组织内各部门信任自己带来的新理念和新方法，如何得到更多的专业行政支持，如何尽快实现PMO的基本职能，都是PMO不可逾越的挑战。

第五节　定义成功的项目

《财富》杂志曾预言“21 世纪是项目管理的世纪”，可以肯定卓越的项目管理将成为企业的一种核心竞争力。在管理界越来越重视项目管理的时候，首先要明确的一个问题是，什么才是成功的项目管理?

一、项目成功的标准

传统的观点认为，项目的成功标准是能够在限定的时间、费用之内，提交符合客户质量要求的项目成果。时间、费用、质量也被称为项目管理目标的“铁三角”，这三个要素中，任何一个的变化，都会引起其他两个要素的变化。目前，随着竞争的加剧，市场状况的变化加速，以上的标准显然不能作为衡量项目成功与否的完全准则。现代项目管理不仅要求项目在规定的时间、费用限制内按质按量完成任务，还根据资源稀缺以及理性经济人的假定，要求项目可以在一定的资源限制内，最大化项目利益相关者的利益。更为重要的是，在构建项目型企业的浪潮以及企业长期战略发展的考虑日益风行的今天，符合企业的战略目标，促进企业战略向前发展，也当然成为衡量项目成败的关键指标之一。

概言之，成功项目的衡量标准已经从过去的“铁三角”发展为现在的五位一体，如图 6－18：

图 6－18　成功项目的衡量标准

具体来说，可以用以下几个方面标准来衡量项目成功与否：项目目标的实现程度；客户的受惠程度；直接贡献，包括项目产品是否迅速发展成为一种商机或取得商业成功，是否增加了组织收入和利润，或为组织争取到更大的市场份额；未来的机会；等等。

以上这些标准可以作为衡量项目成功与否的一个基本框架，对于某一特定项目而言，成功的概念会随着时间和机会的推移而改变。例如，一个项目可能要关注未来机会的创造，那么，在时机成熟或机会变成现实之前，这个项目都可能不被认为是成功的。此外，不同产业对不同成功标准的偏重和衡量也可能不同。任何一个项目在定义其成功标准时，都应该具体结合该项目所在的组织环境，具体问题具体分析。

案例

国际成功案例与中国古今的项目管理

国际专业机构评选出具有国际影响力的项目管理案例包括以下几项：

项目计划突出的项目：The Benfield Column 修复工程；科威特油田重建工程；悉尼投资 10 亿美金的水道清理工程等。

项目组织突出的项目：悉尼奥运会；新奥尔良计算机辅助调动系统工程；Bosma 机械工具公司和 ICL 公司新产品开发项目等。

项目积极性调动作用突出的项目：洛杉矶市地铁建设工程；阿波罗登月计划；美国太空飞机计划；阿根廷最大水电厂拍卖项目等。

项目沟通突出的项目：香港机场工程；挑战者号航天飞机事故处理项目等。

以上这些项目的成功都归功于项目管理科学的运用。实践证明，掌握项目管理科学，有效的组织实施项目，可以创造巨大的经济效益。

我国的“项目管理”其实由来已久，长城的修建持续了 2000 多年，从公元前 7 世纪楚国筑“方城”开始，一直到明代，共有 20 多个诸侯国和封建王朝修筑过长城。秦始皇为了修筑长城动用 30 万人；汉代建造长城的长度近一万公里；而明代对长城的大规模修建就有 20 多次。长城的修建是世界上持续时间最长的工程，时至今日，要完成如此浩大的工程都绝非易事，这其实就是中国人民最早的也是相当成功的“项目管理”的典范。但是，在面对当今激烈的国际市场竞争时，摆在中国企业面前的项目管理之路还十分漫长。2002 年广州乙烯工程投资近 80 亿，试产 3 个月，因产量仅 11.5 万吨，无法形成规模，而被迫停产，现在每年仍需偿还贷款 7.2 亿，设备维修费用 8 400 万元，对经济资源造成了极大的浪费。

这些事实说明了项目管理的重要意义，其对企业发展的重要作用，以及对一个国家经济的带动作用。大处着眼，小处着手，是对当今项目管理的概括，虽然项目管理的介绍往往从细节入手，但是细节的控制是为了更好地进行宏观的把握，本章介绍项目管理的目的也在于从技术和操作上满足战略层面思考的要求。

二、影响项目成功的主要因素

对于项目团队来说，要提高项目成功率，最重要的一点是在项目的设计阶段就考虑到哪些因素会影响项目的成功，对有可能影响项目成功的要素进行分析，并把这些要素作为重点，以此制订相应的管理计划，只有把握住项目在计划和执行中的重点，在今后的项目管理工作中才能做到重点清晰，层次分明。

在项目的设计阶段对关键成功因素及其引起的主要危险进行识别的基本理念是：这些因素对项目绩效影响很大，因此在项目前期就应该重点对这些因素进行管理和控制。一方面，这些要素在这个阶段的影响力还很小，对其进行修改的成本也较低；另一方面，在这个阶段这些要素的不确定性还比较强，比较容易对其进行修改。此外，在项目早期阶段识别项目的成功因素也是为了在项目出现问题之前就对这些重点因素进行控制和管理，而不仅仅是避免问题的发生。

影响项目成功的因素有很多：合理的项目组织、高效的项目团队、科学的项目管理方法以及成功的变更管理是项目获得成功的四个最重要的方面。

（一）项目组织

一个合理的项目组织应该符合以下标准：

1. 项目的目标和组织的发展目标一致

项目目标与组织发展目标不一致时，可能出现项目的最终成果不被组织所认同。对策是将组织目标和项目收益直接联系起来，让项目的直接收益和间接收益从以单个项目为中心转移到以组织发展战略为中心。

2. 项目的文化与组织文化相匹配

项目文化和所在组织的文化背景不一致时，项目的成功就会受到很多来自项目团队成员及其周围人员的抵制和不适应，不利于组织文化的巩固和战略目标的实现。

3. 项目所采用的项目方法和组织环境相匹配

例如，如果在一个鼓励创新的组织开展项目工作，项目团队就可以采用一些比较领先的但未见得是最成熟的技术。反之，如果在一个比较保守的环境下工作的团队，可能得采取一些创新性不强、但比较成熟的技术来开展项目工作。

4. 组织权力结构支持项目开展

因为项目常常需要组织和管理内部跨越职能界限的合作和参与，如果组织内的政治因素阻碍了项目的进展，就意味着组织的权利结构不支持此项目。及时的决策和足够的资源是两个最基本的组织支持要素。项目团队通常没有足够的权力制订保证项目完成的所有决策，所以，项目团队尤其需要组织权力结构有效的合作和参与。

5. 项目应该尽可能地获取高层管理者的支持，缺少高层管理者支持是项目失败的主要原因之一

要获得高层领导者的支持，最有效的一个方法就是在项目设计阶段明确定义高层管理者的任务。这样，高层管理者就可以在项目设计阶段积极地为项目团队营造一个合适的项目环境，帮助项目团队开始项目的计划及执行过程。

（二）项目团队

由于项目本身具有临时性和独特性，项目团队的建设也独具挑战性。一个项目团队的生命周期和项目的生命周期是相互联系的，分为形成阶段、冲突阶段、统一阶段和执行阶段。对项目团队的管理应该把握团队的这一发展规律，从项目初期开始注重团队的建设，以下几个方面是在项目前期提高项目成功率最主要的几个因素：

（1）在项目中始终保持适宜的人员能力配置；

（2）项目团队有明确的目标；

（3）项目经理有领导、整合和协调的能力；

（4）积极有效的客户参与，客户在项目团队中的参与能够保证项目的开展适应市场环境和实际需求，缺少客户的参与，就难以保证项目团队的决策、发展和变更是围绕客户需求来进行的，在实际的管理过程中，客户代表常常是项目团队中较容易被忽略的一个部分。

（三）项目管理方法

项目管理方法涵盖项目计划和执行的各个方面，除了注重传统的项目时间和成本管理方法外，项目团队还应该注意以下项目管理方法的成功运用对项目成功的影响：

1. 项目范围

一个项目是否有能力定义和控制项目范围是决定项目能否成功的一个重要因素。

2. 项目计划

详尽、系统和不断完善的计划是项目成功的前提。计划和执行计划的能力是项目成功的必备要素之一。

3. 项目流程

团队成员如果不能以一种系统的方式组织工作，就很容易导致项目的失败。因此，应该向每一位成员定义并解释项目原则、做法、方式、技巧。因此，要提高项目

成功的可能性，就应该保证项目运作平台、设备、技术和流程的可及性。

4. 沟通管理

如果将项目团队比作完成工作的引擎，那么沟通就是联接这些引擎的管道。有效的项目沟通就是在项目管理的过程中设置沟通渠道，让所有适合的人在适合的时间了解项目的相关信息。应该让团队中所有的成员理解项目的商业动力、收益和进行状况；同时，项目经理还应持续定期地公布项目开展后的成本结余、流程改进、战略发展和其他的积极结果。一个良好的沟通计划应该包括以下要素：向谁汇报，报告中应包含哪些信息，汇报频率如何；向谁通报，提供哪些信息；信息如何提供；项目各方以及各成员间是否有畅通的交流渠道；项目利益相关者如何及时全面地了解项目重大信息；团队成员之间如何始终保持交流并互相信任。

5. 质量管理

首先，应该向团队成员公开质量标准；其次，特别要注意的是，一个项目质量方面成功与否最终是由客户决定的，所以，应该在项目设计阶段将质量要求正式规定下来，并要求项目客户代表在整个项目过程中始终参与质量标准的界定和控制。

6. 风险管理

风险管理是一个持续的积极的过程。研究表明，在项目初始阶段就定义一个有助于风险降低、监控和管理的过程，并在风险管理的过程中特别关注风险识别和评估，项目成功的可能性就会上升。

（四）项目变更管理

成功项目管理的一个重要特征首先是承认项目变更的不可避免性，并为此在项目早期就建立一套灵活的变更管理体系，以提高项目对内外部环境变化的适应能力和项目的成功率。项目团队应该在项目初期就确定一个管理基线（Base Line)，以此作为项目变更管理的控制基础平台。变更管理应该评估所有的变更对项目时间、资源和质量的影响。此外，为了提高项目应变能力，还需要一套有效的监控体系来探测项目的变化。这样，不仅项目团队可以适时系统地掌握项目中产生的变化，而且使得所有的变更在开始实施之前都经过许可和评估，保证对项目范围的控制。成功的项目管理应该是一个持续动态的管理活动和过程。

需要注意的是，以上提到的成功因素并不是独立存在于项目之中的，它们在实际的项目管理过程中是相互影响相互交叉的。一个项目的失败可能是因为错误理解或者忽视了某些影响项目成败的关键因素，也有可能是忽略了这些成功因素之间的相互关联和作用。

第六节 案例分析

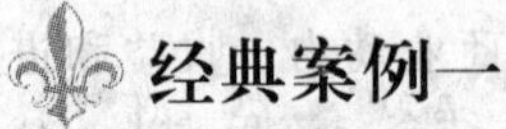

经典案例一

万宝路品牌方针的转变——从“温暖如五月”到“铮铮硬汉”

温和如五月——万宝路的诞生

总部设在美国纽约的世界第一大烟草企业——菲利普·莫里斯公司（Philip Morris，以下简称菲莫公司）最早起源于英国。1847 年，菲利普·莫里斯先生在英国创办烟草公司，生意十分兴隆。1902 年，菲利普·莫里斯先生的后继者在纽约开办代理店销售该公司生产的一系列牌号的香烟，这其中就包括万宝路香烟。万宝路的品牌名称源于该公司的伦敦工厂所在的街道名称“Marlborough”。1908 年，万宝路品牌在美国注册登记。1919 年，菲莫公司在美国正式成立。

1920 年代的美国年轻人被称为“迷茫的一代”，因为，经过第一次世界大战的冲击，许多青年都自认为受到了战争的创伤，而且，他们坚持认为只有爵士乐和香烟的刺激才有可能将这种创伤冲淡。时髦女郎们更是信奉及时行乐主义，她们注重衣饰与化妆，颇有醉生梦死的意味。社会风气的癫狂与颓废，致使女烟民的数量激增。在这种背景之下，1924 年，菲莫公司将万宝路品牌定位成女士香烟向大众推广。

为了在女士香烟中成为大赢家，菲莫公司煞费苦心地做了很多工作：第一，为了附和女烟民身上的脂粉气，将广告语定为“温和如五月”，以博取女烟民对万宝路的好感；第二，由于当时女烟民常常抱怨白色的烟嘴沾染了她们的红色唇膏，十分不雅，菲莫公司于是将万宝路的烟嘴染成红色，以期女烟民为这种无微不至的关怀所感动，从而打开销路；第三，将万宝路的品牌名称“Marlboro”拆解为“Men always remember ladies because of romance only（因为有浪漫，所以男人总是忘不了女人）”，让万宝路香烟争当女烟民的红颜知己。

但是事与愿违，从 1924 年一直到 1950 年代，万宝路始终默默无闻。女士香烟的广告定位虽然突出了万宝路的品牌个性，提出了对某一类消费者的偏爱，但同时为未来的发展设置了障碍，导致它的消费者范围难以扩大。具体来说有以下三个原因：第一是女性对香烟的嗜好，一般只限于婚前，因为怀孕的妇女一般会停止吸烟，生育后可能戒烟，而香烟是一种特殊商品，它必须形成坚固的消费群，重复消费的次数越多，消费群给制造商带来的销售收入就越大。第二是女性往往由于其爱美之心，担心过度抽烟会使牙齿变黄，面色受到影响，在抽烟时较男性烟民要节制得多，故“瘾君子”较少。第三是“温和如五月”的广告语过于脂粉气，致使广大男性烟民对其望而却步。

哪里有男子汉，哪里就有万宝路——万宝路的“变性”

1954 年万宝路的占有率不及 0.25%，是个奄奄一息的品牌。于是，莫里斯决定重新为万宝路脱胎换骨。1954 年 5 月正式换上新滤嘴，并改为硬盒盖包装，除了颜色是淡红色外，整个产品外型看起来就跟今天的万宝路一模一样。改装就绪后，即送入德州市场试销。

当时的广告大师李奥贝纳于同年 11 月拿到了万宝路的广告代理权，立即向莫里斯提出建议，将淡红改成艳红，让包装更加显眼。贝纳大师就“什么最能代表男人味”征询创意人员意见，万宝路牛仔形象就此确定，传播主题亦定调为：“释放男人风味”。第一波广告于 1955 年 1 月在达拉斯由霍特·沃兹打响第一炮。李奥贝纳不愧为大师级的天才广告人，将“牛仔”定义为“男人概念”，只要是硬汉、豪气的风格与个性，都属于“万宝路男人”。一系列的广告表现，有猎人、园丁、水手或飞行员，手背上均有个陆军标志的刺青，都成了“万宝路男人”的主角。此后，刺青成了一种冒险精神的图腾及品牌个性，足足使用了七年，直到 1962 年才由“万宝路故乡”所取代。

全新的万宝路形象，是一种朴实的、放松的、户外干活的硬汉，包括牧牛者、海

军军官等，透过手背上的刺青，传达他们奋斗的双手，记录着过去浪漫的时光，是值得人们向往、尊敬的。随后的调查显示，这波广告效果显赫，过去留在人们心中的万宝路女人印象一扫而光。

万宝路所沟通的广告讯息，亲切、不矫揉造作、踏实，很快就获得数百万消费群的一致认同、信任。广告攻势于1955年发动后，没多久，万宝路压倒群雄，销售一路飙升，成为纽约滤嘴烟销售排行第一名，仅八个月间，销售率创下5 000%的成长奇迹。

跨入20世纪60年代，“刺青的万宝路男人”功成身退，由“万宝路故乡”牛仔系列登场取而代之。经过一连串的市调追踪，消费者对“万宝路男人”的品牌个性反应不一，但对“牛仔个性”的印象记忆度最为深刻。因此，随后的40年间，万宝路的广告即锁定在“牛仔”系列。

万宝路牛仔不断地和消费者沟通它的滤嘴、强调硬盒盖特色、诱导女性瘾君子也来尝试女人喜欢的男人味道，并解释那条长白色的烟灰，正是极品烟草的象征。红、白颜色及黑色字体的硬盒盖几何图形设计，反应着强烈的个人独立性格。长久下来，消费者的生活好象很自然地与红色烟盒融为一体，而“万宝路男人”也变成了他们的代言人了。别小看一个小小的红色烟盒，它好比每人手上的一张会员卡，万宝路男人正是代表他们的个性与名声的一种图腾。最后，则演变成万宝路的广告根本不需要冗长的大小标题或文案，消费者只要瞄一下，就知道他们已来到了熟悉的“万宝路故乡”。

西部牛仔广告于1954年问世后，给万宝路带来了巨大财富。

1955年，万宝路荣膺全美第十大香烟品牌。

1968年，万宝路的单品牌市场占有率跃居全美同行第二位。

1975年，万宝路摘下美国卷烟销量的桂冠。

20世纪80年代中期，万宝路成为烟草世界的领导品牌，这种全球霸主地位一直持续至今。菲莫投入千百亿美元的广告费，终于在人们心目中树立起“哪里有男子汉，哪儿就有万宝路”的品牌形象，那纵横驰骋、自由自在的西部牛仔代表了在美国开拓事业中不屈不挠的男子汉精神。

经典案例二

CK的品牌之路

卡尔文·克莱恩是一个梦，是很多人的梦，更是整个世界的梦。正如其创始人所信仰的完美主义，每一款卡尔文·克莱恩香水都显得那样完美无瑕，其香味清淡而飘逸，若有若无，令人一闻难忘。

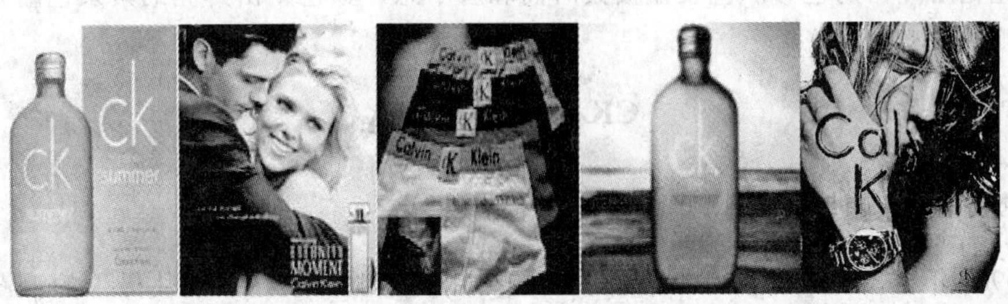

CK 香水的电视广告从整体上给予了我们视觉和听觉上的冲击。广告的演绎往往借助世界上那些颓靡而又显得理性的另类行为文化和音乐，体现自由、性解放。有着种种的代表名词：颓废，跨掉，阴郁，反叛，直接，前卫……血液里充斥着躁动不安，他们也许不是世界上富人的代表，但他们的确是世界时尚的领导者和引导者。广告演绎的行为和渲染的氛围也许不会给一些国家和地方思想保守封闭的人们带来好感，却能很大、很直接地扩展人们的眼球范围，也间接地暴露了一些负面的观点：世界的时尚不只是来自一款昂贵的香水，而是是否拥有时尚的思想。

CK 香水的主体音乐是哥特摇滚，符合世界音乐的前沿与主导。在中国，80% 的人群在听流行乐，而摇滚乐只占到了 20%。然而，在全世界范围内喜欢摇滚乐的却占到了 60%，摇滚乐作为一种世界另类文化有着普遍的群众基础。

CK one——中性香水

20 世纪 90 年代中期，女权主义兴起时尚文化，带来中性香水的悄然流行。女性喜欢嗅到男性香水所散发出来的诱惑异香，而男性反过来亦然；中性香水由此大行其道。男女共用香水便成为这一时期时尚男女的共同爱好，于是，淡淡的克莱恩香水的气味便弥漫在时尚生活的各个角落里。但此时的卡尔文·克莱恩时尚香水的香味已不再芳香袭人，而是清新爽洁，这使它和人们越来越独立练达的生活意识配合得丝丝入扣、密不可分，从而诠释出卡尔文·克莱恩心目中的现代年轻人的形象：他们让自己赏心悦目；他们积极融入生活周遭的一切；他们神情自若地拥抱生活；他们拥有面面俱到的生活观；他们因为拥有超乎你我想象的魅力而倍加性感。

纯洁、时尚、亮眼的 Euphoria Blossom（花开诱惑）是一款灵感源于精致的盛开花朵的全新女用香水，宛如一瓣瓣绽放开来的美丽花朵。Euphoria Blossom 芬芳清新的花香以其充满活力的新鲜和露水般的晶莹，诱惑众人的感官。Euphoria Blossom 以清澈透亮的全新面貌展示了 euphoria 系列设计上的丰富多彩，线条优美轻盈、简约而又透出奢华。瓶身精巧地包裹着一层霜雾状玻璃，配以晶莹闪烁的透明瓶盖；散发出白兰花花瓣纯白的色彩。包装盒极具时尚和奢华感，颜色则由鲜亮的紫浆色渐渐过渡到花瓣的浅粉色。

CK 经典男性香水

Eternity 永恒男士香水

1989 年推出，当即获得年度最成功的男用香水奖，表达了现代男士的浪漫与敏感，珍爱家庭、工作、健康与快乐，同时又男人味十足的气质，其香调清澈而具智慧，深受男士欢迎，至今仍然有广大的消费群。其命名灵感来自于缠绵悱恻的永恒恋情，为天下有情人做最好的见证。

Contradiction 冰火之矛盾男士香水

1998 年推出，意为男孩与男人的矛盾，充满感性又温暖的东方调，又不失男子气概。瓶身的设计极为方正有型，搭配再生纸制成的外盒包装，气质非凡。

Truth 真理男士香水

2002 年夏末推出，性感、自然、热情、感性，散发男人最纯真的一面。精炼玻璃所制瓶身搭配完美的银色喷头及瓶盖，强劲的性格隐藏不住，现代的外观因海绿色的液体而显得更加清爽。

CK IN2U 男女对香描述：自然、性感、沟通。

Calvin Klein 观察到此世代年轻人已无法脱离科技化的社交生活，如手机、简讯、网络。世界平均大约有 7 200 万年轻人是一直挂在网上，并藉由虚拟的网络世界认识新朋友。他们以网络为社交载体，并透过网络让自己与世界持续连结。为求真实反映此世代年轻人的独特调性，Calvin Klein 以科技世代特有的简讯语汇为此款香水命名——CK IN2U。IN2U 意即 in to you（喜欢你），在简讯式语汇已自成一派方言的今日，使用 CK IN2U 即意味向对方诉说“我喜欢妳、我觉得你很可爱”的暗喻。

全新的标志型瓶身设计，白色软塑胶结合玻璃材质给人惊喜；CK IN2U 借鉴了之前 CK one 香水简洁而实用的设计，完满体现出信息时代的设计概念。两款瓶身——男女对香——拼合在一起，组成 CK IN2U 清晰可见的沟通密码，从外形、功能上都巧妙地相互辉映，简洁而不简单。

CK Calvin Klein 系列香水总是紧随时代的脚步，极具革新精神。CK one 是一款传达与群体沟通的香水，开创了一个世纪的神话，是第一款不分性别的香水。CK IN2U 作为延续，用网络语言 IN2U 命名，它是信息时代两个年轻个体的沟通密码，是诠释 Technosexual 的标志，是一种捉住即刻的瞬间引力。它的诞生捕获了新世纪年轻一代的心。

等待时机、创造世代经典，CK 香水总是在等待一个对的时间点，要为每个当代推出一款足以代表此年代意义的纪念性香水。2007 年的 3 月，CK 于时尚之都纽约正式推出 CK IN2U 男女对香，为他与她，各设计出一款独享香氛。正因为男香与女香的截然不同，激荡出充满诱惑的迷人火花；独特又能互补的香味，无形勾勒出男女成双成对的微妙情愫。

不由自主又充满诱惑力的氛围，CK IN2U 正如千禧世代年轻男女对爱情的态度：拥有许多选择，享受每个当下。CK IN2U 对千禧世代的意义，犹如 1994 年 CK one 对当时 X 世代的意义。CK one 当年成功诠释了风靡一时的极简主义，并为 X 世代定下完美批注。2007 年，CK IN2U 所要表达的是，无远弗届的科技让我们不管身在世界任何角落，都能恣意地随时联系任何一个人，同时，激荡出新世代全新的两性革命！

随之而来的是 Calvin Klein 推出 25 周年纪念的全新内衣裤系列 Calvin Klein Steel。在冷艳的灯光下，只有一条白色的 Steel Underwear，衬上吉蒙·休斯黝黑发亮的性感躯体，呈现出钢铁般坚毅性感的形象，这也是摄影大师 Peter Lindbergh 纯粹黑白影像手法的一贯风格。CK 的一贯品牌风格就是：简约、优雅、性感、经典、时尚。

25 年前，Calvin Klein 首开风气，推出设计师品牌内裤，将这难登大雅殿堂的衣物推向时尚高峰，形成全球的一股风潮，加上他所善用的营销模式，Marky Mark、Freddie Ljungberg 等一位位身材近乎完美的性感男人作为代言人，坦白地说：没有哪个男人没有一条 Calvin Klein 内裤！

Calvin Klein 这个号称“让男人最性感”的美国大牌设计师，将自己的大名一概绣在内裤腰间，非常显眼。CK 的内裤大多非常简洁，一般是黑色、白色或浅灰的针织内裤。但是，CK 内裤的广告却十分具有煽动性。1982 年，一个巨大的广告牌立到了时代广场上，布鲁斯·威伯仿佛希腊神话中的美少年阿多尼斯，只穿着一条 CK 内裤，在蓝天白云之间向世人展示着他健美的身躯。卡尔文的名字再次触击到了纽约敏感的神经，媒体上捧的骂的嘈杂一片，购买者蜂拥而来，“一些狂热爱好者们为了偷招贴画，打破了纽约几十个汽车站的遮阳棚。”

评论家说，CK 内裤改变了传统的内裤定义，它不仅是实用物品，也是时尚的元素，性感的暗示。由于几乎全裸的男模特穿的内裤比全裸体具有更强的性意味，男人的性感在此被表现得充满肉体性、感性和集体精神。

CK 内裤具体的品牌特征在于：① 将 Calvin Klein 的字样印于三角内裤（Briefs）和内裤衩（Boxer Shorts）的裤边上。在其内衣裤的平面广告上，模特儿将内裤边刻意露于牛仔裤外。从而 Calvin Klein 成为第一个成功地把内衣裤变得 fashionable、由内走向外的品牌。更新放大了的 Calvin Klein 商标字款是设计重点，与金属色粗橡筋裤带配合得天衣无缝。② 舒适自然，穿感极佳，棉质和极细纤维纺织而成的面料更是非常华贵、细致及舒适，适合配衬任何衣饰。“There's nothing between Calvin and me!”，表明表面极度简洁的内衣开始和时装完美结合，并且充分关怀了人的身体！③ 广告是 CalvinKlein 表现创意的最佳焦点，CalvinKlein 相当偏爱裸体形象，无论在内衣、时装或香水广告上，经常可见模特儿全裸或半裸姿态，大肆挑逗的视觉印象，性感而不低俗。在 CalvinKlein 的概念中性感是多种多样的，近年来他的广告中不见了昔日的骨感与颓废，取而代之的是一群活力四射、青春健康、有着灿烂笑容的年轻人。④ 从整体风格上看，这种纽约所代表的都市风格流露出简约流丽，就是着重 Wearable 与否，不作多余修饰，没有花巧剪裁，且以黑、白、灰、卡其色等为主色。简约流丽，贵乎自然。

卡尔文·克莱恩（Calvin Klein）还带着为普通女性设计的服装跨进了美国时装界，但他最擅长的却是男式服装并成功地进行了男装革命。敏锐的洞察力使他将社会时尚融进了服装设计，而突发的奇想和大胆的创新使他的名声更加显赫。

“我就喜欢与传统相悖的织物”，克莱恩说。看来，他设计的那些日常穿着的牛仔裤确实反映了他最近公开的悠闲舒适的设计思想。牛仔裤比以前要长，但在腰部略收紧，为与常规体形相协调，克莱恩将裤子宽大的折裥拆去了。这种新款式既保留了英国服装的优雅，又是绝对的时髦。肩部宽而不呆板，贴袋更是茄克衫舒适悠闲的点缀。克莱恩所有的时装展示都体现了“简洁”的艺术，让人看上去优雅轻松且做工考究，从省缝、褶皱到纽扣、衬里都不难看出技术娴熟的成衣商的工艺质量。

这种信念几乎左右了克莱恩所做的一切。在他的男女牛仔裤中所采用的都是那些令皮肤感觉十分舒适的面料，剪裁非常合体，色彩高雅，质地精良，不用过多的装饰。“我设计的衣服强调的是身体对它的感受，即织物的悬垂或飘逸”。然而在最近一次牛仔裤展示会中，克莱恩悄悄改变了设计宗旨，展示会着力渲染了皮革、细条子弹性羊毛、宽松羊毛衫以及斜纹粗棉布的魅力——性感、创新，正如克莱恩所说“以一种漫不经心的、冲破传统桎梏而又咄咄逼人的方式促进了男装的演变”。

为了男装的革命，克莱恩新办了一家创意合伙公司，与 Richard Avedon 联手创意了一则“我只穿卡尔文”的牛仔裤广告，并拍摄了同样引起争议的骑车镜头；又与著名的肖像摄影师携手创立了简单但惹人注目的黑白图像，一位穿着他设计的新款时装的男人，他那舒适悠闲的神态就象是在自己家里，他似乎在告诉人们：这件衣服我已经穿了很久很久了。克莱恩设计的似乎穿旧了的男装款式对包括他妻子在内的女性也颇有吸引力。

复习思考题

概念题

1. 什么是项目管理？
2. 项目生命周期与产品的生命周期之间有什么区别与联系？
3. 如何制订一个项目管理计划？
4. 项目管理办公室的功能有哪些？
5. 什么样的项目才是一个成功的项目？

第七章　项目创新

✓本章摘要

● 项目创新包括项目管理过程创新、项目团队的组织创新以及企业的战略创新等。

● 项目创新的基本类型包括改善经营型和战略创新型。

● 非传统的项目团队包括：市场评估型、竞争者评估型、利益相关者评估型、组织优劣势评估型、标杆超越性、并行工程型、企业流程再造型、危机管理型、前景探索型等等。

✓本章关键词

项目创新　　项目管理过程创新　　项目团队组织创新

✓学习完本章你需要掌握

▣ 理解项目管理过程创新的重要性以及创新途径；

▣ 掌握项目创新的成本与收益；

▣ 学习项目团队的组织创新，了解非传统的项目团队的类型。

第一节　项目管理过程的创新

一、项目管理过程创新概述

（一）项目管理过程创新的概念

项目对公司的成功是至关重要的，是开发新产品、改进旧产品的活动，它可以增加销售额、降低成本、改进产品质量和客户满意度、改善工作环境。随着项目重要性的提升，越来越多的公司把项目管理作为一个焦点，用来提高公司战略实施的有效性。有些公司刚开始采用项目管理，另一些公司则已经达到成熟的地步，后者把项目管理作为一种生存方式接受下来。项目管理文化在公司内部形成后，公司会不断评估在之前的项目中获得的信息，进行基准比较，对接下来的项目管理进行改进创新。上述这一过程就是项目管理过程的创新。人们既要从成功中，也要从失败中学习经验教训。一个项目没有达到预期的成果，算不上失败；如果从这个项目中我们什么也没学到，这才算是真正失败的项目。我们在本章第一节所要讨论的就是这一先汲取经验教训，再不断改进项目管理过程的创新行为。

本部分的理论基础是“项目管理成熟度模型”，这一模型明确了一个公司在项目管理成熟与演化的过程中所经历的五个阶段。关于这一理论，下面即会给以简要介绍。

（二）项目管理过程创新的重要性

对一个公司来说，为了保持其在市场中的地位，就需要不断改进、创新其竞争优势，使之成为可持续的利润增长点。引进新的产品或服务是保持市场优势的一个手段；同时，企业提高自身内部素质也是非常有效的一种方法。企业在内部如果能够改进管理手段或是引入新的管理办法，就更有可能在面对问题与机遇时作出明智的决策。如果认识不到这一点，那些项目管理文化已经基本成形的公司，就很有可能犯决策过程过于主观的错误。

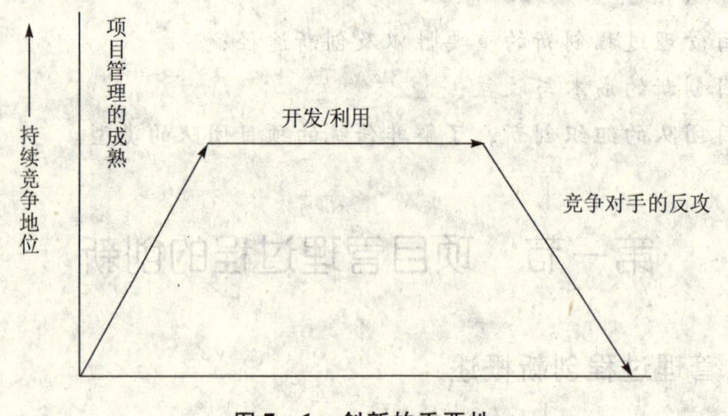

图 7－1　创新的重要性

图 7－1 描绘了一个公司项目管理成熟度变化的初期阶段。当公司的项目管理逐渐成熟时，他们就获得了一定的可持续性竞争优势。一旦公司具有了这种可持续性竞

争优势，就会开始利用这种优势。然而，竞争者不会坐视你去利用你的竞争优势，他们会发起反击。这样，也许你就会在一定程度上丧失这一竞争优势。所以，要保持有效的竞争优势，避免竞争力的下降，就必须认识到不断改进的重要性，也就是创新的必要性。创新可以使公司保住竞争优势，在对手反攻的时候也能保持不败。

（三）项目管理过程创新的理论基础

项目管理成熟度模型的研究起源于欧洲，国际项目管理协会（IPMA）在这一方面做了很多工作并取得了很大成果。美国项目管理协会（PMI）在近两年也开始注重这方面的研究，旨在建立项目管理成熟度模型标准。这里提到的这一模型由美国项目管理界的旗帜哈罗德·科兹纳（Harold·Kerzner）提出。他所提出的成熟度模型包括五个层次，图 7－2 展示了这一成熟度模型。

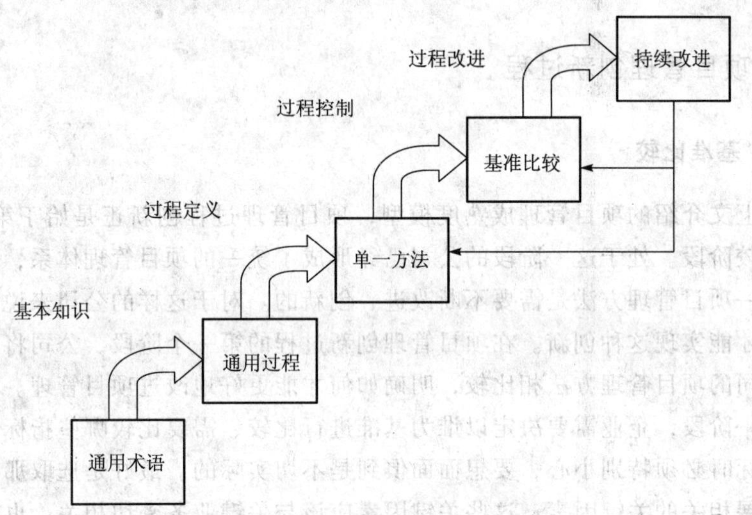

图 7－2 项目管理成熟度模型

第一个层次，哈罗德·科兹纳将之叫做“通用术语”。处于这一层次的公司刚刚认识到项目管理的重要性，公司对项目管理可能有一个粗略的了解，或者根本一点都不了解。这样的公司会鼓励员工多学习项目管理知识，成为项目经理。

第二个层次叫做“通用过程”。处于这一层次的公司刚刚学习了项目管理的基本知识，有几名合格的项目经理，但是，这并不能保证公司真正将项目管理运用到了运营中；即使运用了，也可能不是很有效。在这个阶段，公司上下齐心协力地努力运用项目管理来完成日常运营，为了将项目管理用得有效，他们会开发相应的手段和方法。

第三个层次称为“单一方法”。在该层次中，公司会意识到，形成一种统一的项目管理方法，可以获得最佳的项目管理成果。相反，那些在项目管理上存在多种方法的公司，可能会被繁杂的管理过程所累。当公司认识到开发一个统一的方法的重要性时，就会将多个项目管理方法综合在一起，形成一个单一方法。

第四个层次是“基准比较”。这是一个不断将自身的项目管理实践与国际龙头企业的项目管理方法相比较的阶段，其目标是获得更多的经验，以改善自己的项目管理绩效。从基准比较获得的信息可以有效地帮助企业增强在市场上的竞争力。

第五个层次是“持续改进”。在这一层次中，企业要评估在之前的“基准比较”阶段获得的信息，并最终实施项目管理过程的相应变更。经历了这一完整的过程，公司才能真正意识到，项目管理的成熟发展是一个永无休止的旅程。

二、项目管理创新过程

（一）基准比较

结合上文介绍的项目管理成熟度模型，项目管理过程创新正是始于第四个阶段，即基准比较阶段。处于这一阶段的公司已经形成了统一的项目管理体系，并且意识到现有的这一项目管理方法是需要不断改进、创新的。对于这样的公司来说，需要弄清的是如何才能实现这种创新。在项目管理创新过程的第一个阶段，公司将自身的方法与其他公司的项目管理方法相比较，明确如何才能更好地改进项目管理。

在这一阶段，企业需要决定以谁为基准进行比较、需要比较哪些指标。在决定比较哪些指标时必须特别小心，要想面面俱到是不切实际的。最好是选取那些直接与公司业务发展相关的关键因素，这些关键因素应该与关键业务密切相关。也就是说，如果这些因素不存在，公司的正常运行就必然受到阻碍。在基准比较阶段，公司为了更好的收集信息进行比较，应当建立一个“项目办公室”（PO）。项目办公室是公司内部项目管理知识的集散地，这样的项目办公室要致力于项目管理的基准比较，致力于项目管理方法的创新，要为没有经验的项目经理提供指导。

公司在获得了一定成功后会抵制变革，基准比较可以使高级管理层看到固步自封的后果。总的来说，基准比较是公司生存的必要条件，也是进行下一步的项目管理过程创新的必要准备。具体来说，我们可以把基准比较分成定量和定性的两种。定量的比较可以提高公司项目管理过程的效率；定性的比较会提升项目管理在公司文化中的地位。图 7－3 和图 7－4 分别描述了定量和定性的创新机会。

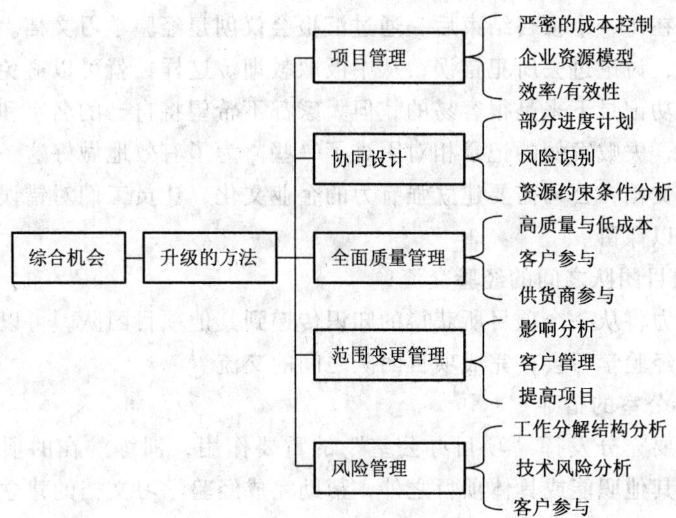

图 7－3 定量的基准比较

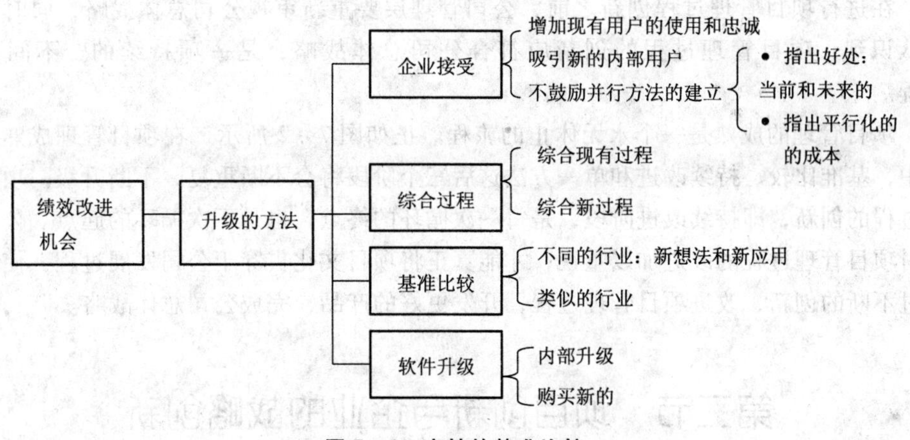

图 7－4 定性的基准比较

（二）项目管理过程创新的前提

上一步的基准比较是公司发现自身的问题的过程。接下来，企业就要评估在基准比较中获得的信息，进行项目管理过程的创新。要想实现创新，公司在之前必须做到以下几点：

1. 建立每个项目完成后的经验学习文档

公司必须在每一个项目结束后，通过汇报会议创建经验学习文档。以每个项目为案例进行研究，讨论过去所犯错误，从中汲取教训。这样，就可以避免今后再犯同样的错误。将成功记录下来是很容易的，但大家都不希望将自己的名字和失败错误联系在一起，所以，失败案例的记录相对困难了一些。为了有效地做好这一工作，建立完整的经验学习文档，公司需要建立强有力的企业文化，让员工们对错误没有避讳，对成功经验不加以保留。

2. 完成项目团队之间的经验交流

公司要努力将从一个项目所获得的知识传递到其他项目团队。可以通过每季度或每半年一次的经验学习会，完成项目团队之间的交流。

3. 项目办公室的指导

在这里也要充分发挥“项目办公室”的重要作用，训练潜在的项目经理。项目办公室独立于其他职能或具体项目之外，帮助完成经验学习文档的建立和项目团队之间的经验交流。

4. 审视公司总体战略

在进行项目管理过程创新之前，公司管理层要重新审视公司总体战略，同时也应该认识到，项目管理过程的创新应符合公司总体战略，是一项持续的、不间断的过程。

项目管理的成熟是一个永无休止的旅程。正如图 7－2 所示，在项目管理成熟度模型中，基准比较、持续改进和单一方法这后三个阶段将会不断重复，不断升级。项目管理过程的创新，即持续改进阶段，是每一次循环的终点，也是下次循环的起点。公司只有对项目管理过程的改进加以重视，才能真正将项目文化贯穿于公司发展过程，使公司通过不断的创新，改进项目管理过程，开发更好的产品，完成公司总体战略。

第二节　项目创新与企业的战略创新

一、项目创新概述

（一）项目创新的重要性

在全球市场中，产品、服务的创新正在成为成功的关键。要么竞争，提供给客户新的产品和服务，要么就破产出局。项目渗透在生产、生活的方方面面，是产品或服务创新的最初形式，带动了生存方式和社会文化的变化。当我们在日常生活中碰到机遇或问题时，就可以通过一个个项目把握住契机或者有效地解决问题。对于公司来说，项目是最重要的基本单元，它概念化、设计、制造出一个产品或服务。一个公司在战略执行过程中，不断开发新项目，对进行中的项目加以改进，只有这样，企业的生命力才能得到延续。

本书之前讲述了项目与公司总体战略的关系：项目是公司战略设计和实施的组成原件，是公司发展的载体。公司的高级管理层要么通过项目完成企业的创新，要么就会使企业停止发展。竞争对手不会让你在产品和服务上的竞争优势保持很久；他们会发展自己的项目，不断创新，超过停滞不前的公司。在一个公司中，项目是变化的前沿，通过项目创新来完成发展正是一个公司实现基业常青、持续经营的基石。

（二）项目创新的驱动因素

在进行项目创新之前，企业要充分了解自身的战略定位，认识占据新的定位会带来的机会，从而判断项目创新的方向与可行性。盲目地开展任何形式的创新，不加分析与考虑，都很有可能带来成本的损耗，资源的浪费，不利于企业的发展，甚至动摇企业的根基。由此，可以说战略定位是企业项目创新的重要驱动因素。要想创新成功，公司必须基于在本行业中的已有定位。那么，怎样才能完整地勾勒出公司的定位呢？这就需要回答三个问题："谁"——你的客户是谁；"什么"——你究竟做什么业务；"如何"——如何运行公司来完成业务。不同的公司通过回答谁、什么、如何的问题，选定了自己的战略定位，区别于其他公司。也可以通过下图来形象地了解公司战略定位的内涵。企业在任何给定的时刻，通过对以上三个问题的回答，将自己定位在行业战略定位图（图 7－5）上的某个具体位置。

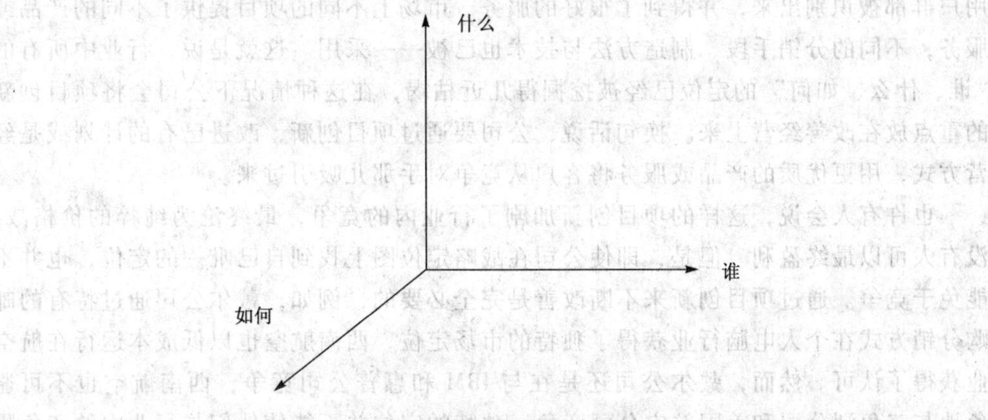

图 7－5 行业战略定位图

例如，在汽车行业，宝马公司找出了不同的客户群，划分后加以关注，针对这些不同群体推出相应的产品型号；保时捷公司则针对一类客户主体推出一系列具有不同特性的产品。这就是说，不同的公司对“谁、什么、如何”的问题有不同的解答，也由此在战略定位图上有不同的定位。这并不表示其中的某一定位比其他的定位好，也不表示这个公司会永远坚守他们的阵地，保持自己的定位不变。公司在任何时刻都可通过项目创新、产品创新，来改变自己的定位，重新导向客户的选择或是针对新的目标客户。同时，没有任何定位可永远保持其独特的优势。不仅竞争者会模仿有优势的产品和公司定位，而且，新的机遇会不断从各个行业中涌现。有时，这些新的机遇只是原有主体市场的边缘细分市场，但这些原本的机遇常常会逐渐壮大并最终获得相当大的市场份额，与现有的产品或服务一较高下。

所以，一个有战略眼光的公司要面对的第一个问题就是辨识出哪些变化属于这种有很大增长潜力的机遇，从而针对这些机遇进行项目创新。然而，有的企业在发现了机遇后选择了忽视它，只关注于保持现有的市场优势，这就是辨别出机遇后的第二个问题，我们应当如何应对新的机遇，是忽视它而关注现有优势，还是在坚守原有定位的同时也着手开拓新的机会。

（三）项目创新的类型

面对日趋激烈的竞争，只有不断的创新，才能抵抗住层出不断的冲击与威胁。围绕上文指出的公司面对机遇时要解决的第二个问题，即对于“新定位”的反应，我们可以总结出项目创新的两大类型：改善经营型和战略创新型。

1. 类型一：通过项目创新改善经营

随着竞争的程度越来越深，行业的战略空间会被逐渐填满。这意味着多数潜在的用户群都被识别出来，并得到了很好的服务。市场上不同的项目提供了不同的产品或服务，不同的分销手段、制造方法与技术也已被一一采用。这就是说，行业中所有的“谁、什么、如何”的定位已经被挖掘得几近枯竭，在这种情况下公司会将项目创新的重点放在改善经营上来。换句话说，公司要通过项目创新，改进已有的计划或是经营方式，用更优质的产品或服务将客户从竞争对手那儿吸引过来。

也许有人会说，这样的项目创新加剧了行业内的竞争，最终沦为纯粹的价格战，没有人可以最终盈利。但是，即使公司在战略定位图上找到自己唯一的定位，也并不能免于竞争。通过项目创新来不断改善是完全必要的，例如，戴尔公司通过特有的邮购分销方式在个人电脑行业获得了独特的市场定位，西南航空也以低成本运行在航空业获得了认可。然而，戴尔公司还是在与 IBM 和惠普公司竞争，西南航空也不可避免地与三角洲公司和美国航空公司竞争。独特的定位并不能使他们与行业内的竞争隔绝，每个公司还是要通过一个个项目创新，提供更好的产品或服务给顾客，否则原有的顾客就会跑到竞争对手那儿去。在不同领域，公司都要不断通过项目，完成创新，改善经营。比如在制造领域，公司要利用项目改进产品质量，提高生产率和资源产出率；在管理过程中，要提高信息化程度，利用项目实现无纸化办公。

其实，在公司利用项目创新改善经营的同时，就是在保护自身的优势不被其他竞争者模仿。这样的保护不只来自于人为设置的行业进入障碍或政府的立法，公司本身就可以通过经营的不断改善保持独特的优势与定位。朝着以下两个方向来努力，不断改善经营，就可以有效地保护其定位：第一，尽量将经营组合成紧凑的系统，相互支持，不断强化，这样，竞争者就难以模仿其优势。如若模仿，则竞争者不但需要抄袭单个的活动，还得仿制整个公司体系；第二，建立和维护支持总体战略的环境——公司的文化、激励机制和人员构成等等，竞争者要想模仿公司的定位，也就必须仿造公司所处的环境。

2. 类型二：通过项目创新完成战略创新

在第一类项目创新中，处在自己战略定位上的企业相互比较，最终胜出；而在第二类项目创新中，企业随着行业的演进而不时发现、利用新的战略定位，我们将这样的企业称作“战略创新者”。以下企业就是很好的典范：戴尔公司、联邦快运公司、宜家家居、西南航空、星巴克公司、Swatch。我们都很熟悉这些企业，他们都面对着强大的、根基牢固的市场霸主，自己本身也并没有什么技术创新，可是，他们却都在较短的时间内获得了全球知名度，完成了财富积累。他们不但成功挑战了各自所在行业的“领头羊”，还成功地迅速扩大了自己的市场份额，有的甚至成为了本行业新的“领头羊”。他们是如何做到的呢？原因非常简单，这些战略创新者并没有攻击原有市场“领头羊”保护得很好的战略定位，而是通过项目创新，建立了新的战略定位，这使得他们变被动为主动，改变了市场的游戏规则。他们的战略创新仍旧围绕着“谁、什么、如何”的三重维度问题。

新的“谁”。战略创新者需要即时辨别出由于行业变化而出现的新客户群，或者发现一直被忽略的客户群，还有的甚至是通过对已有客户群进行更有创造性的划分而挖掘出潜在客户群。例如，佳能和苹果电脑公司找到了由于顾客品味的变化和行业情况的转变而产生的新的客户群；沃尔玛公司和西南航空的成功在于开发了一直被其他竞争者忽略的客户群。

新的“什么”。战略创新者需要满足新的客户需求或偏好，或是找出其他竞争者没有很好满足的已有的客户需求。比如，过去20年来“环保主义”为越来越多的顾客所推崇，这样的需求逐渐成长起来，“美体小铺”就抓住了这一需求，得到了相当一部分顾客对纯天然产品的认可；有线新闻网看到了海外美国人数量的迅速增长，它满足了这些客户在旅馆里对英语新闻的需求，获得了成功。

新的“如何”。战略创新者需要考虑怎样才能将新的产品或服务提供给新的客户群。

当行业中已有的企业在忙着围绕其所选的定位相互竞争时，不断变化的外部情况带来了新的“谁、什么、如何”组合。战略创新者最先在其行业发现新的战略定位，并立即进行项目战略设计来完成项目创新。另一些竞争者对其自身所处的战略定位感到满意，或者过于着力于当前的竞争，目标短浅，没能注意到新定位的出现。战略创新对于已有稳固的战略定位的企业来说并不容易接受，原因有很多。这样的企业可能很难避开“谁是他们真正客户”及“向这些客户提供什么产品”的思维定势；相反，白手起家的新型企业则更能察觉新出现的客户群或客户需求。有自己稳固定位的企业需要时时操心已有的定位，他们如果要战略创新，就必须在进入新定位的同时兼顾原有定位。当企业在已有的定位上获得了很大盈利，取得了成功时，战略创新就变得更困难了。要想开始新的战略定位，企业就必须首先克服以上这些障碍。

二、项目创新的成本收益评估

假设企业所在的行业出现了一个机遇，也就是说有了一个战略创新的可能，在这种情况下，你会面临着这样的问题——你应该采取项目创新么？之前，我们讨论了项目创新的主要内容和类型；事实上，我们也可以作出不进行项目创新的决定。之所以强调这一点是因为近来战略创新变得很时髦，所有企业都想通过项目创新来成为战略革命家，打破自己行业的游戏规则。然而，每有一家因打破游戏规则而成功的企业，就会有大约 10 家公司因为盲目的创新而倒闭。企业真正要思考的问题是：“何时打破游戏规则，采取战略创新才最有意义？”只有认真地思考了这个问题，才有可能在适当的时候进行项目创新，成为成功的战略创新者。比如，美国航空公司应该放弃他的网络呼叫中心系统而采取西南航空公司的直接系统么？美国航空公司能同时开展这两种服务，同时占据两个战略定位么？类似的，IBM 公司应该放弃其广泛的分销渠道和直接销售队伍而转向戴尔公司那样的邮购业务么？戴尔能在采用邮购业务的同时继续保有目前的经销商么？很明显，通过新的项目，进入新的战略定位并不一定总是对的。迈克尔·波特教授有力地表明了这一点，他认为企业同时操控两个战略定位极为困难，而且，企图这样做的企业最终都会失败。

不是每个人或公司都是成功的战略创新者，是否要打破游戏规则应基于详细的成本/收益分析：通过项目创新，进入新战略定位的收益是什么？不采用新战略的收益和成本分别是什么？采用新战略的成本又是什么？下面我们分别就收益和成本两方面对项目创新加以权衡。

（一）评估项目创新的收益

在评估一个项目创新可能带来的收益时，我们应当考虑以下一些因素：

这一创新在什么时候才能给战略创新者带来收益？许多人认为每一个创新最终都会成功并获取很大的市场份额，给早期采纳者带来无数的财富。其实这是不确定的。这一项目创新在短期可能使创新者只获得很小的一块市场，之后也不一定就会成功。如果是这样的话，不如忽略这个最初的想法而坚持自己原有的优势；当这项创新由他人创造出来，并最终开始成长进入赢利期时，企业可以在此时出击并藉此获利。这其中也存在着一定的问题，等待观望会让竞争者先行一步，等你作出反应时已经没有了招架的能力。

另外，项目创新带来的收益并不只是由获取市场的大小决定。创新者有可能通过项目打开一个巨大的市场；可是问题是：依据你现有的资源能力，你能充分利用这个市场么？这就是说，创新项目的魅力不仅只关乎其内在的特性，还在于它与你自身的企业优势的匹配程度。很多成功的企业在技术创新时都遭遇了失败，原因之一就是他们自身并没有能充分发挥和利用创新成果所需的资源能力。

除了利用创新成果的能力，创新的相对收益也由公司在行业中的当前定位所决定。这个行业是成熟的还是衰退的？你现在的战略定位使你拥有巨大的利益还是只能获得微小的利益？你是不是能采用创新项目进入新的战略定位而不会损失太多？如果你想对项目创新的收益有个合理的评价，这些问题都是必须考虑的。

最后，对一项创新的收益估计也应包括如果你不采取这一创新可能会产生的损失。具体来说，如果你不采取某一项目创新，你的竞争者就会有时间和自由去从容地更改游戏规则，掌握控制权，来夺取原本属于你的业务和市场。

（二）评估项目创新的成本

无论企业对项目创新的收益作出怎样的估测，我们还是要牢记收益只代表了硬币的一面，项目创新的成本也必须得到充分的考虑。除了采用新项目的直接成本外，另有两个不利的因素需要加以考虑。

首先，项目创新对现有业务产生的影响。企业为了创新项目的赢利，很可能稀释对现有业务的投资和关注度。没有任何一个企业能为所有的客户提供所有的产品或服务，最好的方案就是集中企业有限的资源于某个特定的领域。如果企业试图同时占据两个定位，可能同时动摇两个定位的稳固地位。IBM 曾试图跟进戴尔公司的邮购业务，他们对于新定位急于尝试，就遭遇了上述问题。埃里克·拜恩豪克在他的文章《混沌边缘的战略》中描述：当戴尔电脑公司通过邮购销售并不贵重的个人电脑，且卖得异常红火的时候，IBM公司里自然有人要问："我们为什么不这样干呢？但IBM不能跟风，因为这会对它广泛的经销渠道和直接销售人员造成损害。IBM的悠久历史和庞大规模是戴尔所没有的，IBM若要采取新的定位，就必须要面对相应的抵耗。

其次，项目创新会增加同时兼顾两个定位的复杂性。在新定位上，你不能完全照搬之前的公司组织结构和程序。企业需要开发一套全新的系统来在新的定位上运行，这包括新的人员、新的文化、新的激励机制等。启动和维护这个新的系统，平衡新旧两个系统都要花费大量的成本。有时，同时进入两个战略定位也会因不连贯的经营对企业的声誉和形象产生负面影响。

（三）计算成本/收益方程

所有上述因素都应计入成本/收益方程，来决定是否实施项目创新。企业决策所应经过的思维过程在图7-6中示出。

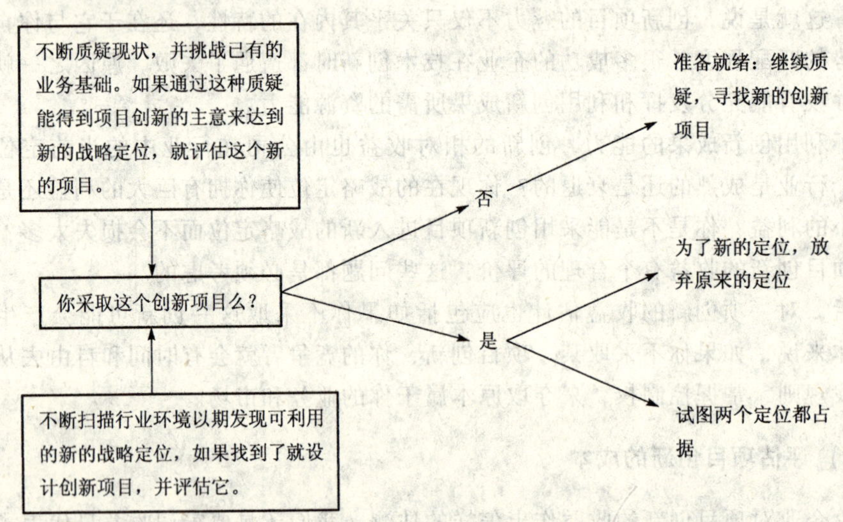

图7-6 如何考虑项目创新

第三节 项目团队的组织创新

一、项目团队分类

团队构成是一种设计，一个构成合理的团队可管理多种类型的经营，完成不同的战略行为。项目团队在企业中越来越普遍，其对现代企业的成败已经产生了深远的影响。项目团队的构成和使用已经成为了一个公司至关重要的管理问题。作为一个团队的成员，每一个人在不同时刻都会有机会来学习、管理和领导。项目团队结构与职能本身也面临着变革，非传统的项目团队的涌现已经成为了新的现象与趋势。这些新型的项目团队逐渐取代传统的团队，成为主流。

（一）传统项目团队

传统项目团队的思考和行为模式是由过去的实践确立的。已有一定的知识体系来描述了这些传统项目团队存在的原因以及运行过程，这一知识体系可以告诉我们怎样才能利用这样的团队来开发不同的产品。传统的项目团队主要完成传统项目，包括物理实体的设计、生产和建造。这些传统项目一般都有一个明确的生命周期，其中的传统项目团队要负责管理财务、人力和其他资源。

（二）非传统的团队

另外，还有一些团队是与传统的团队不同的，这些不同的团队帮企业处理无法避免的变化，叫做非传统的项目团队。非传统的团队也有许多传统团队的特征，然而，非传统的团队还有自己的特征：非传统项目团队要处理的组织要素已经存在，他的目的只是提高该要素的使用效率，比如，通过流程再造项目提高生产效率和有效性；在处理现有的问题和已经出现的机遇时，非传统项目团队的工作能够迅速启动；非传统项目团队的项目成果大多是一个报告，报告中会推荐某一提高资源使用效率的具体手段；非传统团队的项目成果会同企业的总体战略和实施有重要的联系；非传统项目团队的出现已经引起了个人和集体角色的巨大转变，最突出的就是年轻的专业人士得到了更多的重用。

二、非传统项目团队的类型

非传统项目团队所具体实施的工作可以是多种多样的。企业可根据其要实施的不同工作任务，建立不同的非传统项目团队，以应对企业发展、项目生命周期中的不同变化。但是，总的来说，这些非传统项目团队都包括在企业总体战略中。非传统项目团队可执行的工作包括以下这些方面，反过来，也可根据这些具体工作的不同来区分非传统项目团队的类型。

（一）市场评估型

这样的非传统项目团队识别和发现企业所在的竞争市场中可能的变化。他们先评估由企业高层管理人员提出来的初步的行业不确定、不连续性，希望发现这些不确定性会如何影响公司或客户的经济情况；同时，团队要努力发现是什么因素能加快或是减缓这些变化趋势；最后，总结出公司可能从这种趋势中获得或失去什么。当这样的项目团队完成了他们的工作后，就可形成关于公司行业变化的深入看法。

市场评估型团队也要评估市场的可能性和概率，包括为新的市场提供具体产品和服务的可能。例如，一个大的食品加工商任命了一个这样的项目团队，评估全球对其精制的食品线的潜在需求。在一年的时间里，团队四处旅行，评估当地市场，同他们所巡视国家的子公司经理会谈，而且广泛收集了有关发达国家的饮食习惯信息。

（二）竞争者评估型

检查和评估竞争对手在其产品、服务和组织过程中的力量、不足和可能的战略。如果不警惕竞争对手，公司就不可能生存。在全球市场中，公司都互相密切关注，以决定他们开发改进什么技术、产品和服务。

例如，飞机制造厂商向国防部提交新型飞机的投标计划书时，航空业的大公司都会使用竞争力评估团队，对其竞争对手进行明确评估。团队需要回答的主要问题是，谁是这个投标的主要竞争对手，以及他们的优势、劣势和可能的战略是什么？根据有关竞争对手的知识，公司应当采取什么战略以增强赢得这个投标的机会。

（三）利益相关者评估型

利益相关者在企业管理和项目运作中正变得更加重要。项目团队的一个重要责任是识别项目的利益相关者，并为如何管理这些利益相关者制订管理战略。

（四）组织优劣势评估型

评估组织的优劣势，尤其是关注企业有效率地组织各个过程，创造有竞争力的产品、服务的能力。这一阶段是在竞争对手的战略明确之后，企业就任命一个组织优劣势评估项目组来评估竞争对手的产品在市场上有什么优劣势，自己公司在市场上与对手竞争的能力如何。对公司的优势和劣势进行一个明确的分析，然后把它传给公司的高层决策者，他们负责制订一个补救的产品战略以应付来自竞争对手的压力。

（五）标杆超越型

回顾行业中最好的企业的性能，以决定什么经营和战略能力使他们发展的这么快。标杆超越是一种衡量组织、产品和服务的连续战略，对付最难以应付的竞争对手和行业领导者。标杆超越通常用于两种不同的背景：5、6个最难应付的竞争对手的竞争基准；行业最佳的基准，在行业内评估、研究最好的实施实践。标杆超越作为一种弄清楚公司同其他竞争对手相比如何以及谁是行业中最佳的方法是有意义的。一旦实行了这种比较，就能制订出企业的性能标准。

例如在通用公司，标杆超越在公司促进产品、服务和组织过程的程序中成为了一个重要的战略方法。每一个新的经营必须以在这个领域中最好的作为基准——包括汽车制造业等。通用汽车有一个大约10人的核心团队，其责任是协调世界范围内的标杆超越基准衡量活动。

（六）并行工程型

使用并行工程技术和过程开发新的产品和服务。并行工程是最近出现的项目管理方案，它是处理全球竞争挑战的一种现代战略。并行工程包括一个产品设计团队的组织，这个团队由来自设计工程、制造工程、市场营销、采购、质量和售后的人员组成，他们就产品或服务的设计等进行联合开发工作。日本在并行工程方面走在前列。计算机和信息技术、计算机辅助技术和制造以及向全球制造商传送工程改变信息的电信技术的使用使并行技术成为可能。大幅度减少产品或服务商业化的成本和时间，同时，提高质量也已经成为现实。成功使用并行工程的一些例子有在密歇根的福特公司。福特公司正在完成一个新的发动机制造设施，这将成为美国汽车发动机制造的革命。这种新型的柔性制造厂是一个10亿美元的赌博，在基本的组件上设计和制造V-6和V-8发动机。在这个行动中，为了最大限度地节约燃料而设计了一个燃烧室。在这个工厂，这种灵活的制造设备使得在一条生产线上可以同时进行十多个发动机尺寸和外形的制造。发动机可以共用350个部件，这给公司根据客户需要满足其需求的能力。传统上制造工程师对于发动机设计本身没什么好说的。但是，福特公司把他们看作工厂设计中产品设计过程的一个组成部分。这些工程师和产品设计工程师在设计发动机时密切合作，所以发动机很容易组装，而且把所用部件的数量减少了25%以上。尽管大部分发动机可以共用75%的这些部件，重要的部分如汽缸顶部和连杆可能不相同。这个工厂的建立是福特汽车公司对使用标准设计和柔性制造的反应，以保持其行业竞争优势。

另外，福特公司还为并行工程提供了一个更好的例子。用30亿美元开发金牛

(Taurus) 汽车。这种汽车的开发包括产品的设计和制造过程。它也包括这个项目的组织设计和整个企业管理方式的改变。福特公司的文化从此彻底改变了。并行工程的使用在一个产品设计团队的关注下展开，这个团队由来自不同组织单元，如设计、营销、制造、采购、服务、备件的代表组成，有专门的合同确保团队能为汽车的开发承担最后的责任。产品设计团队的观念是与传统的彻底决裂，它要求人员以一种汽车公司完全陌生的方式共同工作和沟通。隐藏在"金牛"后的思想是：在设计工作做好之前，让所有的人参与到项目中来。在这样做时，使制造、工程、营销和供给在一起协同工作，以团队的努力开发出一种新型汽车。在设计组合到一起前，许多时间花费在讨论汽车如何设计、如何制造、销售和服务上；许多人参与到这些讨论中来，包括工人和其他生产线的工人，他们对如何把事情做得更好提出了很多有价值的建议。

(七) 企业流程再造型

用于进行企业流程的基本构想的重新设计以获得企业性能的显著提高。再造的重点是把现有的工作放在一边，仔细地检查这些工作的过程，以发现新的、创新的和突破性的方法，改善企业的经营和战略。在企业流程再造中，传统的项目管理工具和方法没有达到预期的结果。这些项目往往超出预算和进度计划，资源没有被正确地分配。这就需要及时地组建再造项目团队，他们承担了这样的任务，他们没有事先形成的想法、没有限制性假设、没有对想象力和创造力的限制。再造团队为新的过程创造了新的概念、方法、政策和程序。有时为了给再造团队提供激励，企业可以设计具体目标：在成本减少一半的情况下，使收入加倍；使周期减半；使产品的流动时间减少3/4；使系统的开发时间减少；等等。

但是，研究表明，超过一半的企业流程再造项目不能完成目标，一些原因是：对当前情景的研究不足；评估时选择了不正确的过程；不能继续所选择的行动；没有得到高级管理人员充分地支持。

(八) 危机管理型

飞机坠毁、石油泄漏、火灾、飓风、人质绑架情况以及地震都是一个个危机的实例。历史表明，公司危机的成本可能是巨大的。一个危机，如石化企业的石油泄漏，在很短的时间内就会有法律、媒体和政治的干系人参与其中。企业必须在最短的时间内准备好如何回答环境、法律、媒体和政治问题。团队作为一个组织的重点，处理在组织活动中可能引起的危机，这就需要危机管理项目团队尽可能地提前为这些问题准备好答案。

（九）解决短期行为的临时团队型

临时团队经常用以解决企业的短期问题或为企业开发新的机遇。有时候，会出现经营的短期行为，这就要求在解决问题时采用一种跨部门的形式，任命一个临时人员团队，来研究、分析当前的问题与局势。当公司变为团队驱动型组织并形成了一种员工渴望广泛参与战略设计实施的文化时，公司就会增加使用小型的短期的临时团队。

使用了跨部门临时团队的案例有：一个食品加工商使用由经理、监管人员和工人组成的小团体进行研究，在采购业务、一般管理费用、公司产品和服务的广告、自动化工厂设备的选择和购买、集体议价战略等方面向决策者推荐了有关各个方面的战略改进措施。

（十）前景探索型

这样的团队担负着发现企业未来发展的使命。在前面讨论项目战略设计时，我们强调了企业远见的内容和其重要性。公司远见本身存在着模糊的性质，企业可以组成专门的创新小组，为企业寻找有意义的远见。例如，一个飞机制造商任命一个跨部门的团队，测试扩展公司售后服务业务后所能带来的收益。公司优越的售后服务是客户从制造商那里购买飞机的一个主要的原因。在研究讨论了几个月后，团队制订了一个市场计划，其中包括扩展公司售后服务能力的想法，具体要求就是“提供能够胜过竞争对手的优越的售后服务。”

（十一）新业务开发型

新业务开发型团队为企业探索新的产品而进行设计和开发。这样的跨部门的团队使整个产品开发、试验、投产过程能聚焦在这样的一个团队焦点上。之后，这些团队还将参与到新品营销和销售过程中，进行物流渠道的选择、控制库存水平和完成客户培训，而且不断地度量公司新产品及时高质量地满足客户的能力。总之，这些团队参与到与新业务、新产品相关的各个环节，甚至有责任制订财务战略，包括估计和控制产品的收入、成本以及可能的利润分布。

例如，在吉列公司，当前超过 40% 的销售收入来自于过去 5 年的新产品。这一惊人的记录是通过一组业务开发型项目团队完成的。这种对革新不断的关注已经成为公司的动力，远远超过了其传统的剃须刀片能给公司带来的飞跃。

第四节 案例分析

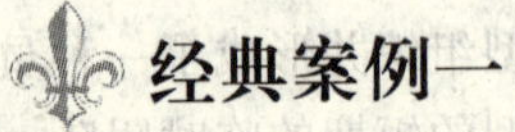

经典案例一

绝对伏特加——创意中国化

一、品牌史话——绝对伏特加的诞生

虽然伏特加酒起源于俄罗斯（也有的说是波兰），但在《福布斯》的奢侈品牌排行榜上，位居前列的绝对伏特加（Absolut Vodka）却是来自瑞典的佳酿，它全部产自人口仅有一万的瑞典南部小镇奥胡斯。

100多年前，有一位瑞典人，名叫 Lars Olsson Smith。他10岁就成了一名成功的商人，14岁跻身成功企业家的行列，还没学会刮胡子就已经控制了瑞典伏特加酒三分之一的市场份额。在19世纪50多年的时间里，他一直被冠以“伏特加酒之王”的称号。1879年，奥尔松·史密斯创造了连续蒸馏法，酿制了一种全新的伏特加，叫做“Absolut Rent Branvin”，使用全新的工艺进行加工。这种新工艺改变了以往瑞典酿酒工艺粗糙的历史，将整个酿酒过程中出现的小麦渣滓和水中杂质去掉，使酿出的酒温润、纯净。1904年，一个伏特加酒厂在奥胡斯小镇建立，在当时是极大的计划，漂亮的红砖建筑已成为奥胡斯这个中世纪小镇的重要地标。销售到全球125个国家的每一瓶伏特加、每一滴酒液都产自奥胡斯。单一酒厂、单一来源的概念，是为了确保产品品质。Absolut 强调的产品美学——清澈（Clarity）、简单（Simplicity）、完美（Perfection）——尽在其中。它采用了这种连续蒸馏工艺，并发扬光大，沿用至今。

Lars Olsson Smith 去世后，他的专利技术和敏锐的商业嗅觉却继续保持着长久的生命力。20 世纪 70 年代，Lars Lindmark 从祖先手里接过了接力棒。他成为瑞典酒业公司总裁后，开始对这家广受赞誉的公司进行革新。

1979 年，在 Abosult Rent Branvin 酒 100 周年华诞之际，Linmark 决定出口一种新的伏特加酒 Absolute Pure Vodka，这就是后来享誉百年的 Absolut Vodka，它被认为是现代蒸馏工艺所能制造的最好的伏特加酒。技术分析显示，这种绝对伏特加的纯度在酒类当中无出其右。多年来，绝对伏特加坚持选用当地冬小麦，并完全利用原产地小镇的天然深井水酿造，从而保证每一滴酒都质量上乘，口感独特而纯净，这也是绝对伏特加的最主要卖点。特选的冬小麦与纯净井水保证了 Absolut 伏特加的优等质量与独特的品味。冬小麦是 Absolut 的重要原料，瑞典南方 20% 的冬麦被拿来制造 Absolut，有数千名农夫为其工作，通常 1 公斤冬麦可制成 1 公升 Absolut。

1980 年代起，绝对伏特加家族不断扩大，陆续增加了辣椒、柠檬、黑加仑、柑橘、香草、红莓等多种口味，并依然保持了绝对伏特加的优异品质。

二、进军美国市场

和现在的声名赫赫相比，绝对伏特加进军国外市场的路走得并不顺心。2003 年，

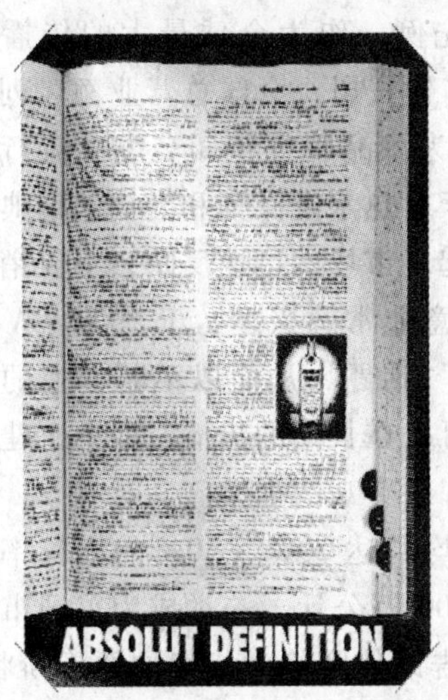

俄罗斯人将迎来伏特加500岁诞辰。在众多人的心目中，伏特加与俄国几乎有同等的概念。有位俄国诗人曾说过，伏特加酒与伏尔加河一样源远流长。只有这种基于俄罗斯文化的伏特加才是最正宗的，这几乎成了伏特加定律，其他的伏特加只能是仿制品。因此，它在进入西欧、北美市场时，首先就受到这种文化背景的强大阻力。刚开始，人们对绝对伏特加完全持否定态度，觉得该品牌的名称太哗众取宠，而且觉得绝对伏特加瓶子的形状比较丑陋，瓶颈太短，难以倒取，瓶帖也单一，使整个瓶子显得过于透明。更为重要的是人们对这个来自瑞典的伏特加品牌缺少信任。当1978年美国Carillon公司为考虑是否为进口代理绝对伏特加而投资6.5万美元进行一项专门的市场调查时，得出的结论是：绝对失败。最后市场分析家的结论是：放弃这种产品。

面对这样的情形，大多数决策者一定会毫不犹豫地选择放弃，然后调查、设计出最能满足消费者眼睛的瓶型，之后不断迎合，最后被蜂拥而至的追随者吞没。有人感叹：调查既帮助人，也害人。确实如此，可口可乐曾经就有过如此教训。

然而，Carillon公司总裁Michel Roux却无法拒绝自己的直觉，他认为这种产品与消费者印象中的伏特加形象如此的不同，也正是因为这种完全的不同，以至于市场调研无法完整了解它的接受度。所以，这位总裁果断地决定，放弃调查结果。他认为现在需要做的是用强劲的广告赋予品牌个性！于是，一场持久的关于“绝对”的创意诞生了。

他雇佣了TBWA广告公司来与其一同完成这场空前的广告征途。TBWA成立于1970年，是由四个来自不同国家、背景，拥有不同经验的广告人合力组成的欧洲广告组织，这在广告公司的创业史上也是个特别的先例。作为全球最大的传播集团Omnicom的子公司，TBWA是全球增长最快的跨国广告公司，全球总营业额名列世界第九。TBWA的创意总监Geoff Hayes回忆道，最初为该品牌创建知名度和流行度的方法建立在产品的瑞典传统文化上。广告创意着重于对热水洗澡桶和类似的瑞典布置作描绘。绝对伏特加别出心裁的创意方式很快就引起了市场的迅速反映，不仅销量大幅度增加，而且可以看出，消费者对这种形式的创意非常感兴趣，于是TBWA决定将这种创意形式延续下去，不断衍生出许多“绝对”话题，从而以不断变换的内容和一致的外在形式来吸引消费者的注意，同时，也可以在长期的传播过程中，建立自己独特的品牌个性，这种策略性的广告创意就是品牌最直观的个性。

经过几年发展，Absolut在同类产品中以每年平均高达20%～30%的增长率，领先于所有伏特加酒品牌。1996年，销售量达到50 000万公斤，一举成为美国市场上占有率第一的伏特加品牌。一句“绝对完美”的广告语伴随绝对伏特加的不断壮大，成为美国市场家喻户晓的广告经典。

The ABSOLUT VODKA advertising campaign has been running since 1980. The ads are created together with the advertising agency TBWA, and have to this day won several hundred awards, worldwide

三、绝对伏特加的第二次东征

随着 WTO 的推进、洋酒关税逐步降低、中产阶级和白领阶层不断扩大等因素，洋酒在中国市场的销售呈现出明显的增长趋势。比较中国巨大的市场容量与洋酒目前所占的比例，可以看到洋酒在中国市场上尚有很大的上升空间。国外比较大的洋酒公司基本都已经或者正在准备进入中国市场，其中包括保乐力加、帝亚吉欧、人头马、百富门、轩尼诗、马谛氏，当然也少不了绝对伏特加。

在国际上，绝对伏特加的广告和市场推广活动屡获大奖，它不断采取富有创意而又高雅、幽默的方式诠释该品牌的核心价值：纯净、简单和完美。绝对伏特加认为，他们的品牌目标不是世界最大，也不是赚钱最多，而是最有吸引力。绝对伏特加的形象表达了一种生活态度和生活方式。享用这种酒的人，应该是聪明活跃、诙谐幽默、格调优雅、擅长交友、追求时尚、轻松愉快的。为此，绝对伏特加把它的营销推广渗透到了各种视觉艺术当中，比如时装、音乐、美术等。

来到中国以后，绝对伏特加延续了它一贯独特的文化传播方式，并巧妙融入了中国元素，以贴近内地消费者。2005 年中国农历新年期间，绝对伏特加展开了名为“ABSOLUT NEW YEAR”的广告和营销活动。活动将中国的“福”字定为它的主题。

"福"在中国含祝福及财富之意，在新年到来时常常被倒写，寓意"福到了"。绝对伏特加把这一独特的文化含意融合到了它自1980年来一直在美国使用的以酒瓶为视觉核心的系列广告当中。绝对伏特加的酒瓶上印上了"福"字，广告页的上面也倒印了"绝对新年"。当读者将广告反过来读标题时，就可以看到"福倒（到）"了。不仅"福"到了，绝对伏特加的美酒也"倒"了，美酒随祝福送到千家万户！尤其值得一提的是，为了与目标受众更好的实现互动，绝对伏特还建造了高达5米的大型户外旋转灯箱，画面即为平面广告主画面，下方有一绝对伏特加标志性的瓶形孔，路人经过时可以将手伸进去，红外线感应后，灯箱会发生180度的旋转，画面也会完全翻转，意思是"只要出手，酒倒，福到"。

通过这一系列本土化的传播，绝对伏特加在中国最重要的节日里向中国及海外的所有华人送上了衷心的祝福，也极大提升了自身品牌的亲和力与影响力。

四、品牌启示——国酒茅台的发展建议

作为与苏格兰威士忌、干邑白兰地同列世界三大名酒的茅台，在国内众多白酒中，应该是最有资格问鼎世界顶级品牌的。快一个世纪过去了，茅台眼下的情况如何呢？

茅台酒的全球化应该可以追溯到1915年，当时茅台酒代表中国传统白酒首次亮相美国为庆祝巴拿马运河开通而在旧金山举办的巴拿马万国博览会。在这次博览会上，茅台获得金奖，与法国的科涅克白兰地、英国的苏格兰威士忌共同被评为世界三大蒸馏酒。获奖之后的茅台酒从此声名大振，成为当时中国各种重要社交场合中的头号名酒，也成为中国在国际社会知名度最高的名酒。从这个意义上说，还没有被明确为“国酒”的茅台酒其实早就具有了“国酒”的意义，早就被国人赋予了“国酒”的巨大信任和至高荣誉。以至后来几十年里，很多外国人一谈到中国，首先都会伸出大拇指说“Moutai”。此时的茅台已初具全球品牌的雏形。但由于中国特殊的历史原因，出口的这些茅台酒只在中国政府官员访问当地时才饮用，销售网络也几乎局限于华人圈，没有真正融入西方社会。建国以后，虽然茅台酒开始通过香港、澳门转口销往国际市场，但销量也不大。

2002年，是茅台酒国际市场营销战略正式启动的第一年。9月13日，“国酒茅

台”澳门专卖店开业，接着越南专卖店开张；同时，派出了几批考察人员，对欧洲、北美、南美、东南亚等市场进行调研，制订新的国际市场拓展计划。从2003年起，茅台招聘国际营销人员，加大对国际市场的宣传力度，逐步在国外建设自己的专卖店，逐步形成东南亚、西欧、北美等区域的营销中心，初步形成了茅台酒国际市场营销体系。但茅台的年出口量仍不过区区300吨，约占总销量的5%，别说和另外两大世界名酒相提并论，就是跟国内一些优秀白酒品牌比，茅台也是远远落后。茅台酒在品牌全球化中完全没有体现出国酒纯真高贵的核心价值，同时，在品牌营销、传播方面模式也非常单一。目前在国际市场上，认可中国白酒的消费者更倾向于五粮液。海外许多华人，尤其是年轻一代华人都认为五粮液才是名副其实的中国白酒第一品牌。究其原因，可以说是因为茅台人全球化思维的缺失以及对“国酒茅台”品牌资产的漠视。

尽管在跨国公司越来越成为全球经济主角的后现代时期，公司的国籍已被淡化，民族国家的影响已被淡化，但品牌的力量却一直独立于跨国公司经营本土化过程之外。就像可口可乐永远改变不了其美国品牌的形象，梅塞德斯—奔驰永远改变不了其德国品牌的形象一样。茅台定位为“国酒”，就意味着要走贵族化白酒路线，而茅台却从高高在上的“神坛”上走下来提出了“茅台要走‘健康的酒’的平民化路线”的理念，先后开发出茅台王子酒、茅台迎宾酒，将品牌从高端市场延伸到中低端市场；然后，又将品牌嫁接到啤酒、葡萄酒等产品上，完全偏离了其正宗的白酒血统。所以，如果茅台要想在品牌全球化中做到“国酒茅台，实至名归”的话，应该从“绝对”的案例启示中来关注两件事：

回归“神坛”

找回国酒茅台品牌，识别特有的核心文化价值，找到代表国酒的品牌精髓。也就是在品牌全球化中需要向核心客户、潜在客户及员工反复强调：你是谁？你从哪里来？茅台酒和可口可乐一样，精神的附加因素已经远高于其物质本身的价值，我们喝可乐，不仅是为了棕色的碳酸水，更为了体验美国文化；同样我们喝茅台酒，不仅仅是品尝乙醇，更重要的是品尝中国的文化。但可以肯定的是：国酒的文化绝不是牵强附会的“健康”。贵州茅台酒股份有限公司董事长袁仁国也深知这个道理，他曾说过：“生产茅台比生产原子弹还难。为什么？因为原子弹在任何一国都能生产，而茅台酒只能在中国生产，所以茅台是具有文化价值的工业品牌。它的核心价值是文化，但又是在综合了价值文化、传统工艺、神秘的自然环境等多种因素的基础上生成的，它是物质和精神财富的总和。”

避免“平民化”的品牌形象陷阱

茅台酒应坚守其固有的典雅厚重、颇具王者风范的尊贵品牌形象，避免盲目多元化的品牌延伸。目前，茅台的品牌价值中的人格特征、社会文化特征被忽略了，于是，造成了品牌价值的流失，造成品牌形象的老化，造成消费者对品牌失去憧憬。在品牌文化与价值体现上，茅台需要充分利用好汉武帝对枸酱酒（茅台酒的源头）的赞誉、巴拿马万国博览会中国代表怒掷茅台酒、茅台镇的神秘佳酿、国家外交的宴请珍品等宣讲资源，从历史的源远流长、品质的神秘沧桑、地位的尊贵无比等方面，发扬竞争对手根本无法比拟的历史文化优势，来构筑茅台颇具王者风范的品牌价值形象，而不是去走“健康的酒”的路线。

相比之下，茅台该向张裕学习，自始至终都在诉求“品味时间”、“百年张裕”；该向青岛啤酒学习，坚定不移地诉求“SINCE 1903”。最为值得关注的是，与绝对伏特加颇为类似的水井坊。从“中国第一坊”、中法文化年的水井坊美酒之旅，一直到《天鹅湖》水井坊之夜，水井坊把深厚的文化与现代艺术进行融合，彰显水井坊的高贵典雅。推出比茅台、五粮液更高价格的高档白酒，激活了中国白酒品牌的“奢侈潮”。

茅台在品牌延伸上，只是一个白酒系列的延伸。如茅台年份酒、茅台王子酒、茅台迎宾酒、茅台醇、茅台液等这类直接冠以茅台品牌的产品；还有贵州王、红河酒、小豹子、九月九的酒等等，也纷纷冠以茅台集团的称谓。这种平民化的发展路线，只能使消费者对茅台品牌所代表的真正品牌含义琢磨不透。另一个引人注目的错误之举是茅台介入了啤酒和葡萄酒领域，推出了茅台啤酒和茅台葡萄酒。从文化层次分析，具有厚重历史感和沧桑感的茅台白酒文化和洋溢着现代气息、西洋文化的啤酒、葡萄酒的区别很大，将二者用茅台商标组合在一起，带来了不好的品牌形象扭曲。从宝洁、GE 等跨国公司品牌多元化的成功案例来看，品牌的跨品类、跨行业延伸也不是不可能，但需要把产品品牌升华到公司品牌的高度，丰富品牌的内涵。其前提是品牌已在消费者心目中形成了整个公司品牌，而不只代表某个具体产品。而从本质意义上来说，目前茅台只能是一个产品品牌，而不是公司品牌。

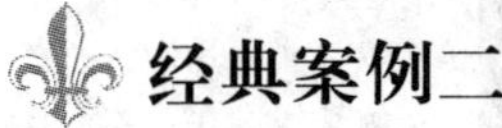

经典案例二

芭比娃娃的诞生与发展

她，拥有“39、18、33”的魔鬼身材；她，一副长得像玛丽莲·梦露般的天使面孔；她，一头金黄色的披肩长发；她，衣柜中放着过亿件名牌时装；她，拥有高于星巴克、亚曼尼、西门子的20亿美元身价；她，今年已48岁，但依旧青春靓丽、光彩照人……她的名字，叫“芭比”。

一、芭比的品牌发展历史

（一）芭比的诞生

金发、碧眼、身材高挑的芭比像足了美国“美眉”，但她的前身却是一个来自德国的莉莉娃娃。芭比的诞生有段有趣的经历，全因为美泰公司创办人露丝·汉德勒的一次偶遇。在“芭比娃娃”诞生之前，美国市场上给小女孩玩的玩具大多都是可爱的小天使，圆乎乎、胖乎乎的，类似著名童星秀兰。但童星秀兰的形象是大人对小孩子们玩具的想象，从大孩子们的角度来看，这种玩具略显“幼稚”，因为，大孩子们需要的是跟自己年龄相仿的玩伴，而不是一个小宝宝。当时美泰玩具公司的创始人露丝·汉德勒见女儿很喜欢玩当时流行的一种可以换衣服、换皮包的纸娃娃，便想到设计一款仿真人的立体娃娃。随后，1957 年，一次在德国度假时，露丝无意间发现了身高 11.5 寸，三围是“39、18、33”的德国娃娃“莉莉”，激发了她的灵感。回到美国后，露丝立刻对莉莉的形象加以改造，让她看上去像玛丽莲·梦露般性感迷人。1959 年 3 月 9 日，世界上第一个金发美女娃娃正式问世，露丝用小女儿芭芭拉的昵称给她命名，从此这位金发美女娃娃就叫做芭比。

（二）芭比的发展

第一批“芭比娃娃”是在日本制造的，并在 1959 年美国玩具博览会上首次亮相，参展的主题是“芭比——少女的榜样”。但出乎露丝意料的是，“芭比娃娃”并没有被抢购一空，而是遭到了玩具经销商的冷遇。但市场证明露丝的判断是正确的。摆在经销商货架角落里的“芭比娃娃”受到了孩子们的欢迎，尤其是小女孩。1960 年，

经销商们完全改变了想法，订单像雪片一样飞到了美泰公司。公司花了10年时间才满足人们对“芭比娃娃”的需求，10年里，“芭比娃娃”的销售金额也达到了5亿美元。

20世纪50年代，芭比是美国第一个有着可弯曲的腿的玩偶。到60年代，芭比的发色有了变化，女孩子们喜欢给她作出各种发型。70年代的芭比有了可弯曲的手腕、肘，并且有了脚关节，这使芭比能参加体操、马术、芭蕾舞表演。20世纪80年代，收集芭比的热潮在成年人中扩散。美泰推出第一个陶瓷芭比时，30万个当即销售一空。2001年上市的陶瓷芭比设计得之于名画《舞台上》，这款造型曾获得2001年的“年度娃娃”大奖。

这一时期的芭比公主系列以及民族系列也纷纷成为芭比收藏者争先抢购的对象。20 世纪 90 年代以后，一些世界著名的设计师加入了芭比的设计队伍。每位设计师设计的芭比，都能代表他们独特的风格，带给芭比完全不同的面貌，使芭比更加地站在了时尚的风口浪尖上。20 世纪末起，芭比娃娃走上了互联网，孩子们可以在电脑上对她们心中的芭比娃娃进行设计和教养，这使芭比娃娃的发展迈上了新的里程。

（三）芭比大家庭

如果单纯地把芭比想成一个娃娃，未免有些小看芭比了。在芭比的成长历史中，她拥有很多很多。

芭比的男友：Ken（40 年来没换过！）

芭比的职业：超过 80 种（如医生、宇航员、企业家、警官、运动员，甚至联合国儿童基金会的志愿者）。

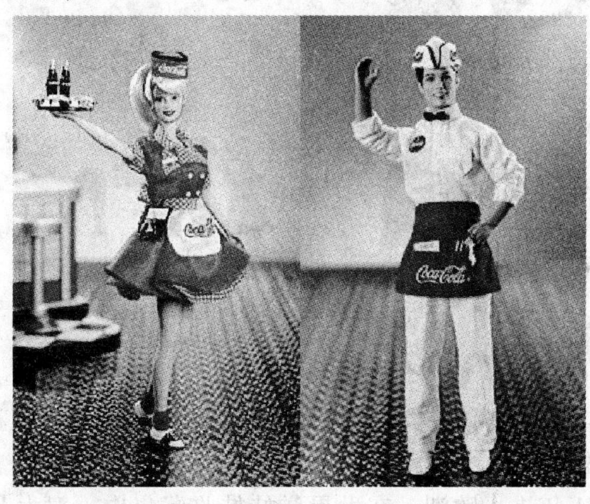

芭比的朋友：很多很多……例如：Midge、Christie、Stacy、Jamie、Tracy、Whitney、Miko、Steven、Teresa、Tara Lynn 等等。

芭比的宠物：芭比娃娃有超过 43 种宠物，21 只狗、12 匹马、3 匹矮种马、6 只猫、一只鹦鹉、一只小黑猩猩、一只熊猫、一只小狮子、一头长颈鹿和一头斑马。

芭比家族：

1964 年 妹妹——Skipper

1966 - 1976 年 表亲——Francie

1966 - 1971 年 双胞弟妹——Tutti & Todd

1989 年 表妹——Jazzie

1992 年 小妹妹——Stacie

1995 年 小小妹妹——Kelly

芭比娃娃的外形：历经约 500 次以上的修正与改良，成为今日的样貌。

芭比娃娃的国籍：有 45 个不同国籍的身份。

芭比娃娃服饰：专属的知名服装设计师每年都要为芭比设计无数衣服，芭比永远都走在时尚的浪尖上！芭比有过超过 10 亿双鞋子。

芭比娃娃道具：芭比娃娃拥有她豪华、舒适的家，客厅、卧室、厨房、浴室……任何可想象到的小配件，产品里都应有尽有，女人应该有的都无一漏网！

（四）走向国际化的芭比

随着芭比的营销走向国际化，芭比的设计师们更加注重不同人种、不同肤色、不同体型的芭比娃娃的设计。

芭比娃娃于 1961 年进入欧洲。在世界洋娃娃收藏集中，意大利籍芭比娃娃是芭比代表的第一个国籍。第一个可爱的黑肤色芭比出现在 1980 年。特蕾莎修道院的修女洋娃娃出现在 1994 年墨西哥少女节的庆祝上。2000 年芭比穿着闪闪古代斗牛士服面世，活跃在西班牙的斗牛场上。现在，芭比娃娃有 45 个不同国籍的身份，遍及了全世界 150 多个国家的市场。

芭比公司特意邀请“波西米亚女皇”——华裔设计师萧志美（Anna Sui）为芭比量身订做波西米亚风格的造型。新推出的芭比娃娃一改标志性的金发，变成中国式的乌黑齐刘海长发，全身行头无一不充满着萧志美设计风格的叛逆和华美，从粉红小碎花的短袖露肩褶皱上装，到极为贴身裁剪的深蓝色牛仔裤，尤其是配饰部分的设计，吉普赛风格的黑色针织披肩，经典的“芭比桃红”色宽边帽，大框太阳眼镜，粗犷金属扣的米色皮带以及相同颜色的手提袋和流苏长靴，处处散发着浓郁的波西米亚气息。

（五）芭比和著名世界服装品牌的合作

20 世纪 90 年代，一些著名设计师加入了芭比的设计队伍。从 CK 的街头装扮，到 Givenchy 典雅的黑礼服，每位设计师设计的芭比都能代表他们独特的风格。芭比的服装包括 CK、Givenchy、Versace、Dolce & Gabana、Vera Wang、Dior、Gucci、Polo 等品牌的设计。

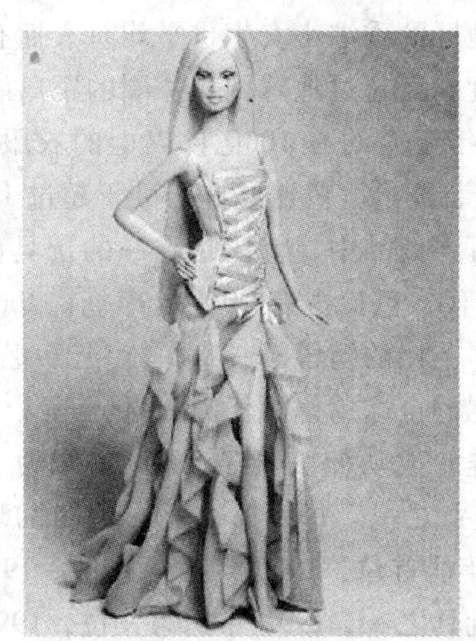

二、芭比的销量和业绩

芭比自诞生之日起就非常受欢迎，那么，它到底有多受欢迎呢？让我们通过一组数据来了解一下。

芭比1959年第一次出现的这一年就售出了351 000个。迄今为止，芭比的足迹已遍布全球150个国家，平均每一秒钟在世界上就有3个芭比娃娃被售出。美泰公司平均每年要推出90组芭比系列娃娃，现在全世界卖出的芭比娃娃已经超过10亿个。女孩藏有芭比的比率，美国100%、法国93%、英国80%。3岁到11岁的美国女孩，平均每人拥有10个芭比娃娃，意大利与英国女孩平均拥有7个，法国、德国女孩有5个，而亚洲地区的香港小女生也平均每人拥有3个芭比。所有已售出的芭比家族，头脚相接的长度，已超过地球圆周7圈的距离。

从1959年至今约有10亿件以上的衣服生产给芭比和她的同伴穿着，每年约有100款芭比新装推出。芭比娃娃的鞋子超过10亿双。

在世界百强商品中，芭比是唯一的玩具商品，美泰的品牌价值为23亿美元。在20世纪90年代，芭比占有90%的市场。2000年，芭比的全球销售额为16亿美元。随后的4年，芭比的销售额一直保持在15亿美元左右。2005年虽然有强劲对手Bratz的竞争，芭比的全球销售额仍为16亿美元。

芭比娃娃的成功使美泰于1960年成为上市公司，并在上市后五年，成为《财富》500强企业之一。每年都被美国著名的玩具杂志"PLAYTHING"评为美国畅销玩具，1976年居首位，1977年居第二位。1998－1999年电子玩具在美热销，芭比仍是十大畅销玩具之一，1998年居第三位，1999年居第四位。

再看芭比的价格，从中也能发现其惊人的魅力！第一个芭比娃娃的售价为3美元，而现在1959年原型芭比娃娃售价已高达10 000美元。1988年美泰发行的假日芭比市场价从30美元涨到了300美元。世界上最贵的芭比娃娃是1999年3月马泰尔玩具公司为纪念芭比娃娃40周年而创作的一个一次性定制芭比娃娃，价值5万英镑。这个娃娃由戴比尔斯钻石公司协助制作，据戴维·莫里斯珠宝商协会透露，这个娃娃本身用了将近20克拉的钻石镶嵌于18K白金之中；围绕着字母“B”的一个弯弓是用钻石做成的一列小火车图案，这个弯弓可以移动并可当胸针戴。头冠、耳环和裙子圈环都是用18K白金镶钻制成，外衣则是清一色的蓝绿色真丝。

三、芭比的成功因素

如今，在世界150个国家，芭比娃娃已经卖出了超过10亿个。这个介于小女孩和成年女子之间的美国少女，是世界玩具市场上畅销时间最长的玩具，成为全世界男女老少的心爱之物。那么，芭比娃娃深入人心，取得成功的原因是什么呢？

时势造英雄

芭比产生成长的时代文化背景给芭比的成功提供了前提。“芭比之母”露丝·汉德勒曾经在她的自传里说过：“我创造‘芭比娃娃’的理想就是：通过这种玩具的诞生，让所有的女孩子都意识到她们能够成为自己梦想成为的人。芭比娃娃代表了女性拥有同男性一样的选择权……芭比娃娃已不仅仅是一种玩具，她已成为女性消费者生活的一部分，我为此感到高兴。”

芭比问世40多年来，已经成为美国文化的重要标志之一。与其他20世纪美国最具影响力的物品一样，芭比曾被收入“美国时光锦囊”。在美国，芭比已经成为一个可进行多重解析的文化符号，《商业周刊》在“2001年全球最佳品牌”排行榜上对芭比品牌的评价是：“她不仅是个玩具娃娃，她是美国社会的象征。”作为文化载体的芭比娃娃折射着美国社会的诸多特征和价值观。比如，美国人对自我的认识，即个人主义的价值观；美国梦，美国理想的神话；美国资本主义体系中消费主义的文化意识形态以及美国式的美丽神话等等。

与“时”俱进：对时尚的孜孜以求

爱美永远是每个女孩子的天性，想抓住女孩子的心，怎能离得了对时尚的把握。

20世纪50年代的芭比娃娃穿着当时最流行的黑白条纹游泳衣，戴着太阳镜，穿着高跟鞋，一幅热带沙滩女郎的形象；60年代以后，芭比娃娃成了派头十足的女明星：身穿华贵的晚礼服，戴钻石项链，出入在各种派对聚会中；而在70年代，当时嬉皮士风行，芭比娃娃也趋于野性和随意，牛仔T恤和短发成为其形象代表；到了

80年代，随着女性自我价值的觉醒，女权运动轰轰烈烈起来，芭比娃娃则变成了职业女性。

20世纪90年代，一些世界著名的设计师加入了芭比的设计队伍。每位设计师设计的芭比，都能代表他们独特的风格，带给芭比完全不同的面貌。芭比有着优秀的设计团队，而且，芭比的设计师会从优秀的设计里面挑选最适合孩子们的作品投放到市场，给孩子们以积极、健康、向上的引导。

芭比成功的精髓是：芭比不仅仅是个普通的玩偶，它被赋予了生命。故事贯穿于她的始终，甚至连出售一件芭比的衣服都被配上了相应的情景。例如，芭比娃娃从诞生之日起就开始编织一个属于芭比也属于所有女孩的故事：她慢慢拥有自己的宠物，自己的朋友，自己的男朋友……芭比身边的伙伴越来越多，不断地丰富着芭比的日常生活。芭比紧紧跟随着时代的步伐，每一套新的晚礼服、运动装、学生服都被配上一个让人不得不买的情景，为原本就风光无限的芭比又添上了一些凡人的真实感，天生爱幻想的女孩们怎能不行动呢?!

四、中国人自己的娃娃：羽西娃娃

"羽西娃娃"的创作灵感始于靳羽西女士曾想为一位美国朋友购买一个"中国娃娃"。她找遍了中国玩具店，在堆满金发碧眼的洋娃娃的柜台中，始终未能找到一个"中国娃娃"。这引发了羽西设计代表东方人形象的娃娃的念头。2001年1月，羽西成立了一家名叫靳羽西文教玩具有限公司的全新品牌公司，成功地创造了公司的第一线产品——羽西中国娃娃。这是有着黑头发、黑眼睛和黄皮肤的玩具娃娃。2001年10月，羽西中国娃娃在美国最著名的电视导购网QVC创下了一个小时销售35万美元的奇迹，成为2001年最受欢迎的时尚娃娃。现在，羽西中国娃娃正以每天4个商场专柜的速度扩展。

"羽西娃娃"系列的设计理念是"中西合璧"和"多元文化"。她身高292毫米，黑头发，身着套服，服装设计采用传统东方式风格，但使用的是西方美丽的布料。她佩戴头饰和其他饰品，是一个非常漂亮的时装娃娃。为了使"羽西娃娃"更具活力，卡通连环画《羽西历险记》及时推出。靳羽西的新产品"羽西娃娃"共有55个造型，所有娃娃都是黑头发、黑眼睛，身着艳丽、时髦而又有中国特色的服装。羽西娃娃共分两类，其中收藏类娃娃有两款，制造和用料都相当考究；另一类娃娃有53款，包括"冬天公主"、"高贵淑女"、"粉红公主"、"中国姑娘"和"金公主"等。羽西娃娃是所有亚洲女孩的代表和典范，她不仅是个时装娃娃，她拥有亚洲女孩想要的一切：善良、漂亮、勤奋、聪明、富有创造力、有文化。她倡导种族平等、男女平等。

中国常驻联合国代表在 2001 年 9 月联合国大会上将羽西娃娃作为礼品送给与中国建交的国家。

芭比娃娃是少女心中的梦幻美女，是美丽、娇贵、性感、幻想等众多美好词汇的综合体，征服了全世界。芭比娃娃可以说是“西方美女”的艺术创作；而今终于能与芭比娃娃相比艳的羽西娃娃则是“东方美女”的灵感之作，她代表了东方美女的知性内涵、恬静大方的气质。

每个地方的孩子一般更喜欢本地、本民族特色的玩具娃娃。芭比娃娃所代言的民族有 45 种之多，但她毕竟诞生于美国且吸收了德国布娃娃的特点，欧美芭比娃娃产品是其强项，芭比虽然也推出了不少具有吸引力的亚洲民族特色的娃娃，但是相对来说还是个弱项产品。所以说，同样是生产亚洲特色的玩具娃娃，羽西娃娃正是发挥羽西这个知名亚洲民族特色品牌的比较优势，以纯正的民族特色吸引亚洲孩子的目光，把他们从亚洲芭比娃娃那儿吸引过来。据调查，在美国，5 到 14 岁之间的亚裔女孩就有 86 万，收养亚裔儿童的美国家庭去年一年就有 9 000 户，企业家靳羽西就是瞄准了这个目标，而成功地打入了美国市场。

芭比娃娃形象来源于童话故事，就像童话里的白雪公主，高贵大方，孩子们喜欢芭比娃娃就是可以在她身上编织各自浪漫的梦想；而羽西娃娃来源于现实生活中的普通人，有着特定的身世和志向，孩子们可以从他们身上编织现实的理想。在形象上，43 年来，尽管芭比娃娃在相貌、种族、肤色、发型、语言乃至服装上都经历了各种变化，但她始终保持青春靓丽的迷人形象，是一种静态形体美；而羽西娃娃以其运动的个性吸引人，不仅有运动装备，还能摆出与真人一样的运动姿势。不同的娃娃，不同的感受，在孩子们的心中，两种娃娃的满意率实现了互补，让许多孩子一手拿着芭比娃娃，一边玩着羽西娃娃。

复习思考题

概念题

1. 什么是创新？如何进行项目创新？
2. 项目团队的组织创新有哪些？试分析非传统项目团队的优势。

第八章　项目战略组合设计与跨国公司

✓ 本章摘要

＊ 跨国公司的目标总是通过同时发生的若干项目而实现，项目是跨国公司的战略成为现实的具体的实施载体。本章将以案例的方式来说明项目战略组合设计与跨国公司之间的联系。

✓ 本章关键词

跨国公司　苹果　雀巢　柯达　GE 六西格玛　汉高　诺基亚
通用汽车　海尔　联想

✓ 学习完本章你需要掌握

- 跨国公司的经营战略与模式；
- 中国跨国公司的成长。

第一节　跨国公司的成功案例

一、苹果公司的诞生——风险投资项目造就跨国公司

（一）背景材料

1976 年，当时就职于阿塔里公司的乔布斯和就职于惠普公司的沃兹奈克共同设计出一块电脑线路板（苹果一号），并将它们拿到斯坦福大学的一个家用电脑俱乐部展示，样品展出后大受欢迎，许多人表示要购买。受此鼓舞，

他们决定进行小批量生产。乔布斯卖掉了汽车，沃兹奈克卖掉了个人计算机，一共凑集了 1 300 美元，然后雇人为这部电脑设计印刷电路板。1976 年 6 月，乔布斯带了一块电脑板去找一家零售店——拜特行，拜特行的老板威尔逊一下订购了 50 块。由于资金短缺，乔布斯施展高明的手段，要求几家电子元器件供应商以赊账的方式提供零件，他甚至说服了律师和公关公司，以赊欠的方式提供服务。

苹果一号的销售情况出乎意料的好，乔布斯和沃兹奈克开始意识到，他们的小资本根本不足以应付业务急剧发展的需要。乔布斯后来回忆道："大约在 1973 年秋，我发现市场的增长比我们想象的还快，我们需要更多的钱。"为此，他们分头去找他们曾经工作过的公司主管——阿塔里和惠普公司的主管，请这些昔日的主管接受他们的苹果电脑原型，但最后都未成功。1976 年秋，他们决定成立自己的公司。一家公共关系公司的总裁 R·麦克纳在三次拒绝乔布斯的合作建议后，终于勉强同意先提供服务然后再收取服务费。他将投资家 D·瓦伦丁介绍给他们，但是，当瓦伦丁开着豪华汽车，身穿笔挺的西服来到他们的厂房时，看到的是一幅近似凄惨的景象：简陋的厂房、破旧的设备和两个衣着寒酸的愣小子。看到这些，瓦伦丁耸了耸肩，扬长而去。真是天无绝人之路，正当两位年轻人"山穷水复疑无路"的时候，风险资本家马克库拉的出现给他们带来了转机。

（二）案例介绍

时年 38 岁的马克库拉曾担任过大名鼎鼎的英特尔公司销售经理，此时已是百万富翁，他以多年来驾驭市场的丰富经验和企业家特有的战略眼光敏锐地意识到了未来电脑市场的巨大潜力。他没有被两位年轻人的"寒酸"所吓倒，决定与两位年轻人进行合作，实施一项风险投资项目——投资创办公司。他与乔布斯和沃兹奈克共同讨论，花了两个星期的时间研拟出一份苹果电脑公司的商业计划书，他不仅自己入股 9.1 万美元，并且以他的声誉帮助公司从美国商业银行借了 25 万美元的贷款。然后，三人共同带着苹果的商业计划，走访马克库拉认识的风险投资家，结果又筹集到了 60 万美元的创业投资。不仅如此，为了加强公司的经营管理，马克库拉还推荐了全美半导体制造商协会主任斯科特担任公司的经理。四个合伙人组成了公司的领导班子，马克库拉作董事长，乔布斯作副董事长，斯科特作总经理，沃兹奈克是负责研究开发的副经理。

技术、资金、管理的结合产生了神奇的效果。苹果公司的销售额如"芝麻开花节节高"，一年一个台阶地猛增。1977 年 4 月，苹果公司在旧金山举行的西岸电脑展览会上首次公开展示了新产品——苹果二号；1977 年销售额为 250 万美元；1978 年为 1 500 万美元；1979 年为 7 000 万美元；1980 年为 1.17 亿美元；1981 年为 3.35 亿美元；1982年为5.82亿美元，成为《财富》500大公司之一，排行第411位。这是第一次一家新公司在5年之内就进入《财富》500家大公司排行榜。

1980年12月12日，苹果公司首次公开发行股票，以每股22美元的价格公开发行460万股，集资1.01亿美元。乔布斯、马克库拉、沃兹奈克、斯科特4人共拥有苹果公司40%的股份，其中：乔布斯拥750万股，价值1.65亿美元；马克库拉拥有700万股，价值1.54亿美元；沃兹奈克拥有400万股，价值8 800万美元；斯科特拥有50万股，价值1 100万美元。1993年初，乔布斯公开宣称，苹果公司创造了300个百万富翁，而此时，乔布斯自己在苹果公司的股票价值也已经高达2.84亿美元。

（三）案例评析

风险投资项目是一种高风险的投资项目。风险投资的高风险性是与风险投资的投资对象相联系的。传统投资的投资对象往往是成熟的产品，具有较高的社会地位和声誉，因而风险很小。而风险投资的投资对象则是高技术中小企业的技术创新活动，它看重的是投资对象潜在的技术能力和市场潜力，因而具有很大的不确定性即风险性。这种风险由于来源于技术风险和市场接纳风险、财务风险等风险的“串联”组合，因而表现为“一着不慎，满盘皆输”的高风险性。在美国硅谷，有一个广为流传的所谓“大拇指定律”，即10个由风险投资支持的创业公司中，有3个会垮台，3个会勉强生存，还有3个能够上市并有不错的市值，只有1个能够脱颖而出，大发其财，成为“大拇指”。据统计，在美国风险投资基金的投资项目中，有50%左右是完全失败的，40%是不赚不赔或有微利，只有10%是大获成功的。

即使风险投资项目是高风险性的，但与高风险相联系的是高收益性。风险投资家是冒着“九死一生”的巨大风险进行技术创新投资的，虽然失败的可能性远大于成功的可能性，但是技术创新一旦成功，由于此时市场上鲜有竞争对手，便可能获得超额垄断利润，进而弥补由其他项目的失败带来的损失。犹如本例中风险投资项目，它不仅使早先在该项目上下赌注的风险投资家都获得了丰厚的回报，同时也造就了一个跨国大公司——苹果公司。

二、雀巢的成长——创造跨国并购史诗

（一）背景材料

雀巢公司创始于1867年，是全球最大的食品公司，在世界500强中名列前50位。8 500种食品、饮料和医药用品均使用雀巢这一品牌，加上各种不同的包装、规

格，雀巢公司产品的种类已多达 22 000 余种，在遍及 61 个国家的 516 个工厂中生产。

雀巢公司的产品按其营业额分配为：饮品占 23.6%，麦片、牛奶和营养品占 20%，巧克力和糖果占 16%，烹饪制品占 12.7%，冷冻食品和冰淇淋占 10.1%，冷藏食品占 8.9%，宠物食品占 4.5%，药品和化妆品占 3%，其他制品和事业占 1.2%。2003 年，雀巢的营业额为 879.79 亿瑞士法郎，抛开汇率变动的影响，比 2002 年增加了 6.3%，纯利润为 62.13 亿瑞士法郎。

（二）案例介绍

早在 1868 年，雀巢公司的创始人亨利·雀巢就在巴黎、法兰克福、伦敦设立了销售点，确立了雀巢跨国经营的发展方向。1890 - 1902 年期间，雀巢陆续在欧美设厂，并与现在雀巢公司另一个源头英瑞炼乳公司合并，成为当时世界级食品巨头。在此后的 100 多年里，雀巢的跨国经营更是取得了傲人的佳绩，其在全球实现的运营规模是很多跨国公司羡慕不已的。

在整个过程中，一系列成功的收购项目扮演了非常重要的角色。收购既是其战略性手段，又是其增强公司扩张能力和竞争实力的主要途径。二战以后，雀巢公司打算全面进军食品行业，不再仅限于乳制品和以咖啡、可可为原料的产品。它实施了一系列的并购项目，包括快速食品、冰淇淋、冷冻食品、冷藏食品等很多方面。如 1947 年，雀巢公司果断地实施了与美国饮食巨头美极公司的合作项目，使公司的销售额从 8.33 亿瑞士法郎提高到了 13.4 亿瑞士法郎；1960 年，实施对英国生产罐装食品的可奥斯·布莱克威尔集团（Crosse & Blackwell）的兼并项目；1970 年，实施对美国生产罐装食品的利碧公司（Libby/Mcneill & Libby）的兼并项目。

从 1983 年伊始，雀巢公司又启动新一轮的并购项目，这次的重点还是食品行业，通过并购掌控食品行业专门技术的中小型企业，进一步增强核心业务的市场竞争力，同时实施了以提高美国市场占有率为目的的一系列并购项目。1984 年实施的美国三花公司并购项目，耗费 30 亿美元，是迄当时为止食品业并购案中涉及金额最高的一个项目。同年实施的一系列并购项目还包括对美国生产高质量巧克力的保罗·本奇公司的兼并项目、对美国巧克力生产商沃德·约翰逊公司的收购项目、对两家从事焙烤咖啡生产或销售的美国本地企业的兼并项目，以及对美国果汁生产商福鲁特·克赖斯特公司的收购项目。除了美国市场，雀巢的身影也穿梭在法国、德国、英国等欧洲国家，并不断将产品多元化，进入酸奶、冰淇淋、瓶装水等生产领域。

进入 21 世纪，雀巢公司的规模仍在不断扩大，其麾下拥有的品牌数量也在膨胀。

2001 年，雀巢实施了对拥有 108 年历史的宠物食品专业品牌——普瑞纳公司的收购项目，并成立世界第一大宠物食品制造公司——雀巢普瑞纳公司。同年还实施了对德国冰淇淋公司斯考乐（Schoeller）的收购项目。2002 年 8 月 6 日，以 26 亿美元的价格收购以生产速冻方便食品著称的美国厨师公司（Chef America）。2003 年成功完成对香港和记黄埔旗下屈臣氏子公司的水业务的收购项目，耗资 5.6 亿欧元。同年还成功实施对美国冰淇淋行业位居第三的德雷尔冰淇淋公司的并购项目，出资 28 亿美元。

（三）案例评析

并购项目的成功实施给雀巢公司带来了产品的多元化、市场份额的快速提升和企业战略性调整的实现。

1. 产品的多元化

在实施产品多元化战略的过程中，并购方式往往是最佳的选择，不仅可以避开设立新企业所产生的巨额成本和无法预计的高风险，还能很容易地获取成熟的销售渠道和市场份额，以及被收购企业早已在本地市场树立的良好口碑和大量忠实的消费者。

在 20 世纪初，雀巢的主营业务还只是乳制品和咖啡。通过并购项目的实施，它先后进入了巧克力糖果、宠物食品、烹饪制品、冷冻食品等食品行业的其他领域。1929 年，完成对彼得巧克力公司的合并项目，从此迈进巧克力的王国；1947 年结束对美极公司的兼并项目，依赖美极公司原有的技术人员和生产工人，开始了在烹调产品和快速食品领域的拓展；1960 - 1962 年间，先后与法国的法兰西公司、德国的优帕公司和西班牙的德拉斯公司签订合作生产冰淇淋的合约，开始雀巢的冰淇淋业务；1962 年购入瑞典芬达斯公司 80% 的股份，进入冷冻食品领域；1968 年获得法国生产酸奶的领袖企业香布荷公司 20% 的股份，开始走进酸奶生产领域；1969 年购买法国第三大矿泉水生产商维特公司 30% 的股份，是其在瓶装水领域迈出的第一步。

一系列并购项目的成功实施实现了产品的多元化，为雀巢节约了大量的时间，在短短的几十年间，把自己的业务蛋糕做大了几倍，为企业的长期发展不断创造出利润的增长点。从进入糖果、巧克力、冰淇淋市场，到开创瓶装水、宠物食品的新纪元，雀巢公司在并购中实现了产品品牌的极大丰富以及产业链的逐层深化。

2. 市场份额的快速提升

2001 年，雀巢实施了对美国宠物食品制造商普瑞纳公司的收购项目。在美国，普瑞纳公司拥有宠物狗食品市场 27% 的份额和宠物猫食品市场 33% 的份额；而雀巢公司自己的这两类产品在美国仅占有 12% 和 13% 的市场份额。这项收购的实现，不仅壮大了雀巢麾下的品牌，更重要的是使雀巢公司在美国宠物食品市场的份额翻升了一倍，确立起了其在宠物食品市场的老大地位。

同在2001年，雀巢还完成了对德国冰淇淋公司斯考乐的收购项目，雀巢摇身一变成为全球最大的冰淇淋生产商。而2003年，雀巢出资28亿美元，成功实施了对美国排行冰淇淋行业“老三”——德雷尔冰淇淋公司的并购项目。此时，雀巢在美国已经拥有了哈根达斯、德雷尔旗下的德里梅利、戈蒂瓦和星巴克等高档冰淇淋品牌，市场份额猛增至60%，市场上只剩下联合利华可以与之一较高低。

雀巢公司在瓶装水业务的领先地位也是通过实施收购项目实现的。1969年购买法国第三大矿泉水生产商维特公司30%的股份，并很快成为最大的股东。1974年完成对德国第二大矿泉水生产商篮泉公司的兼并项目。2002年收购法国饮料集团。2003年斥资5.6亿实施对屈臣氏子公司帕尔沃的收购项目，这家公司在欧洲水业务市场上是首屈一指的，其业务范围遍及法国、德国、荷兰、英国、丹麦、葡萄牙以及意大利等欧洲国家，2002年收入达到了1.2亿欧元。这项收购为雀巢提供了更为广阔的业务平台，使雀巢的水产品更为深入地渗透于欧洲国家中。雀巢的矿泉水业务帝国就在一次又一次的收购项目成功实施中慢慢建立起来，始终保持在该领域领先的地位。

3. 实现企业的战略性调整

雀巢的每一次收购项目都是经过精心挑选和周密考虑的。从雀巢的收购对象可以看出，不同时期的收购正好是其当时经营战略的映像。

二战后，雀巢的战略目标是全面进军食品工业，实现面上的覆盖，这一时期的收购主要都是涉及新业务领域的，如对生产经营罐装食品、冷冻食品、冰淇淋、矿泉水等企业的并购。此外，还在化妆品、医药等非食品行业崭露头角。

自20世纪80年代迄今，雀巢的收购对象主要包括冰淇淋、宠物食品、巧克力糖果和矿泉水的生产企业，这些产业的利润率都非常可观。雀巢的传统业务早已丧失了开发潜力，为企业寻求新的利润增长点是这个宠然大物继续前进的必然选择，此时加快高利润收益产品的发展成为雀巢的战略重心。这个期间的收购正符合了这种特定的需要。

通过并购项目的实施实现企业的战略性调整，具有很高的灵活性，而且跳过了产品生命周期中最耗时、耗资的研发和发展阶段，直接进入低成本高收入的标准化阶段。在短时间内收回投资，降低投资风险，保证企业的现金流，维持企业的调整运转，这些都是并购带来的优势。

三、柯达的“蚕蜕”——实施战略转型

（一）背景材料

在全球经济寒意凛然的2002年，柯达所面临的不只是普通的经济衰退：随着数

Kodak

码影像设备的大兵压境，柯达出品、卖得家喻户晓的黄色小盒子的最终死亡，已经被断言只是时间问题，这几乎等于切断了柯达赖以生存的最为强大的生命线；而尽管柯达已经开始积极地加入数码影像设备的战团，但公认的事实是，这一市场的利润率远远低于银盐胶卷的销售和相关的服务领域，而且，柯达的数码相机业务到现在为止并没有赢利，而这一行业却有着众多无比强大的竞争对手，如索尼、富士、奥林巴斯、佳能等。更为糟糕的是，柯达每卖出一台数码相机，都意味着它在银盐胶卷市场上失去了一个顾客。可以说数字化带给柯达、富士和爱克发的威胁，甚至比互联网对印刷工业的冲击更为致命。

当数码相机开始逐渐受到人们的青睐时，柯达这个数码影像领土的先行者却犹豫了。它试图控制数码技术及其应用，以保证胶卷市场不受冲击，然而结果却是，柯达不仅没有抓住未来，还险些丢了现在。“未来 5 年，柯达要投入 60 亿美元来实现其在数字影像市场的战略目标。到 2005 年，柯达 45% 的营业收入将来自于数码业务……”柯达总裁兼 CEO Daniel A. Carp 2002 年 5 月在一次正式演讲中表示，作为 120 年历史的全球化学成像行业老牌巨头以及数码成像领域的先行者，柯达将成为数码影像领域的龙头老大。

（二）案例介绍

“你快按快门，剩下的交给我们。”

——乔治·伊士曼

“化繁为简”一直被当作柯达经营的核心理念，重现柯达辉煌的历史还是从这里开始。通过在解决易用性方面的创新和满足消费者需求方面的努力，柯达向所有那些在分辨率和像素数量上互相攀比的数码相机厂商提出了挑战。统计显示。目前，每年使用数码相机拍摄的 300 亿张照片中，只有 20% 被消费者拿到冲印店冲洗或者在打印机上打印出来，这意味着目前消费者使用数码相机时还存在着许多问题，同时，也暗示着巨大的商业机会和成长空间。对整个行业来说，对数码相机的简单易用还没有做到极致，对普通的大众消费市场来说，数码相机的技术还是显得过于复杂了。

巨大的市场发展空间促使柯达开始了进攻的步伐。调查显示，85% 的消费者希望能够和亲朋好友通过电子邮件的方式分享自己的照片，但是，数字影像业务收入在柯达 180 亿美元业务额中的比重极少，传统影像依然占据着广大市场；柯达在家用数字技术和市场占有率方面也远远落后于一些名不见经传的新兴公司。为了改变不利处境、实现数字战略，柯达开始调整战略，并通过实施一系列的项目迈出转型步伐。

2000 年 7 月，柯达投资近千万美元于 Excite@ Home，并与思科共同实施在线照片处理网站 Snapfish. com 项目，为顾客提供免费修图服务。

作为一个成功的项目，柯达在线图片中心也与 Bluelight. com 合作，通过 Kmart 和软银共同投资的零售网站，每个柯达用户可以根据各自柯达冲印店信封上的号码将扫描图片直接上传到图片中心，并储存在个人的在线影集中，通过这个号码消费者还可以浏览、修正和打印他们的照片。同时，Bluelight 还在网上提供柯达的其余产品和服务。此外，柯达为了完成数字战略转移还聘请前朗讯科技公司的行政副总裁兼网络服务集团执行官 Patricia Russo 担任柯达 COO。为了扭转数字产品的亏损局面，柯达宣布将以生产价格低廉且易于操作的数码相机占领广阔的普通消费者市场。Daniel A. Carp 表示经过一系列战略调整，柯达数字业务在今后几年可以获得高达 15% ~25% 的增长。

与 ofoto. com 的合作和最终收购是另一个成功的项目。ofoto. com 是最著名的网上照片贮存和共享服务的提供商，而柯达则通过合作为 ofoto. com 的用户提供照片数码冲印及一系列相关服务。用户只要对他们放在 ofoto. com 网站的照片选择“冲印”服务，就能够在一两天后收到柯达寄来的照片冲印件。通过与 TRW 公司的一项最新合作项目，柯达还在为美国航空航天局建造新一代的太空望远镜。这种使用红外线传感器的望远镜可以用来探测几十亿年前形成的星系。此外柯达还与世界上最优秀的打印与图形设备生产商海德堡公司（Heidelberger Druckmschinen AG）成立了合资公司 NexPress。通过这家新公司，柯达可以利用自己在图像和数字领域的优势与海德堡公司共同开拓打印和出版业的市场。

（三）案例评析

危机与机遇是同时存在的。当一个产业的战略转型点出现的时候，残酷的“洗牌”游戏便开始了：领跑与尾随，突破与淘汰，对决与妥协，必须作出最恰当的判断与行动。在 20 世纪 90 年代，柯达内部为了数码转型一事就已分成两派，然而为了保存胶卷市场，柯达上层犹豫了；10 年后，同样的选择又摆在了柯达的面前。Daniel A. Carp 认为照片的数码化正在急速发展，将来会进入数码相机永久接入网络并且将所拍摄的图像转眼间就可以贮存到服务器上的时代。柯达不能再错过任何一次时机，Daniel A. Carp 要在“未来的 5 年内投资 60 亿美元，高举数字大旗并购一系列数字产品制造商和服务商，彻底完成公司从传统影像到数字影像业务的战略转移。”诚如 Daniel A. Carp 所言，柯达通过实施一系列成功的项目达到了其战略转型的目的，迈开再现其辉煌历史的步伐。

四、GE 的六西格玛印记——塑造企业文化

（一）背景材料

过去的通用电气用于提高质量方面的努力注重于基层这一环节。为督促员工提高质量而张贴标语、旗帜，但是，公司在此方面的努力收效甚微。20 世纪 90 年代，GE 的员工们强烈地呼吁，公司在质量方面存在着巨大的隐患，他们花费了太多的时间进行修理和返工之后才能使一件产品合格出厂。然而 GE 公司仅仅把浪费掉的时间简单地计入经营成本，简单地归因于为获取质量所必须付出的代价。但是，任何质量行动的核心目标之一是使客户满意，因返工和不断的重复测试而导致的产品延误只会加剧客户的不满，过多的返修和返工必然导致质量降低。

通用电气在质量方面所表现出的惰性可追溯到韦尔奇最宠爱的“通力合作”计划，这是他所推行的营销策略的核心之一。韦尔奇只是简单地推断，推行通力合作必然导致产品和生产工序的质量同时得到提高。毕竟，韦尔奇的许多经营理念都在该计划的实施中得到了促进，如：不拘小节、开放性思维、消除官僚习气、提高员工参与意识、营造好学的企业文化以及韦尔奇的三 S 理念——自信（self-confidence）、简化（sinplicity）与速度（speed）。韦尔奇的逻辑是一旦上述经营理念在公司得以全面推广，质量必然提升。然而，员工的抱怨使韦尔奇明白他的逻辑完全错了。

（二）案例介绍

企业运营千头万绪，管理与质量是永远不变的至理。韦尔奇决定直面通用电气的质量问题，他清楚只有发动一场基于全公司广大员工支持下的行动才能够帮助他达到目标：从实质上大幅度改进通用电气产品和生产工序的质量。20 世纪 90 年代中后期，韦尔奇启动了实施全新管理模式的项目，这项管理便是六西格玛模式。

1995 年底，六西格玛的品管理念随着 200 个执行计划在通用电气公司浩浩荡荡地开展起来。到了 1997 年底，这样的计划超过了 6 000 个。韦尔奇把“六个西格玛”应用于公司所经营的一切活动，如债务记账、信用卡处理系统、卫星时间租赁、法律合同设计等，GE 借此项目基本消灭了公司每天在全球从事生产的每一产品、第一道工序和每一笔交易的缺陷与不足。今后 GE 的每一种新产品和新服务项目都将是“按

六个西格玛标准设计的（DFSS）”。

在如今的年代，企业面临的挑战是，如何使公司的眼光从“由里向外”转变成“由外向里”。要以客户需要和工序为标准，并且在为他们服务时努力做到使偏差降为零。实施六个西格玛，GE靠的是“黑带”项目的成功运行，该项目严格培训称为“黑带大师”和“黑带”的员工，他们时刻活跃于各种项目中，努力消除一切误差。到1998年底，已经有5 000多名这样的特殊员工。这些人现在已经完成了他们作为“黑带大师”的轮职期，并已被提拔到各个业务部门的领导岗位上。此外，GE公司同时培训了一支“绿带”队伍，他们业余时间参加质量控制项目，工作时间做好各自的本职。

现在六个西格玛质量标准给GE在全球的每一个层次与每一种经营都深深地打上质量意识和工序意识的印记。当1995年六个西格玛质量标准刚刚出现时，GE的营业利润率为13.6%，营运资本周转次数为5.8左右。到1998年底，通过质量控制项目GE的营业利润率已上升为16.7%，营运资本周转次数9.2。从1995年到1997年，六个西格玛活动使GE从与质量相关的节约中得到大约7亿美元的收益。到1998年，它已为GE的营业收入提供了13亿多美元的回报。

（三）案例评析

质量控制项目的成功实施使六个西格玛的全新管理模式融入到GE的企业文化中。如今六个西格玛已经成为GE公司一切理想和愿望的中心环节，成为一种规范的工作方法。在杰克·韦尔奇任职的20年里，“永远坚持六个西格玛质量标准和创新精神”成为通用电气的企业价值观，正是六西格玛帮助通用电气做得更成功。

第二节 跨国公司在中国

一、汉高公司在中国

（一）背景材料

成立于1876年的德国汉高公司（Henkel）是一家著名的世界500强企业，主要生产应用化学类产品，其核心业务是家庭护理和个人护理、粘合剂和密封剂与表面技术。汉高的投资遍及世界60多个国家，投资企业超过300家，雇员5万多人，其中海外员工3万多人。汉高的主要市场在欧洲、南北美洲和亚太地区，其海外收入占集团总收入的70%以上。

汉高在1988年首次进入中国，在北京设立了代表处。1990年，汉高分别在上海和广州投资成立了两家小型合资生产企业。企业投产之后，初期效益并不太好，但是产量和销售额连年增加，超出汉高的预料。因此，汉高坚定了在中国投资的信心，并制订了更大规模的投资计划。

1993年汉高与天津合成洗涤剂厂合资，成立了天津汉高洗涤剂有限公司，这是汉高实施大规模对中国投资项目的开始。此后，汉高在中国各地投资了近20个项目。目前，中国已经成为除欧洲外引进汉高全部6大类产品的唯一国家。

（二）案例介绍

1993年汉高与天津合成洗涤剂厂合资成立的天津汉高洗涤剂有限公司是汉高集团在中国投资的第一个大型项目。中方合作伙伴是天津合成洗涤剂厂（简称天津合成），它在国内洗涤剂行业具有一定的声望。天津合成希望能通过合资，引进先进技术，提高产品档次，增强企业竞争力；而汉高集团看中天津合成在国内的实力和地位，希望通过合资走一条迅速占领中国市场的捷径。

新公司总投资2 999万美元，天津合成出资比例为70%，汉高集团为20%，另10%为德国国家发展银行持有。天津合成主要以厂房、设备等有形资产投入，德方均以现金形式投入。

合资企业于1993年初成立，当年投产。投产后，产量和销售额连年递增，但盈利却比以前下降，主要原因是广告费用投入过多。而且，在关于广告费用的使用分配问题上，中方与德方仍存在很大分歧。

经过协商，双方同意通过转让股权来解决矛盾。1994年，汉高集团实施了扩股项目，投入750万美元收购中方25%的股权。1995年，双方开始探讨第二次转让股权问题。一年后，汉高集团再次完成扩股项目，出资1 200万美元收购中方25%的股份。2001年初，天津合成最终同意将所持有的20%的股份再次转让给汉高公司和汉高投资公司。另外，汉高在2001年8月顺利收购德国发展银行所持有的10%的股份。至此，汉高公司通过实施一系列扩股项目，成功的使天津汉高变成了一个彻底的独资企业。独资后，汉高正计划增资500万美元，把天津汉高作为在华的最大生产基地。

（三）案例评析

一般来说，跨国公司在海外的投资项目倾向于选择控股方式，其根本目的就是为了更好地实现自身的战略意图，同时减少协调和管理成本。近年来，跨国公司在华投资企业中实行控股或独资的越来越多。

跨国公司在华投资项目选择控股的目的通常有以下几方面的考虑：

（1）跨国公司投资项目金额大、合作期限长，相应地风险也大。它们一方面希望通过与中方合资来降低风险，另一方面又希望能够控制住企业的发展方向，保证最佳收益。

（2）对其技术进行有效控制。特别是在高新技术产业中，跨国公司进行控股的比较多。这样做可以达到有步骤转移技术的目的，同时保证核心技术不外泄。

（3）减少文化冲突。在合资企业中，由于存在文化差异，易发生冲突。跨国公司为了有效贯彻自己的意图，希望通过控股来解决这一矛盾。文化差异越大，控股的意愿越强烈。

汉高公司与中方合资，是希望利用中方已有的阵地，转移技术，开发新产品，扩大产品在中国市场的份额。

二、柯达公司在中国

（一）背景材料

伊士曼柯达公司（Eastman Kodak）是目前世界上最大的影像产品及相关服务的生产商和供应商，业务遍及150多个国家和地区，全球员工约8万人。

中国改革开放之后，随着经济的发展和人民生活水平的提高，国内市场彩卷消费量增加很快，潜力非常之大。因此，柯达、富士和爱克发等大厂家纷纷把目光投向中国，希望扩大在中国的市场份额。

1979年3月，柯达彩卷首先进入中国市场。富士虽然稍晚，但销量很快超过了柯达，并在20世纪80年代占有绝对优势。进入20世纪90年代之后，柯达逐渐夺回被富士抢走的市场份额，同时，以乐凯为代表的中国彩卷也发展很快，胶卷市场形成了这三家企业激烈竞争的局面。但从结果看，柯达占有明显的优势。

在柯达进入中国市场前，中国共有天津、上海、汕头、厦门、无锡、辽源、保定（乐凯）7家感光材料厂。从20世纪80年代后期开始，中国胶卷业陷入全行业亏损境地，其中厦门福达和汕头公元亏损最为严重，福达和公元两个品牌已基本从市场上消失：无锡、天津、上海等企业勉强维持生产，只有乐凯尚在苦苦支撑。

（二）案例介绍

1994年初，柯达公司向中国政府提出了全行业收购中国感光材料企业项目的设想，希望通过收购中国感光材料厂实现本地化生产，扩大在中国的市场份额。随后，双方就这一项目开始谈判。

在中国政府的推动和帮助下，在“卸包袱、让市场、换技术”思想的指导下，中方企业与柯达进行了历时近四年的谈判，终于1998年达成协议，即“98协议”。根据最后协议，柯达出资3.75亿美元收购福达、公元和阿尔梅3家感光材料企业，由柯达、福达、公元3家联合组建柯达（中国）股份有限公司，柯达占股80%，福达、公元各占10%；由柯达和阿尔梅合资组建柯达（无锡）股份有限公司，柯达持股70%，阿尔梅持股30%。根据协议，乐凯不参与合资；柯达给予另外3家企业（上海、天津、辽源）经济补偿费，条件是在合资企业组建的前4年内不与外方合资。柯达还承诺，在今后10年内，投资10亿美元，用于改造中国的感光材料工业。

柯达在完成对中国感光企业的第一次收购项目之后，唯一漏网的乐凯就成了它的心头之痒。2001年“98协议”到期后，乐凯的地位变得更加重要，柯达已将其视为能否顺利延续其在华竞争优势的重要战略法码，因为富士、爱克发、柯尼卡等已经均可以与柯达同样的身份进入中国市场，柯达之前辛苦赚下的半壁江山正面临着新人侵者的争夺。

对乐凯来说，合资也是被迫的选择。由于胶卷市场竞争激烈，再加上数码相机的普及对传统胶片业的巨大冲击，乐凯的净利润一路下滑。2000年，乐凯胶片的净利润是2.1亿元，2001年的净利润为1.39亿元，2002年更是下挫至1.24亿元。2003年上半年，乐凯胶片只实现净利润4 846万元，比2002年同期又下降33%。也就是说，从2000年以来，乐凯一直处于一种下降的通道之中。在这种情况下，乐凯寻求合作伙伴，帮助企业摆脱困境，找到新的发展出路已经迫在眉睫。

最初柯达、富士、爱克发等企业均有意与乐凯合作，但最终成功的还是柯达。经过双方的长时间谈判和不懈努力，2003年10月29日下午，乐凯和柯达在北京人民大会堂对外宣布了他们联姻的消息，同时签署了为期长达20年的合作合同，从而正式确立了双方战略合作伙伴关系。柯达以约1亿美元现金加上其他资产，收购乐凯胶片股份有限公司20%股份。

根据乐凯和柯达签署的合作合同，双方将采用股份及技术转让、设备更新及转让、培训等多种方式建立合作关系。乐凯分两次将其持有的乐凯胶片股份有限公司20%的国有法人股转让给柯达，乐凯胶片股份有限公司将为使用柯达的某些技术向柯达支付费用，并为柯达拥有的股份支付股息。通过技术转让与合作，使乐凯胶片股份有限公司有能力生产出世界级水平的彩色胶卷和彩色相纸；柯达将为乐凯和乐凯胶片股份有限公司员工提供技术、管理、财务等方面的培训。

（三）案例评析

柯达与乐凯的合资是一项合作双赢的项目：

1. 柯达方面——俯身低就，一箭双雕

柯达合资一向要求控股、掌握经营权、使用柯达品牌，这次愿意俯身低就，目的就是不能败给虎视眈眈的富士。因为富士一旦与乐凯联手，两方市场份额将基本接近柯达。柯达若再想在中国市场上攻城拔寨，势必要大费周折。因此，柯达的上策当然是抓住机会，率先与乐凯合资，这样仅用 1 亿美元，既享有乐凯 20% 的股份，又防止了乐凯投入富士的怀抱，正所谓一箭双雕。

2. 乐凯方面——引进了资金和技术，又不丧失主权

近年来胶卷市场的激烈竞争和数码影像产品的发展使得乐凯的日子越来越难过。当柯达、富士、爱克发、柯尼卡都纷纷向数码影像转型时，乐凯的作为却似乎不多。虽然当时的形势让乐凯感受到转型的迫切性，但是进入新领域，不但需要资金，还需要技术。

凭借中国最大的胶片厂商地位，在经营尚好之时，乐凯还有机会选择合作对象，并要求一个合理的价码。而柯达出手 1 亿美元，至少满足了乐凯的资金需求。按照当时情况，柯达、富士、乐凯分别占有市场前三名的位次。乐凯与富士合资，只能保持第三的位置；而与柯达合资，则有可能在柯达的帮助下，上升为第二位。乐凯希望通过与柯达的合作，不仅开拓国内市场，还能面向国际市场。这样在权衡利弊之后，乐凯最终选择了柯达。

三、诺基亚公司在中国

（一）背景材料

芬兰诺基亚公司是全球著名的移动通信产品生产商，也是世界移动电话主要的供应商之一。2003 年“诺基亚”品牌的移动电话在全球移动电话市场上占有率超过 38%，排名第一。它在 2003 年度《财富》杂志全球 500 强排名中以 283.78 亿美元的营业额名列第 136 位。

NOKIA
CONNECTING PEOPLE

从 20 世纪 50 年代起，诺基亚公司开始开展对华贸易，1985 年诺基亚在北京开设第一家办事处。2003 年诺基亚在中国取得了良好的业绩和一系列里程碑式的成就。2003 年诺基亚在中国的净销售额为 20 亿欧元，实现出口 17 亿欧元，本地产品研发

能力大大加强，并在上海成立了诺基亚企业创新机构亚太区新业务发展中心。截至2003年年底，诺基亚公司在中国的投资总额超过17亿欧元，建有8个合资企业、1个投资性公司、60多个办公机构和2个全球性研发中心，员工人数超过5 000人。目前，中国是诺基亚全球第二大市场及主要的生产基地之一，诺基亚所有主要产品都能在中国本地生产。

（二）案例介绍

诺基亚在中国的8个合资项目中，2000年完成的合资项目最为引人注目，该项目成立了诺基亚星网工业园有限公司。这家星网工业园公司由诺基亚和北京经济技术开发区投资开发总公司共同投资2 990万美元兴建，注册资本1 200万美元。诺基亚星网工业园有限公司主要的业务领域是规划、建设、管理、服务星网（国际）工业园（以下简称“星网工业园”）。星网工业园总规划为100公顷土地，其中，一期规划为50公顷土地，经过三年多的发展，已基本完成，有近30家手机零配件和服务供应商投资设厂，其中包括三洋、富士康、揖斐电、贝尔罗斯等世界领先的手机零配件供应商，投资额已经超过100亿元人民币，拥有近11 000名员工。目前，这些手机零配件和服务供应商的产品主要是提供给首信诺基亚，同时，也可以提供给其他手机生产厂商。

在星网工业园中，首信诺基亚和其他30家手机零配件和服务供应商一起构建了一个“产、供、销一条龙”的模式，芯片、集成电路板、机壳、天线、显示屏，每一个部件由不同的厂商根据首信诺基亚的订单生产，首信诺基亚从这些厂商手里买来零配件组装成最终产品。在这些零部件供应商和首信诺基亚之间有专门的物流公司负责产品运送。由于在同一个园区内，信息、产品流转迅速，产业链各个环节的库存基本可以实现“零”库存，大大降低了资金占有率，因而降低了成本。对于诺基亚来说，除了降低成本，星网工业园模式还使它能够获得零部件供应的保障，缩短了从接受订单到供货的时间——毕竟所有零部件供货商就在身边。2003年诺基亚实现出口17亿欧元，是移动电话行业最大的外商出口企业。同年，星网工业园的企业出口约12亿美元（出口比例大约50%）。

（三）案例评析

星网工业园项目是大型跨国公司来华投资带动产业链上其他企业来华投资的成功项目。星网工业园，谐音“兴旺工业园”，设立之初的构想就是要以设在工业园内的北京首信诺基亚移动通信有限公司（简称首信诺基亚）为龙头，吸引其他移动通信元器件供应商、服务提供商、分销商和研发机构一起在工业园内投资设厂/机构，形成具有“星罗棋布”格局的世界一流的移动通信生产基地。

通过实施星网工业园项目，诺基亚和其他近30家手机零配件和服务供应商一起构建了“产、供、销一条龙”的模式，充分发挥跨国公司的产业聚集效应，带动整个产业链投资、发展，通过降低产业链上各个环节企业的成本，加强产业链整体竞争实力，最终实现了降低自身成本、提高自身竞争力的目的，真正达到了合作伙伴之间共赢的局面，形成了一种强强联合、共同生存、共同发展的发展模式。

一个企业的经营领域一般是有限的，不可能涵盖原材料、零部件、产成品、物流、销售等各个领域，总是需要和其他企业合作，诺基亚“星网工业园”模式可以提供借鉴。

四、通用汽车公司在中国

（一）背景材料

通用汽车公司（GM）成立于1908年，是全球最大的汽车公司，总部设在美国底特律文艺复兴中心。通用汽车公司核心汽车业务及子公司遍及全球，迄今在全球32个国家建立了汽车制造业务，其汽车产品销往192个国家。共拥有325 000名员工。2003年，通用汽车公司的轿车和卡车销售量将近860万辆，约占全球汽车市场15%的份额，全球销售额1 953.24亿美元，2004年度《财富》全球500排名第五位。

GM 通用汽车

通用公司总裁瓦格纳断言：“如果你没有坚定的中国战略，那你就无法实现全球化。”从1997年6月通用汽车在中国成立合资企业到2004年为止的短短7年时间，它在中国已拥有5家合资生产企业，一个合资汽车设计中心及两家合资企业，员工总数近万名。通用汽车在中国的战略合作伙伴包括中国上海汽车工业（集团）总公司、意大利菲亚特汽车有限公司、日本富士重工业株式会社、五十铃汽车株式会社以及铃木汽车株式会社等，合作的内容涉及产品、动力总成及联合采购。

（二）案例介绍

1997年6月通用汽车公司与上海汽车工业（集团）总公司各自出资50%、总投资15.2亿美元共同完成了整车生产合资项目，建立了上海通用汽车有限公司（Shanghai GM）。上海通用公司位于上海浦东金桥出口加工区，是中国最大的中美合资企业。与此同时，通用汽车公司与上海汽车工业（集团）总公司双方共同投资5 000万美元、各占50%股份建立泛亚汽车技术中心（PATAC）。泛亚汽车技术中心是国内首家汽车工程技术合资项目，是通用公司在中国市场战略的重要一环。

1999 年，通用汽车公司再次投资合资项目，与沈阳金杯汽车股份有限公司各自出资 50%、总投资达 2.3 亿美元建立金杯通用汽车公司（Jinbei GM），生产雪佛兰开拓者 SUV。该合资企业位于辽宁省沈阳市，2001 年正式投入生产。2004 年 3 月，上汽集团、通用汽车及上海通用与辽宁有关方面签署协议，启动全面重组金杯通用项目，重组后金杯通用将成为上海通用持股 50% 的子公司（上汽集团和通用汽车各持 25% 的股权），成为上海通用汽车公司整车生产基地之一，并按上海通用的业务模式运营管理。

2002 年 4 月 30 日，通用公司已与韩国大宇汽车公司及其他债权人签署了收购韩国大宇汽车公司的部分资产业务的最终协议，组建通用大宇汽车技术公司（GMDAT）；其中，通用公司持有 42.1%，日本铃木公司持有 14.9%，上汽公司持有 10% 新公司的普通股。

2002 年 6 月，通用公司与上汽集团、柳州五菱公司分别以各持有 34%、50.1% 和 15.9 的股份，组建了上汽通用五菱汽车有限公司。

2002 年 12 月，通用公司与上汽、上海通用以分别持有 25%、25% 和 50% 的股份，联合收购了山东烟台车身有限公司，在烟台成立了上海通用东岳汽车有限公司，成为上海通用汽车公司整车生产基地之一，并按上海通用的业务模式运营管理。

2004 年 3 月，通用公司、上汽集团和山东国际信托投资公司签订了股权转让协议，三方按 25%、25%、50% 的股比重组山东大宇汽车发动机有限公司，重组后它将成为上海通用汽车公司发动机生产基地之一，并按上海通用的业务模式运营管理。

2004 年 8 月 5 日，通用公司与上汽集团合资组建的上汽通用汽车金融有限责任公司是获得中国银监会批准的全国第一家汽车金融公司，将为通用汽车公司在国内的合资企业生产的汽车产品提供销售支持，同时通过上海通用授权经销商网络提供汽车批发和零售信贷服务。

通用汽车公司在上海建立独资企业——通用汽车（中国）投资有限公司，它拥有通用汽车在中国全部的本地员工，同时也是通用汽车在中国的两大汽车制造企业——上海通用汽车和金杯通用汽车的投资方。

（三）案例分析

1998 年，通用汽车在中国的市场份额只占到 1%。自 1998 年底在中国投产以来，通用汽车在中国短短的 6 年内产量达到了 53 万辆，增速十分迅猛，其市场份额一路飚升，成为在中国增长最快的跨国公司。目前，其在中国的市场已超过 10%，“坐二望一”，这种扩张速度，早让大众汽车感到岌岌可危。通用汽车在中国短短几年内创造如此的奇迹，得益于它推行的合作双赢的投资战略，并且通过成功地实施一系列合资、重组项目来贯彻其投资战略。

第三节 中国跨国公司的成长

一、海尔的成长

（一）背景材料

海尔集团（Haier）成立于1984年，是在引进德国 Liebherr 公司冰箱生产技术而成立的青岛冰箱总厂（简称青岛冰箱厂）的基础上发展起来的。当年有员工800名，销售额为348万元，赤字是147万元。经过20余年的发展，即2004年，海尔拥有职工5万余人，全球销售额达1 012亿元，年平均增长率约为68%。

Haier 海尔

1984年海尔只能生产一个型号（BCD－212）的冰箱。到2004年，海尔拥有包括白色家电、黑色家电、米色家电在内的96大门类15 100多个规格的产品群。20年间，海尔的无形资产从无到有。2004年，海尔品牌的价值评价为616亿元，成为中国家电行业第一名牌。

2001年，美国《APPLIANCE》杂志对世界综合家电企业进行排名，海尔排在第9位，这是中国家电企业首次进入世界家电企业前10名。同年，欧洲透视（Euromonitor）对世界白色家电企业进行排名，海尔以第6位的销售收入和市场占有率等业绩再次引起世界关注。2002年，据全球消费市场调查研究权威机构——欧洲透视（Euromonitor）的调查，海尔在全球白色电器制造商中排名从2001年的第6位上升到第5位；海尔冰箱在全球冰箱品牌的市场占有率排序中跃居第一。2003年，Euromonitor 对全球白色家电排名，海尔销售排为第4位（第1名为惠而浦，第2名为 Electrolux，第3名为松下，第5名为 GE）。以上事实表明，海尔在1984－2004年期间，已经从一个亏损的中小企业跃升为世界一流的家电企业。

在海外市场，海尔初步建立起了一个具有国际竞争力的全球设计网络、制造网络、营销与服务网络，现有设计中心18个，工业园13个（其中国外2个，分别位于美国和巴基斯坦；国内11个），营销网点58 800个，服务网点11 976个。2004年，海尔出口创汇与海外营业额分别达到10多亿美元，在连续两年翻番的基础上增长50%，是中国家电业出口创汇最多的企业。

（二）案例介绍

1984年1月1日，经青岛市经委批准，青岛东风电机厂与青岛工具四厂合并成立青岛电冰箱总厂，其成为海尔的前身。同年1-12月，青岛电冰箱总厂调换了3任厂长，但该企业依然经营不善，赤字147万元，濒临倒闭。同年12月26日，35岁的张瑞敏被青岛市经委任命为青岛电冰箱总厂的第四任厂长。青岛市经委为了培育该市的支柱产业，打算投入资金对青岛电冰箱总厂的技术、设备进行更新改造。

1. 先进技术导入项目

在青岛市经委的指导下，张瑞敏等人比较和研究了全球32家冰箱厂的技术资料，决定从德国Liebherr公司引进四星级冰箱的生产技术及设备。Liebherr公司拥有90年历史，其冰箱质量被公认为世界第一。另外，四星级冰箱的冷冻能力达到零下18℃以下，冷冻食品的贮藏期为3个月，当时亚洲没有企业生产四星级冰箱。20世纪80年代中期，单开门的二星级冰箱是中国市场的消费主流。二星级冰箱的冷冻能力最低为零下12℃，冷冻食品的贮藏期仅为1个月。四星级冰箱的生产技术的导入使该企业在冰箱行业中处于技术领先水平。

根据海尔与Liebherr公司签订的技术协议，青岛电冰箱总厂如符合Liebherr质量要求，可以用Liebherr品牌并加上青岛地名在国内销售。Liebherr音译中文名为“利勃海尔”。青岛电冰箱总厂在“利勃海尔”品牌前加上“琴岛”两字（青岛地形像一把琴，所以青岛往往被称为“琴岛”）。“琴岛·利勃海尔”品牌不仅向人们揭示这是青岛电冰箱总厂与Liebherr公司技术合作的结晶，而且强调这个产品在青岛制造。随着1992年海尔集团的成立，1993年“琴岛·利勃海尔”改名为“海尔”。

此后，海尔进入其他的家电领域时也采用同样的做法。如1993年，与意大利Merloni公司的合资项目，生产滚筒式全自动洗衣机；同年，与日本三菱重工的合资项目，生产分体式空调；1997年，导入荷兰、德国Lucent公司的彩电技术项目等。

2. 产品开发项目

海尔的产品开发项目有3个特点：

（1）新产品开发数量多。1985年海尔仅生产一个规格的冰箱，到了2004年，能生产包括白色家电、黑色家电、米色家电在内的15 100多个规格品种的产品群。且1991年后，海尔产品由冰箱扩大为冰箱、冰柜、空调三大系列。冰箱研究所随之更名为制冷研究所，下设冰箱、冰柜、空调3个开发项目小组。

（2）海尔新产品开发数量每年加速增长。比如，1995 年开发约 60 项件产品，1998 年增为 262 件，到了 2000 年达 468 件。

（3）新产品开发项目中商品化比率很高，支撑海尔的高速成长。以 1998 年为例，当年开发出 262 项产品，其中商品化为 236 项。也就是说，新产品开发的 90% 能创造销售收入。1998 年度海尔的销售额为 168 亿元，其中新产品的贡献为 120.212 亿元，占全年销售额的 74%。此后，海尔规定，家电事业部的新产品开发和销售必须占全年销售额的 70%。

3. 质量管理项目——OEC 管理

1994 年 2 月，德国权威质量检验机构——商品检验基金会公布德国市场电冰箱抽检结果，海尔冰箱的性能获得 8 个“+”号，质量名列第一。向海尔转让技术的 Liebherr 公司却次于海尔，名列第二。1995 年 10 月 25 日，美国 UL 机构、加拿大 CSA 机构分别将“CTDP”证书和“共同认证”证书颁发给海尔检测中心，该中心成为国内唯一一家与 UL、CSA 机构具有等同资格、可以在国内对电冰箱进行检测并出具 UL、CSA 安全性能与能耗检测报告的机构。以上数据表明海尔产品的质量获得了国际认证，具有世界一流水准。

海尔在学习泰勒科学管理及日本 TQC 管理等基础上制订了 OEC 管理。所谓的 OEC 管理（Overall Every Control and Clear）是指全方位对每个人每一天所做的每一件事进行控制和清理。每天的工作每天完成，每天出现的问题要查明原因和责任，并立即处理和改善。

OEC 管理由企业目标系统、日清系统及激励机制组成：

（1）目标系统。企业目标系统是指企业发展的方向和要达到的目的。海尔在实施企业目标管理时，将企业总目标分解为各部门目标，各部门再把它的目标细化为每个人的具体目标。所以，目标细化之后，每个人的工作都是具体而又定量的。比如，冰箱车间、办公室、材料仓库有 2 964 块玻璃，每一块玻璃规定由谁负责擦拭。另外，海尔还把冰箱生产分解为 156 工序、545 作业。作业标准和运作、个人责任和奖罚都被明确地规定在《质量价值手册》里。在海尔，从管理者到员工，每个人每天都要事先清楚应该做什么、按什么样的标准执行、干到何种程度、领取什么报酬等。

（2）日清系统。其目的在于支持目标系统的实现。张瑞敏说：“在中国的企业中，最令人头痛的是，无论什么规章制度，实行 3 个月后就渐渐地缺乏约束力了。每天怎样能做好最简单的事情，是中国工厂管理的难题。”海尔采用日清系统，克服中国工厂管理上的弊端，如员工每天填写 3E（Everyone Everything Everyday）卡，每天工作结束后，从质量、产量、物耗、工艺、安全、文明生产、劳动纪律等 7 个方面，进行自我总结，并计算当日工资填入 3E 卡，交给班长。最后员工清扫、整理自己的工作岗位后下班回家。日清包括两个方面：一是日事日毕。即对当天发生的各种问题，当天调查原因，分清责任，及时采取措施进行处理，防止问题积累，保证目标得以实现。二是日清日高。对工作中的薄弱环节不断改善、不断提高。要求职工从质与量每天提高1%，70天后工作水平就可以提高1倍。

日清系统中最关键环节是复审。没有复审，工作只布置不检查，便不可能达到预期效果。海尔在现场设立“日清栏”，要求管理人员每天每两小时巡检一次，将发现的问题及处理措施填在“日清栏”，如果连续3次发现不了问题，就要提高目标值。此外，管理人员每天要整理和分析生产线的运行情况。将问题所在、责任者、改善和解决对策等填写在“管理者日清表”上，每天向上级汇报。海尔集团的经营干部及职能部门要进行定期或不定期的检查。

（3）激励机制。它是日清控制系统正常运转的保证条件。在激励方法上，海尔更多采用及时激励的方式。如管理者巡检生产线时，使用红色和黄色的质量管理价值卷，进行瞬间管理。红卷代表正激励，黄卷代表负激励。无论红卷还是黄卷都是一式二联。一份交给被激励员工，一份交给劳资科。到月末，劳资科将员工的质量管理价值卷汇总后移交给财务科。财务科再根据员工3E卡片及质量管理价值卷，计算好工资发给员工。员工根据3E卡和质量管理价值卷，核对当月工资。如对当月工资有疑问或感到不公平，可向上一级领导反映。

4. 星级服务项目

1995年是海尔战略目标从质量取胜到服务取胜的关键一年。在1985－1994年的10年间，海尔以提高产品的质量与效率为中心展开事业；1995年后开始星级服务，海尔将1995年命名为“国际星级服务元年”。

海尔是中国家电企业最早重视向终端消费者提供个性化服务的企业。早在1995年，海尔就推出了在当时前所未有的服务项目——“海尔星级服务”，它包括免费为用户上门安装、调试、维修等服务项目。“星级服务”体现了海尔的价值观，通过提高服务质量来回报消费者。自此，海尔将服务摆在了企业发展的重中之重的位置上，认为服务也是产品，只有通过持续性服务产品的创新和造势，才能拉开与竞争对手的距离，才能提升海尔形象，才能形成消费者忠诚度，从而拉开与竞争对手的差距。海尔不断升级的服务项目过程如下：

（1）1994年“无搬动”服务：包括免费为用户上门安装、调试、维修等服务项目。

（2）1996年“先设计后安装”：包括售前提供“先设计，后安装”服务，使顾客在售前能得到适合户型的空调设计方案；售中服务热情，各服务销售点空调品类多，咨询讲解详细，给顾客提供丰富多样的选择；售后提供及时迅速的上门服务。

(3) 1997年"五个一"服务：递上一张名片，穿上一副鞋套，配备一块垫布，自带一块抹布，提供一站式产品通检服。海尔冰箱售后服务部门规定上门服务的工作程序十分具体详细：第一步，用服务卡介绍自己；第二步，进顾客家门时先穿上自带的鞋套；第三步，印有"真诚到永远"字样的塑料布敷在地上，开始修理；第四步，修理结束后，用随身带的抹布将产品擦拭干净；第五步，将印有海尔标志的小礼品赠送给客户作纪念品。

(4) 1998年"星级服务一条龙"：海尔在全国建了几十个电话服务中心，"星级服务"拉开序幕。

(5) 2001年海尔空调"无尘安装"：海尔集团经过广泛研究和论证，采用无尘安装新工艺，将打孔时造成的尘土吸进专用的吸尘罩内，操作现场不会出现尘土，对用户家也不会产生任何影响，这样保持了安装现场的洁净和卫生。

(6) 2002年"一站式"服务：针对海尔家电门类多的情况，海尔推出"一站式"服务：经过专业化、规范化、严格培训且考核合格的海尔服务工程师在为用户提供手到病除的基本服务的同时，还要对用户家中的所有海尔家电进行"一站式"通检及维护、保养、清洗服务。另外，还要根据用户的个性化需求提供如安全配电、线路检查、定向排水、管理维护等需求服务。

(7) 2003年"全程管家365"：海尔对售后服务的理解，在2003年升级到广义的亲情化"星级服务"层次，把海尔售后服务贯穿于售前、售中、售后乃至生产设计等全过程。

"星级服务"项目的目标是：用户的要求是多少，海尔的服务内容就有多少；市场有多大，海尔的服务范围就有多大。截止目前，海尔在全国各地共设有11 976个服务网点，为顾客提供24小时服务。

5. 国际化项目

海尔实施国际化战略的目标是要创出全球知名的品牌。要创名牌，仅有高质量是不够的，还必须和当地消费者的需求紧密结合，而且，要超前满足当地消费者的需求；要立足当地，融智与融资，发展成本土化的世界名牌。张瑞敏把这一思路概括为"思路全球化、行动本土化"，"思路全球化"必须从全球化的视野思考海尔的国际化。

(1) 开拓发达国家市场项目。

海尔进入国际市场时，采用"先难后易"战略：先集中精力开拓发达国家市场，取得名牌地位后，再以高屋建瓴之势进入发展中国家。

① 首先开拓德国市场。其理由之一为，欧洲各国的产品进入德国市场最难，因为该国消费者对产品质量最挑剔。如果打开了德国市场，再进入意大利、法国、英国

等欧洲各国的市场相对会变得容易。理由之二为，海尔冰箱的组装技术是从德国Liebherr公司引进的，海尔冰箱的外观和质量相对易获得德国消费者的认同。

海尔用一年半时间获得德国VDE认证，但是，这不等于能进入德国市场。1990年在一次展示会上，德国经销商围绕是否经销海尔冰箱犹豫不决时，海尔副总裁武克松向25位德国经销商提议做一个实验，将4台海尔冰箱与4台德国冰箱放在一起，去掉商标，让经销商们从8台冰箱中选出最优的4台冰箱，结果被选中的4台全部是海尔冰箱。这一实验促使德国经销商与海尔签订了2万台冰箱的销售合同。这是海尔冰箱首次进入德国，也是亚洲厂商出口到德国最多的一批冰箱。

② 开拓美国市场。1996年以前，美国的冰柜市场被美国GE和惠而浦两个公司垄断。为开拓美国市场，海尔于1995年曾以OEM的方式出口过冰柜。一年之后，海尔决定以自己的品牌进军美国冰柜市场。为开拓美国冰柜市场，海尔作了详细的调查：BC－200以上型号的冰柜被GE、惠而浦等企业垄断，BC－160型号以下的冰柜销量较少。

海尔认为出口大型冰柜到美国同美国企业竞争不具有优势，而出口小型冰柜可以避开同美国企业的正面交锋；同时，美国家庭结构正发生变化，随着家庭平均人口的减少，海尔推测小型冰柜可能会畅销。为了打开美国市场，海尔冰柜首先取得美国UL认证，然后面向美国市场开发出从60立升到160立升的各种规格的小型冰柜。外观上，小冰柜的颜色为乳白色，十分美观，其质量超过美国标准。美国经销商试销几十台海尔冰柜，一周便销售一空。美国经销商又追加1万台，约两个月后又全部售出。美国《TWICE》杂志对全美最畅销家电进行了统计，结果显示：美国冰柜市场主要集中在惠而浦、GE、Frigidaire及Haier等品牌，其中以Haier代表的各类小型冰柜销售增长最快，平均速度为23.9%。

(2) 海外建厂项目。

为了实现海尔开拓国际市场的"三个三分之一"（国内生产国内销售1/3，国内生产内外销售1/3，海外生产海外销售1/3）目标，海尔在海外投建工厂及制造基地30个，设计中心8个，专门开发适合当地人消费需求的家电产品，提高产品的竞争能力。海尔从1996年开始，先后在印尼、菲律宾、马来西亚、伊朗等国家建厂，生产海尔冰箱、洗衣机等家电产品。1994年4月30日，海尔在美国南卡罗来纳州（简称南卡州）首府汉姆顿市投产建设生产制造基地，占地44.5万平方米，计划分6期建设。首期项目是建筑面积为2.7万平方米的冰箱工厂，该项目已于2000年3月建成投产，设计年产能力为50万台。美国生产基地的奠基，标志着海尔"三位一体本土化"海外战略布局的完成，即设计中心在洛杉矶、营销中心在纽约、生产中心在南卡州。

二、联想的成长

（一）背景材料

联想集团成立于1984年，由中科院计算所投资20万元人民币、11名科技人员创办。经过20年的发展，联想如今已成为一家在信息产业内多元化发展的大型企业集团。其主要成员企业包括：①联想控股有限公司，是一家投资控股公司。2003年，其综合营业额为403亿元，利润总额高达12.37亿元。总资产198亿元，净资产82亿元，累计上缴国家各项税收58.5亿元。②联想集团有限公司，是在信息产业领域多元化发展的大型企业集团，是香港主板上市公司（0992.HK），2003财务年营业额231.8亿港元。联想电脑自1996年以来连续8年位居国内市场销量第一，2003年市场份额达27.1%，至2004年9月，其连续18个季度位居亚太市场（除日本外）第一位（数据来源：IDC）。2003年，联想台式电脑销量全球排名第五。2001年，联想组建了消费IT、手持设备、信息服务、企业IT、IT服务和部件/合同制造六大业务群组。之后，联想又通过收购或者控股，分别利用厦华、汉普、智软、中望4家公司进入手机制造业、IT咨询服务、保险业软件和电信业系统集成4个领域，在多元化方面发展较快。公司目前拥有员工14 000余人。③神州数码控股有限公司，是国内第一的IT产品分销商，也是最大的IT服务提供商，提供电子商务基础建设产品、解决方案和服务。公司在香港主板上市（0861.HK），2003财年营业额142.8亿港元。④联想投资有限公司，成立于2001年4月，从事风险投资业务。⑤北京融科智地房地产开发有限公司，成立于2001年6月，专业从事房地产开发和房地产投资，其前身是联想科技园公司。⑥北京弘毅投资顾问有限公司，成立于2004年4月，从事并购投资业务，其前身为联想控股有限公司投资事业部。

lenovo联想

2003年4月，联想集团在北京正式对外宣布启用集团新标识“Lenovo”，代替原有的英文标识“Legend”，并在全球范围内注册。在国内，联想将保持使用“英文+中文”的标识；在海外则单独使用英文标识。此一举动，表明联想新一轮全面国际化行动的开始。2004年3月26日，联想集团作为第一家中国企业与国际奥委会签署了合作协议，成为国际奥委会全球合作伙伴。联想集团将在未来4年内（2005－2008）为2006年都灵冬季奥运会、2008年北京奥运会以及世界200多个国家和地区的奥委会、奥运代表团独家提供台式电脑、笔记本、服务器、打印机等计算技术设备、资金和技术上的支持。2004 年 12 月 8 日，联想集团以 12.5 亿美元收购 IBM 全球 PC 业务，成功地迈出了国际化最重要的一步。

多年以来，联想通过自身努力获得了社会各界的赞誉。在 2002 年 9 月美国《财富》杂志公布的“中国上市企业百强”中，联想集团名列第六位；2003 年底，在“中国最有价值品牌”排行中，“联想”品牌位列第四，品牌价值达到 268.05 亿人民币；2003 年 1 月，在《亚洲货币》第十一届“Best-Managed Companies”（最佳管理公司）的评选中，联想获得“最佳管理公司”、“最佳投资者关系”、“最佳财务管理”等全部评选的第一名。

（二）案例介绍

联想在短短的 20 年的时间里，从一个只有 20 万元资金、靠劳务起步的小企业，发展成为全球前三位的 PC 业巨头，销售规模进入世界 500 强的巨型企业集团。下面是联想集团成长和扩展历程。

1. 手机业务扩展项目

2002 年 2 月，联想集团与厦华电子股份公司签署了合资协议，双方共同投资组建一家新的移动通信公司，共投资 1.5 亿元，由联想出资 9 000 万元，控股 60%，厦华出资 6 000 万元，控股 40%。新公司设立在厦门，以移动通信产品 GSM 和 CDMA 手机为主要经营范围。联想、厦华成立新的合资公司，购买联想、厦华原有手机业务，合资公司成为两公司唯一手机业务主体（合资公司的手机产品主要使用联想的品牌）。

联想在宣布与厦华公司共同成立手机合资公司的同时，还与德州仪器签署了在手机及无线通信技术领域展开合作的协议备忘录，合作开发一系列无线信息产品。除此次联想选用德州仪器的 TCSGSM/GPRS 芯片集和 OMAP 处理器外，德州仪器还将继续提供它们包含的软硬件产品的整体组合，这一组合包括无线电频率、模拟基带技术、功耗控制、音频编码、解码、混合信号设备、无线局域网技术和蓝牙技术。

作为国内手机厂商后进入者的联想移动，经过两年的战略布局和发展之后，在 2004 年第二季度（联想 2004 财年第一季度）取得了较快的发展，销量比去年同期增长了 145.9%，销售收入增长了 61.3% 以上，毛利率也上升到了 25% 以上。

2004 年联想集团整合内部与手机相关的研发资源，把原来分属于数据移动事业部和联想研究院的研发队伍全部归入联想移动，大大加强了后续的研发能力。由于一直坚持“走自主研发”的战略，联想移动保持了长期的投入，现在开始显现出成果。目前，联想手机已经形成了三大主导产品线：以 G901、ET560 等智能手机为代表的智能梦想系列（包括电脑手机、智能商务手机和娱乐手机）；以香水手机 V508 和辞典手机 G620C 为代表的真我梦想系列；以 G910 为代表的数码梦想系列。这三大主导产品的诞生标志着联想手机的研发能力正在稳步提升。目前，联想移动自主研发的产品已经占到了全部产品的 80%。

2. 打印机业务扩展项目

联想打印机业务的扩展经历了 3 个阶段：

（1）1991－1994 年：特色技术发展期。

1991 年 12 月，联想经过不懈努力，成功研制出了第一代中文激光打印加速卡——LXLJ，并将其广泛应用于当时中国市场的激光打印机中，使包括惠普激光打印机在内的国外产品从此有了直接处理中文的能力，中文激光打印的速度快了 10 倍。联想以此为基础，很快又设计出了激光打印专用芯片（ASIC），为高速中文激光打印打下了基础。

1993 年，世界上第一台中文激光打印机——联想中文激光打印机 LJ3A 正式推向市场。1993 年 7 月，联想第一代商用激光打印机 LJ3A 通过了中国科学院组织的新产品鉴定。

（2）1995－1998 年：各种型号和功能的联想系列激光打印机陆续推向市场，位居国内市场前两名，极大推进了激光打印机在中国的普及。

1995 年 10 月，联想率先推出了当时市场上第一款价格低于 5 000 元的激光打印机——LJ6L，它的推出，迫使当时仍徘徊于七八千元价位的国外品牌纷纷跟进，此举使国内激光打印机的普及程度大大提高。1997 年，联想研发了中国第一台多功能一体机，中国外设集成化时代从此开始。1998 年，联想在彩色激打领域和长寿命硒鼓技术领域均有创新型产品问世。1996 到 1998 年的 3 年间，联想陆续推出了各线产品，以激光打印机为主的联想外设已具备了与跨国公司正面抗衡的实力。

（3）1999－2003 年：引领中国打印影像的发展期。

1999 年，联想新一代多功能一体机激光、喷墨系列产品上市，联想全面进军“数字办公”领域。2000 年 1 月，联想多功能一体机以 58.6% 的绝对优势取得市场占有率第一。同年 9 月 IDC（国际数据公司）公布了 2000 年第三季度的打印机市场统计数据，联想外设携激光打印机、多功能一体机和喷墨打印机销售 233 000 多台，以 19.4% 的市场份额跻身打印机市场第二，打破了长期以来由 EPSON、HP、CANON3 个国外品牌在市场上三足鼎立的局面。2002 年 9 月联想多功能一体机等 10 余款新品发布，打破了传统的办公方式，再次引领多功能一体机市场进入了一个崭新的发展阶段。2003 年 5 月，联想进入投影机市场，推出业界领先的数字光芯技术。2003 年 12 月，联想以独一无二的的技术开发理念，开发全球最领先的技术和产品，推出全球首台无线关联投影机和关联打印机，开创了外设产品无线应用的新时代。

3. 国际化项目

由于在国内没有获得生产 PC 机的政府许可，联想公司在 1988 年就开始寻求快速扩展的捷径，以贸易的方式涉入跨国经营。当时，为发扬“技术”之长，避“国际营销”之短，联想公司进军海外市场的第一步并不是贸然投资创建自己的销售渠道和关系，而是在香港寻找到合适的合作伙伴——香港导远公司和中国技术转让公司。1988 年初，它们通过合资项目组建了一家合资经营的计算机销售公司——香港联想电脑公司。香港导远公司的优势恰好弥补了联想公司“国际营销”的短处，再加上中国技术转让公司的资金支持，使得 3 方各出资 30 万港元创办的、以海外贸易为主的香港联想电脑公司取得了极大的成功。该合资公司开办当年，营业额就达到 1.2 亿港元，不仅收回了全部投资，而且还拿出 100 万港元购买了香港一家有生产能力的 Quantum 公司，为香港联想公司自行研制开发产品建立了一个基地。联想的跨国经营首获成功。

到 1991 年，凭借着香港联想的迅速发展，联想公司已发展成为一个全球性的跨国公司，除了包括北京联想和香港联想两大部分外，联想还在美国的洛杉矶、费城，加拿大的多伦多，德国的柏林、德斯多夫，澳大利亚的悉尼，新加坡以及中国国内设有 24 个分公司。

联想最初的业务主要是负责在中国大陆地区代理销售惠普公司以及东芝公司的计算机产品，但与此同时，联想一直在积极准备自己制造和销售 PC 的计划。在代理销售的过程中，联想也从这些外国公司中吸收了如何开发销售渠道的先进经验，并很快在全国范围内建立了自己的销售网络。凭借这个销售网络，从 1997 年到 2000 年，联想集团的 PC 销售量以每年 25% 的增长率快速发展，使 IBM、Compaq 及 HP 等外国计算机公司在中国 PC 市场的总占有率由原先的 21% 下降到 10%。

2004 年，联想成功完成了 IBM PC 业务的并购项目，表明联想新一轮国际化发展的开始。据有关报道，进入 2005 年，联想开始进军新西兰及澳大利亚 PC 市场，并开始准备面向全球市场推广自己的个人计算机和手机。2005 年 5 月，刚宣布完成收购 IBM 全球 PC 业务的联想就收到了一份来自美国政府的订单：美国空军总部将采购 2 400 台 Thinkpad 笔记本电脑。这起采购的获得是联想通过一家名为 iGov 的合作伙伴获取的，总价值高达 300 万美元，其中还包括了技术和客户服务支持等协议。

复习思考题

谈谈你对中国企业跨国公司之路的看法，他们如何才能够做得更好？

参考书目

1. ［美］哈罗德，利兹纳．项目管理的战略规则：项目管理成熟度模型的应用．北京：电子工业出版社．
2. ［美］戴维·I·克利兰．项目管理——战略设计与实施．北京：机械工业出版社．
3. 迈克尔·A·希特．战略管理：竞争与全球化．北京：机械工业出版社．
4. ［美］Harold Kerzner．项目管理：计划、进度和控制的系统方法．北京：电子工业出版社．
5. ［美］亨格．战略管理精要．北京：电子工业出版社．
6. 康斯坦丁诺斯 C. 马卡德．战略定位：有效战略实战案例．北京：机械工业出版社．
7. 赵国杰，翟欣翔．投资学——从战略管理到项目优化组合．天津：天津大学出版社．
8. 美国项目管理协会．项目管理知识体系指南．卢有杰，王勇，译．北京：电子工业出版社．
9. 白思俊．项目管理案例教程．北京：机械工业出版社．
10. ［英］哈维·A·莱文．项目管理实战技巧与工具．北京：清华大学出版社．
11. ［英］F·L·哈里森．高级项目管理———一种结构化方法．北京：机械工业出版社．
12. 丁荣贵．项目管理——项目思维与管理关键．北京：机械工业出版社．
13. 苏伟伦．项目策划与运用．北京：中国纺织出版社．
14. 杨侃．项目设计与范围管理．北京：电子工业出版社．
15. 徐莉．项目融资．武汉：武汉大学出版社．
16. 张朝兵．项目融资理论与实务．北京：经济管理出版社．
17. 朱咏，庄乾志，朱彩虹，黄苏萍译．大项目融资——项目融资技术的运用与实践．北京：清华大学出版社．
18. 蒋先玲．项目融资．2 版．北京：中国金融出版社．

19. ［美］兰德尔·L·英格兰姆，罗伯特·格雷厄姆，保罗·C·J斯摩尔．如何转型为项目型企业——项目办公室实战之路．华唯宏，熊伟，译．北京：清华大学出版社．

20. 甘亚平，谢文辉．卓越管理——跨国公司十大管理范式．北京：中国时代经济出版社．

21. 宫惠民．与龙共舞——跨国公司在华成败启示录．北京：经济管理出版社．

22. 毛蕴诗，欧阳桃花，戴勇．中国优秀企业成长能力演进——基于案例的研究．北京：中国财政经济出版社．

23. 张传德．跨国公司经营案例荟萃．北京：西安交通大学出版社．